U0862939

温　故　而　知　新

鷗鴣
文庫

张伟然 著

湖北历史文化地理研究

修订本

浙江古籍出版社

图书在版编目(CIP)数据

湖北历史文化地理研究/ 张伟然著. —修订本. —杭州:浙江古籍出版社, 2021.3
ISBN 978-7-5540-1799-9

Ⅰ.①湖… Ⅱ.①张… Ⅲ.①历史地理—研究—湖北②文化地理学—湖北 Ⅳ.①K296.3

中国版本图书馆 CIP 数据核字(2020)第 175943 号

湖北历史文化地理研究(修订本)

张伟然　著

出版发行　浙江古籍出版社
(杭州市体育场路 347 号　邮编:310006)
网　　址　http://zjgj.zjcbcm.com
责任编辑　刘　蔚
文字编辑　周　密
封面设计　周伟伟　吴思璐
责任校对　吴颖胤
责任印务　楼浩凯
照　　排　浙江时代出版服务有限公司
印　　刷　浙江全能工艺美术印刷有限公司
开　　本　880mm×1230mm　1/32
印　　张　10.875
字　　数　266 千
版　　次　2021 年 3 月第 1 版
印　　次　2021 年 3 月第 1 次印刷
书　　号　ISBN 978-7-5540-1799-9
定　　价　68.00 元

序

周振鹤

以省区为范围的区域性历史文化地理研究，目前已出版的著作只有两部，头一部是《湖南历史文化地理》，这本是第二部。与这两本著作旨趣相同的博士论文，尚未出版或尚未写定的还有陕西、浙江、山西、福建、云南等省的研究。为什么要以省区为范围进行这样的研究，有两个基本的原因。一是，从现在还不很成熟的文化地理理论来看，一个行政区就是一个机能文化区，因为行政机能的作用，使得这个行政区有同一化的文化基础，而且有的省区已经出现机能文化区与形式文化区重合的现象。二是，行政区有明确的边界，便于将研究限制在确定的范围内。相对而言，文化区没有绝对明确的界限，难以先验地划定文化区再加以研究。

对于这后一点有人也许会说，不是有吴文化区、三晋文化区这样的说法，为何不以这样的区域作为研究对象呢？但说者也许不清楚，所谓吴文化区，所谓三晋文化区，在地域上都是很模糊的概念。例如，吴文化区到底要用什么来规范？用风俗、用宗教，显然都不行，即使用相对严格的语言因素作标准，也依然有不方便之处，因为吴方言的边界至今还没有最后界定。如浙江建德地区的方言，现在仍以归属未定为说。那么我们研究吴文化区，是否将此地区排除在外？如果我们将建德地区勉强当成吴方言区，那么除此而外，在浙江西北，还有很窄的一条地带，由于太平天国引起的移民运动，而形成官话带，我们是将其包括在吴方言区里，还是将其排除在外？包括在内，于理不通；排除在外，增添不必要的麻烦。至于三晋文化区，常被人误会为山西文化区的同位语，其实很不应该。历史上的三晋文化区与今天的山西文化范围大相径庭，甚至可以说是两个概念，所以也不能以三晋文化区作为区域文化地理研究的基础。

除了以上两点外，还有一个并非不重要的原因，那就是以今天的省区作为研究范围便于看出历史上文化区的变化过程，同时也有利于研究行政区、自然区与文化区之间的关系。如果以先验的文化区作为对象，实际上无法看出其历史上的演变，只能就一个历史时期作断面的研究而已。

所以我们的想法是以今天的省区作为研究区域文化地理研究的基本范围，经过实证研究，弄清每个省区在历史时期的文化面貌，而后在此基础上勾勒出在全国范围内，不同历史时期的形式文化区的大致范围。这样做时间较长，但较有把握，也较为可靠。如果现在先验地划分文化区，则势必要不断调整，出现画虎不成的结果。例如我们不经研究大致可以感觉到，在今天，山西文化是存在的，但必须经过研究才知道，在明代以前，不存在今天感觉到的这种山西文化。长期以来，山西的河东地区与陕西的关中地区可以划属同一文化区，上党地区的文化也与今河南省新乡焦作一带（古称河内）比较一致，至于雁北地区可以和阴山河套一带组成边塞文化地带，这一地带大致与明代的山西行都司范围相当。如果我们不以山西省作为研究的基本范围，我们就很难得到以上的认识，也只能掉入常人泛泛而论的三晋文化的老套中去。又如，一般都可以感觉到时至今日，陕西还没有形成可以叫作陕西文化的概念，如果说有陕西文化的话，那么至多也是指关中与陕北地区的文化，而绝不包括汉中地区（此处之汉中指陕西秦岭以南部分）在内。秦岭南北划为同一省区，虽然已经长达七百年，但由于秦岭以南的汉中地区历史上一直与巴蜀地区和荆襄地区文化相接近，在自然区划上更与岭北有绝大差异，所以至今陕西还只能看作一个机能文化区，陕西文化的一体化远未完成。但是话又说回来，如果陕西作为一个省，今后仍长期维持不变，则汉中地区的文化必将与关中、陕北逐渐一体化，从而形成陕西文化的概念，这从汉中的方言、地方戏剧方面的变化完全可以推断出来。

有鉴于此，如果有足够的志同道合者，我们想把各个省区的文化地理研究全部完成。只有在这个基础上，我们才能够有足够的把握来作全国的文化区域的分划工作，同时也借此对文化地理学的理论建设提供实证的基础。

张伟然对于区域文化地理研究比我专注得多。我常常心有旁骛，一方面是客观的，不同的科研项目与不同的指导方向；另一方面是主观的，我从来就有见异思迁的毛病。而他却一门心思反复思考，不但从研究方法而且从理论的建树下力。然而，这并不意味着他在做时下颇为流行的大而化之的研究，相反，他对史料的搜集细致入微，每下一个断语都要有相应的史料支持，从不想当然，这由本书所附的参考文献目录也可看出来。

文化地理主要是研究差异，因为差异就一般的意义上来说是研究的动力，一切无差别，则无研究之必要。于历史如此，于地理亦如此。如果我们回头看《湖南历史文化地理研究》，会发现该书是强调同中之异，在认为有一湖南文化的前提下，次第展开湘资流域与沅澧流域这两个区域的文化差异。而湖北的研究则侧重于异中之同，湖北地区内部当然有文化地域差异，但各种不同类型的异又互有交叉，索性将各种文化作缜密的研究，而不计其机械分区，如篇中对江汉好游与峡江女性生活的研究，这样就等于在揭示湖北与其他省区的文化差异，因为其他省区无有江汉好游之风（也许有其他不同形式的好游，但与江汉有别），也无峡江女性这些特点。所以归根到底，讨论的焦点还是在于异，是湖北与湖北外部之异。

湖北文化之所以不像其他省区那样有内部的明显差异，与其历史发展有密切的关系。湖北文化先以沮漳流域为核心开其端，寖假浸润而至江汉流域，继而扩展至整个湖北。因此从外部看来，湖北与其他省区的文化差异至为明显，而其内部的分区却相对困难。这就是湖北文化的基本特征之一。湖南情况则不同，在历史上，沅澧流域长期以来或自成政区，或归属于以湖北为核心的行政区划之中，直到清代才与湘资流域共处于同一个高层政区。因此湖南文化是先异而后同，湖北文化是先同而后有分异，最终仍归于大同。前者易于分区，而后者易于认同。不同地域有不同的文化发展道路，从而造成不同的文化差异。湖南湖北之差别已如此，今后我们再看陕西、浙江、山西与福建，也都有各自不同的特点。

当然异和同也是相对的概念。对于同一文化区而言，我们视其内部同多于异，大体上是均质的文化；对于不同的文化区来说，我们认为其间的异多于同，大体上是异质的文化。但如果我们把考察的范围放大或缩小，情况就可能发生变化。从放大了的范围来讲，许多异点可能消失在更大的同里头，反过来，从缩小了的范围来看，原来是同的特征，却会有更细微的分异。举例来说，福建文化可以与浙江文化同归属于南方文化，南方文化又可以同北方文化同归于中国文化。倒过来福建文化可以细分为闽南与闽北文化，闽南文化还可以分为泉州与漳州的不同。因此，一方面，文化可以不断地归类为更大范围的文化，另一方面，也可以分异为更小的文化。当然这种归类与分异，并非如宇宙的无垠与粒子的无限可分那样。最高归类到中国文化为止，最细微的分异也就是十里不同风、五里不同俗而已。但就是这样的范围已经足够文化地理学者们殚精竭虑了。

就一般人看来，文化地理研究好像并不太难，因为其中似乎没有艰深的考证，到目前为止也还没有形成一套独特的理论与方法，但一旦投身进去，就知道难在其中了。简而言之，难就难在我们有时能感到某地与另一地的文化相同或相异，但却说不出或道不明，或者不能究其所以然。这种文化的同中之异或异中之同虽然有的十分明显，信手可以拈出，但大都是很模糊，有些只能感觉出来。因此要认真追求同异所在，就非有艰苦细致的研究不可。这种研究首先要有充分的资料做依据，而资料的搜集本身就是一项难度很大的工作。与文化地理有关的材料往往十分零碎，可能翻阅了大量的文献所得只有很少一点有用的东西，所以有时不得不对浩如烟海的文献作穷尽式的搜寻。但搜集资料只是研究的第一步，什么资料对研究有用，如何依靠这些资料建立思路，作出令人信服的研究结论来，这更是重要的第二步。从摆在大家面前的这本书中，我们可以看到作者是从哪里发掘相关资料的，又是用什么方法达到结论的，这些结论又提供了哪些启发人的思路。由此我们就可以看出这本书的几个特点来，那就是：

一、讨论的问题新。在文化地理学中由本书首次提出讨论的对象有：（1）女性文化。本书对此用了两章的篇幅。其中，“唐宋时期峡江女性的形象及日常生活”一章有人类学研究的意味，篇末在探讨当时峡江地区的文化类型时，指出该地的老女不嫁可能属自梳性质，更是发前人未发之覆。而另一章就“江汉好游”的问题不仅讨论得相当深入，还提出了唐代以后南方地区经济文化中心东移的见解。（2）感觉文化区。这一概念在文化地理学界曾有人注意过，但根据我国的具体情况认真进行学术性的探讨这还是第一次。本书为此专辟一章，论证“沮漳”“江汉”“荆州”“楚”一系列文化观念对于湖北省形成的作用；分析湖北作为文化地域的空间结构以及其文化类型的地域归属，如湖北文化曾长期被视作中原文化，而后来被视为南方文化，这些都是关系很大但却一直未引起足够重视的问题。而后又讨论感觉文化区的判读指标，实际上也就是论证感觉文化区对于中国历史文化地理研究的意义。其他各章也都有新意，如佛教地理讨论传输线路、学派宗派，民居景观讨论用材、空间、文化生态，聚落景观讨论外部环境、空间形态，都是对以往文化地理研究思路的突破。

二、探讨的程度深。本书的每个章节都是当作学术论文来写的，所以都有深度。其中综述前人成果的部分仅“楚语的演替”一节中从先秦到南北朝一段，其余内容都是个人研究所得。在讨论中不仅注意复原文化景观的分布变迁，而且很注意对于其原因及影响意义的探讨。即使那些只被当作背景的内容，如政区、民族，书中对它们也很花气力。这两节虽然篇幅不长，但都不是对前人工作的重复。

三、资料功夫扎实。本书引用资料仅文集、笔记已逾 200 种，这是不多见的。而且据我所知都是作者自己从原书中翻检得来的，绝非耳食之资。其中光《全唐诗》与《全唐文》作者前后就读过好几遍。这种做法是值得鼓励和提倡的。

四、工作态度严谨。本书有两处对于《湖南历史文化地理研究》一书的自我批评：（1）对于佛教地理的研究曾将本在江陵的两座寺院误定于岳阳；（2）对韩愈自袁州返京路线失考，从而导致对其两句诗的理解有偏差。这两处失误无关宏旨，但作者并不苟且，在本书中正式指出，足以反映作者存真求实的学风。

当然本书也有不足之处，那就是对湖北文化内部的异还分析得不够，正如在关于湖南的那本书中，对湖南文化的同说得不够一样。这是两地文化特征不同所致。但湖北文化内部的异其实是可以看得出来的，以武汉、襄阳与荆州三点组成的三角形大致是湖北文化的核心，其外围与之有一定的文化差异，同时这三极之间也有所不同。但如何描绘与分析是不容易的，希望以后能以另外的因素或指标作为比较基础，将湖北文化内部的异也明白地揭示出来，这样，对于湖北历史文化地理的研究才能更进一境。

自　序

本书是我博士学位论文《湖南历史文化地理研究》的姊妹篇，写成这样，是我始料未及的。

我从 1990 年 9 月开始，跟着谭其骧先生读博士。早在 5 月份面试的考场上，他就对我说，如果我能考上，就做一个区域性的历史文化地理题目。鉴于我是湖南人，他建议我做两湖（湖南、湖北）。入学后，他又多次对我说，这个题目不能变。空间范围包括今湖南、湖北两省，不能缩；时代做通代的，从有史以来做到晚清，不能断。

而且，谭先生给我立下一规矩，博士三年，不能一上来就做学位论文，一定要花至少一年时间读跟博士论文无关的书。于是我在 1991 年暑假前，基本上没考虑博士学位论文的事。那年秋天，准备要做学位论文了，10 月 19 日谭先生意外病倒，此后一直昏迷。当时我一边收集资料，一边盼望他康复。万不料，1992 年 8 月底，正当我收集资料基本上就绪，准备开笔时，他竟然走了。送别他以后，由于对他关于这个选题的总体构想不得而知，考虑到工作量，我征得副导师周振鹤先生同意，将博士学位论文的选题缩小至今湖南一省，撰成一篇《湖南历史文化地理研究》，于 1993 年 6 月底通过答辩。之后修改成若干单篇在《地理学报》《中国史研究》等期刊发表，而整体则被列入复旦大学博士丛书，于1995年由复旦大学出版社正式出版。

1996年，我申报的课题《两湖历史文化的区域差异及形成过程》先后获得上海市第二届曙光计划项目和国家自然科学基金青年项目的资助，自此，我的研究重心便转移到湖北的历史文化地理研究。

起先我想，湖南那本书，收集资料好以后，我真正用于写作的时间大概十个月；现在再写一本湖北的书，资料收集也基本上完成，只是写出来，大概花一年应该差不多了吧。不期然，到最后竟然写到1999年下半年才结束，实花约两年半。

之所以写这样慢，有三点原因。一是博士论文写得太赶，很多细节没时间推敲，现在时间宽裕了，我想好好享受这个写作过程，写得从容一点。包括语言。我在本科、硕士阶段受的是理科训练，理科对于论文的要求主要是科学表达。靠数据、事实说话。不许用形容词，不许用惊叹号。每句话言简意赅，必须有解（不能有病句），且必须是唯一解（不能有歧义）。尽可能地提高语言表达的效率。能够用一句话说清楚的，不拆成两句。写博士论文时，我仍然照此操作。不曾想，一些文科的读者对此不太习惯，觉得我湖南那本书语言有点干瘪，甚至质疑我的语文能力。因此我就想，我得证明一下。

第二，湖北的情况跟湖南大不一样。湖南的地面，是湘、资、沅、澧四水，从东到西依次排列。资、沅之间，逶迤着一道雪峰山脉，将四水分成两组。湘、资二水流域属于江南丘陵，沅、澧二水流域属云贵高原。这两大块地区，先秦时期在此活动的民族成分就不一样。秦代以后，高层政区方面一直各自为政。历史上的“湖南”，其实本来只包括湘、资二水。沅澧流域，则是属于“湖北”的。直到清代，湖南、北分省，沅澧流域才跟“湖北”分家，与湘资流域共处于“湖南”。既然如此，湖南在文化上的地域分异也就很清楚。基本上所有的重要文化特征，都以雪峰山为界，东西两分。然后再沿河流的流段而产生次一级的分异。

然而，湖北的地面，总体上是一个马蹄形。四周高，中间是长江，串着一个凹进去的江汉平原。它的位置，又处于东西之交，南北之汇。因而湖北的人文历史，无论从哪个方面都表现出极大的复杂性。例如政区，它无论是县级、中层还是高层政区的沿革都极为复杂，在全国各省区中恐怕无出其右。完全不像湖南那样整齐有序。因此，要按湖南那样的做法来做湖北，恐怕对湖北的历史文化有点不太尊重。

而更关键的是，我对那种拿一个模式作无限推广的做法非常反感。我总觉得，做学问这事，往低了说是一项工作，是挣钱糊口。但世上可以挣钱糊口的营生那么多，何苦要做学问。既然做了学问，何不把它看得艺术一点，玩得有趣一点？因此，在爬梳完湖北的历代政区和民族分布这些人文背景以后，我就想要尽量把它写得跟湖南不同。

首先是在内容的去取方面。当时学术界实际上是没有一个可资参考的综合性文化地理研究体系的。卢云《汉晋文化地理》是学界第一篇研究历史文化地理的博士论文，其内容包括四章：汉晋时期学术文化的区域特征及其变迁、滨海宗教文化带与汉晋三次宗教浪潮、汉晋时期婚姻形态的地理研究、汉晋时期的俗乐区域与雅乐中心。但是这四章彼此之间是什么关系、一个完整的地域文化综合体应该通过哪些因素来加以揭示，未见阐述。1997 年，周振鹤先生将一些研究中国历史文化地理的论文整合成一本专著，题为《中国历史文化区域研究》，对于体系结构也大伤脑筋。书中分成语言文化区、宗教文化区、风俗文化区、人物地理、文化重心区、区域文化地理六编，应该说，这只是一个已然，并不是一个应然的结果。其他做文化地理研究的学者也有不少，大多只是做一些单要素的部门地理分析，并不计较综合性文化地理的研究体系。

兴许是考虑到文化概念的外延汗漫无边，地理学界对于文化地理的定义早已不再拘泥于本体论。从 20 世纪 80 年代起，已转而从方法论角度入手，认为文化地理研究的内容是文化区、文化扩散、文化生态、文化整合以及文化景观五大主题。这一理论对于历史文化地理研究当然具有极大的启发、刺激和推动意义，却并不能消解历史文化地理研究的焦虑。

我在做湖南历史文化地理研究的时候，一方面，不能不顾忌当时已有的文化地理研究的习惯性思维。当时几乎所有的历史文化地理著作，都要找一些人物、著作什么的作些统计，列成表、画成图，我也只好把湖南的一些重要人物、文化指标列出来作了一些统计。关心湖南地域文化的人，对于近代湖南人的群体性格很感兴趣，但对于其形成过程认识模糊，我花了一章篇幅讨论湖南民风和士习的历史变迁。但与此同时，我又很想建立一个区域历史文化地理的分析体系。谭先生指出："文化区域的形成因素则主要是语言、信仰、生活习惯、社会风气的异同。"[①]本乎此，我对湖南的方言、

① 谭其骧：《历史人文地理研究发凡与举例》，载《历史地理》第 10 辑，上海人民出版社 1992 年版。后收入《长水集续编》，人民出版社 1994 年版。

民歌、宗教信仰以及婚、丧、岁时、民居聚落四种民俗也都作了专篇讨论，并在此基础上作了综合文化区划的尝试。

毕业后，我不断地对区域性亦即综合性的历史文化地理研究体系加以反思。在对湖南作综合文化区划时，前面那些统计数据基本上没派上用场。之前卢云在《汉晋文化地理》的结语中，虽多处引述第一章的统计结果，但很明显，那些统计结果与第二、三、四章的空间结论其实并不存在内在关联，彼此毫无共振的可能。直到有一天，正好在公共汽车上，我突然想到，之所以如此，是因为这背后的问题意识完全不同。对文化进行量化统计，是中国传统的观念。一讲到文化地域差异，便是文野、文质之分，一定要比高下、较盛衰。而不比高下，只对差异加以描述，这是源于西方的问题意识。按照这一观念，文化是人类的生活方式。东方人有东方人的语言、宗教、社会风俗，西方人又有西方人的那一套，彼此有差异，但不存在高低之分。

想明白这一点之后，我对湖北的历史人物和其他文化指标便不想作统计分析了。我觉得那些工作谁都可以做，我不如在揭示湖北历史文化面貌方面多花点精力。无疑这是更有挑战性，也更有意义的事。

湖北历史上有很多引人注目，而湖南却没有的文化景观。例如“江汉好游”，以及唐宋时期峡江地区的女性文化景观，这些是做湖南时根本想不到的内容。就连类似的现象，如历史方言、太岳朝香，湖北的资料也丰富得多。

资料不一样，做法也就可以不一样。做湖南时，我重点想揭示其地域差异。对于每一项文化因子，都想尽量把它的时间序列和空间序列给复原出来。在此基础上，也注意到文化的传播和整合。至于文化生态，虽然注意到，但深度有限。到了做湖北，由于材料相对丰富，做文化生态分析的空间比湖南大了很多。最明显的如民居聚落习俗，在湖南只能紧巴巴地合在一起，勉强撑一节。而湖北的资料则不仅要将民居和聚落分开讨论，而且每一部分都必须分若干类型，作各种具体而微的探讨。这真是一种妙不可言的体验。

等到把湖北这些重要的历史文化景观一项项分析得大体差不多，我就在想，该怎样把它们整合起来。做湖南，我是先将一些重要的文化指标作个案分析，然后借鉴综合自然区划的原则和方法，提出了一个湖南综合文化区划的方案。湖北我没有按那个方式展开，它综合性的文化地域差异该如何体现？

这时我回想起，谭先生对我说过的关于湖北文化地理最重要的一句话。1991 年春末，有一天他突然跟我谈起两湖文化地理的基本格局。关于湖北，他说："襄阳在历史上本来是中原的，后来慢慢地发展到南方来了。"他指示我："做两湖的历史文化地理，应该把这些问题搞清楚。"

实话说，对于谭先生的那一席话，当时我完全理解不了。由于他规定我在第一学年不得做毕业论文，所以当时我也没敢多问。我总以为，等到做论文了，自有向他请教的机会。不曾想，机会就那样稍纵即逝。后来，想问他，问不着了。

毕业论文我只做了湖南部分。我自认为，谭先生关于湖南文化地理的感觉，应该算是得到了实现。但是湖北呢？他关于湖北的这句话更不好捉摸。

我坚信，谭先生这句话一定有他的深刻道理。在我面前，他从来不乱说话。正所谓深人无浅语。这种学术直觉，绝对要重视。关键是我应该怎样从学理上进行把握。1998 年 11 月初，我突然想到，既然谭先生从感觉（而不是从具体文化指标）的角度谈襄阳的文化地域归属，那么，这种文化区的性质是不是跟西方文化地理理论中的感觉文化区有点类似？

当时西方的文化地理著作，在阐述文化区理论时，提出文化区有形式文化区、功能文化区、感觉文化区三种类型。对于前面两种类型，可以举出多种实例，而感觉文化区只有一个美国东南部“迪克西”（Dixie）区的例证。而将这一套介绍到中国来的著作，对于感觉文化区，基本上是介绍西方的内容，一个本土的实例都没有。从表面看，无论区域形态，还是判读指标，都与谭先生跟我讲的这种区域有很大距离。但通过对二者性质及判断依据的仔细比对，我认定，这二者从学理上其实是一回事。它们都是基于文化认同、心理感知而形成的地理区域，从本质上其实是一些区域概念，既得到区域内居民的认同，也得到区域外人们的承认。至于其间的差异，可能是东西方文化环境不同而导致的吧。

找到这一概念让我兴奋不已。我花了六个月写出了湖北历史时期的感觉文化区这一章。之后又花了两个月修改。不仅对湖北文化地域的演变过程给出了一个解释，顺带还解决了困惑我很久的一个问题。早在先秦，湖北作为一个完整的文化地域就已经得到了承认；中古时期，相当长一段时间内，决策者却横竖看它不顺眼，不断地在高层政区的划分中对它分瓜切片。从永嘉南渡开始，到元代登峰造极。即便在唐宋，这个地域也没有得到足够的尊重。唐代，它分属于山南东、淮南、江南西、黔中四道。宋代，它又分属于荆湖北、京西南、淮南西、江南西、夔州五路。简直支离破碎。然而令人奇怪的是，到了明代，它又回归到汉代的那个样子，跟湖南合成一个湖广行省。到清代单独设为一省。是什么力量使得它经过中古那么长时间的支离以后，仍然能合在一起？我认为这是感觉文化区在起作用，是感觉文化区一直在维系着湖北这一文化地域的完整性。

这一研究为我打开了一个新的视野。由此我注意到，中国传统文化中的地理感知，是一个大有可为的新的学术增长点。湖北这项工作，是一个特定区域通代变化的试验。稍后我又利用在日本交流访问的时间，以唐代的全国范围做了一篇《唐人心目中的文化区域及地理意象》。那是一个在时空方面相对称的工作，做下来感受更深。从此便一发不可收拾。近十余年我在历史文化地理方面做的一些创新意识比较强的工作，基本上都与地理感知有关。①

不知不觉间，本书出版已二十年了。市面上早已脱销。每每一些朋友询及，都无以应之。前些年几次有出版社商量再版，均未果。现在承浙江古籍出版社青眼，让它有重新问世的机会，真是铭感不已。需要说明的是，此次再版，只改正了一些错别字，并且删去了为初版特制的后记。内容方面无所改动。周振鹤先生的赐序也承惠允予以保留，谨此致以衷心感谢。

2020.5.21

---

① 参拙著《中古文学的地理意象》，中华书局 2014 年版。

目　录

绪　论

一　本书的研究旨趣

1. 本书的研究范围

本书旨在揭示湖北文化在历史时期的地域差异，其空间范围为今湖北一省。

对于区域性的实证研究，其意义已经不言而喻：它们是进行全国范围综合性研究的必要基础。中国壤地辽阔，文化的地域差异非常明显，如果缺乏足够的区域性研究，全国性文化地理的总体认识便无从构建。

在此有必要加以阐释的是为何要以省区作为空间单元，也许有些人对这一做法心存疑问。笔者之所以如此，主要基于如下几点考虑：首先，地理学上有多种不同性质的区域概念。以本书牵涉到的而言，一种如“方言区”“文化景观区”，属于地理事象本身空间分布差异而形成的区域；一种如“湖北”，是观察者选取的空间范围，这两者不必强同。事实上，这两者也不可能强同，因为前者作为研究对象，是需要研究者在工作过程中不断探索、不断确认、不断修正的，它不可以先验而存在。其次,文化区也有不同的性质,有形式文化区,有机能文化区,有感觉文化区。以前者而言,“湖北”诚然不是形态明晰的形式文化区。不光“湖北”,以其他方式界定的区域也不可能是;因为形式文化区有单质区和复合区之别,单质文化区也许还有存在明显边界的可能,复合文化区其边界绝不可能是清晰的。但若论机能文化区和感觉文化区,则“湖北”不仅是,而且还具有更丰富的意义。我国现行的省区是在漫长的沿革过程中形成的,它们对境域内的居民文化心理、文化形态分布以及经济文化生活都产生了极为深刻的影响,以此为研究的空间单元,便于透视文化与人文环境之间的关系。其三,省区的空间尺度比较适中。它既存在足够的内部差异,使课题展现出充分的学术价值;同时又不至于超出研究者得心应手的把握范围。其四,历史时期的资料大多是通过政区定位的,尤其人文资料,如果在研究中将政区割裂过甚,很可能增加因资料错位而导致的误差。

空间范围既限于一省,时间跨度便势必要较长。这样庶几可以收到与全国范围的断代研究相对称的效果。因此本书的时间范围延伸到整个的历史时期。这个历史主要指的是有文献记载的历史,具体视各研究对象而异。之所以如此,一方面是考虑到学术基础,如果将时限上溯得更前,势必要用到考古学的手段,这方面并非笔者所长,笔者又不满足于仅仅对前人的研究成果进行综述;再则,有些问题只是在某个历史时段才有意义,无须“上穷碧落下黄泉”地枝蔓过甚。因此本书的各个专题在时限上并不追求一致。

基于上述时空范围,本书对选题范围也有所限定。地理学者一般认为,文化包涵有技术、社会和精神三个层面。这是一个广义的文化概念。它在理论上当然是完美的,但很难适用于某一项具体的研究,因为这个概念具有无限的外延,它可以涵盖人类活动的全部。从中既无法导出文化地理研究对象的具体范围,也无法确定其主要内容,甚至往往还难以看出它与人文地理其他分支相区别的独特之处。例如技术层面的文化地理与一般意义的产业地理交叉重复便有很多。也许正是为了绕开这一恼人的问题,目前文化地理学界流行着一种"主题研究"的学说。即以文化区、文化扩散、文化生态、文化整合以及文化景观五大主题作为文化地理学的研究内容。这一学说创始于两位美国文化地理学者①,在我国得到了广泛的认同②,以至于很多人将它视为不二法门。应该说,这一学说的兴起对文化地理学是一个巨大的推进,它拓宽了文化地理学的思考理路,使得千差万别的各种文化现象可以融入一个统一的观察模式。但究其实它只属于方法论的范畴,并不能取代对本体论的思考,将这些方法放到人文地理的其他分支中也同样适用。就是说,文化地理学的研究对象问题并没有因此而得以解决。

考虑到文化地理学应该有其作为研究领域的独特性,而这一特性在精神和社会两个层面表现最为显著,因此本书的选题主要集中于这两个层面。至于具体的选题旨趣,容下文详加阐释。

2. 本书的选题旨趣

在东西方不同的文化传统中,审视文化地域差异的目光是大异其趣的。在中国,一提起文化的地域差异,反映在人们脑海中的首先便是文化发展水平的高下。诸如各地所出的文化人物多少,在国史

---

① Terry G. Jordan & Lester Rowntree: *HUMAN MOSAIC*, Harper & Row, 1990.

② 参王恩涌《文化地理学导论》,高等教育出版社 1989 年版;及《文化地理学》,江苏教育出版社 1995 年版。又,王星《人类文化的空间组合》,上海人民出版社 1990 年版。

上所占的地位如何，等等，这都是可以高下相较的。其次虽然也会注意到乡俗的不同，但往往也要评骘其美恶。例如祠祀有正、淫之别，方音有正、讹之目，这都是同一思路的逻辑延伸。而在西方，由于缺乏可资共享的价值体系，其文化差异的趣味中心便主要在于类型的区别。如语言和宗教，各地的文化形态在亲缘关系上可以分出远近，但却无法评判孰优孰劣。这种东西方的差异有其历史成因。在中国数千年追求大一统的历史过程中，人们对文化也形成了定于一尊的理想。尽管各地民风习俗的差异从来就不曾消弭，但古往今来都认为它是一种不理想状态，属于理当整齐之列。从秦代的“书同文”到现代的规范语言文字，从北魏孝文帝的改革到明初朱元璋的“革命”，一直有这一文化观念的具体表现。而西方则大相径庭，各种文化在彼此接触时都极力标榜其自身的独特性，以至于有些文化形态本来不成其为地域差异，也被人为地标榜出不同的特色。例如丹麦语、挪威语、瑞典语，尽管其彼此之间的交流并没有太多的困难，但却经常被相互加以区分①；而更极端的情形出现于塞尔维亚语和克罗地亚语之间，已是广为人知的事实。正因为有这一观念的差异，西方不少语言之间的距离其实还不如汉语中的某些方言。

这一观念反映到文化地理学中，便是关注的内容相形异趣。在西方，文化地理学关注的主要是文化类型的地域差异，如语言和宗教。而在中国，更多的关心集中于文化发展水平，即对各地所出文化人物、文化成果以及文化设施进行量化分析，要较其高低。文化发展水平的问题在中国文化地理的研究中不仅兴起早、成果多，而且到目前为止发展最近乎完善。或名之曰学术文化，或以之为教育地理。

---

① Ronald Wardhaugh: *An Introduction to Sociolinguistics*, Basil Blackwell, 1990. P28.

其指标选取、采样范围、量化统计诸环节的探索已相当深入，对分析解释也形成了体系。

讨论文化发展水平的地域差异，无疑令每一个关心中国文化的人为之兴奋。在中国这样一种兼容性极强的文化中，各个文化背景不同的地域都朝着一个共同的文化理想而趋近，其发展水平的空间序列确实是一个非同小可的问题。这一工作对于深入揭示中国文化、深刻理解中国历史，具有无可替代的作用，但展开研究却常不免陷入一个令人非常尴尬的境地：取样、计量过程已相当艰辛烦琐，对所得的结果进行分析，稍失之浅无异于老生常谈，求之过深又难免穿凿以致失真，极难得出一个令人满意的解。

为了避免这种尴尬，本书将主旨定位于复原湖北历史时期的文化面貌。当然还有更重要的原因，那便是同类研究目前在我国还十分薄弱。自20世纪80年代文化地理学在我国兴起，迄今已近20年时间。由于文化学科的涉及面非常广，不少文化要素如语言、宗教、民俗早已各自发展成为专门的研究领域。这些领域的学者，往往不具备系统的地理观念，不可能解决文化地理学的问题的全部。非但如此，这些学者有的甚至还不大注意文化的地域差异，其研究资料和成果难以为地理学者所直接利用。而地理学者要进入这些领域开展研究，每个专题都必须经过相当漫长的知识准备过程。况且，文化的历史性特别强。任何一种文化现象，只要稍为深入地讨论，都非考察其历史不可[①]。这样，文化地理学的研究工作实际上具有文化、地理和历史三个维度，任何一个专题的研究都有其独特的知识领域，任何

① 这一点在地理学上的意义，周振鹤师已多次指出。见其为拙著《湖南历史文化地理研究》所作之序。

一点新的进步得来都异常艰辛。正因为如此,文化地理学的实质性研究目前在我国还非常有限。

复原历史时期的文化面貌,首要的问题是选取指标。由于文化的每一个层面都具有许多因子,其中各项因子显然不具有相同的权重,势必存在一些主导要素,是它们构成文化的价值体系。区域性文化地理研究首先必须关注这些最基本的文化要素,这样才能揭示一个区域最重要的文化特征。这是区域研究之所以成立的必要条件,否则,枝末细节的零星研究不可能实现问题的价值。在这一方面,西方文化地理学的经验可资借鉴。其主导指标为语言和宗教,其理念导源于文化人类学。反观中国,语言的问题理当转化为汉语方言,而宗教则主要表现为佛教。因此本书首先即讨论这两项文化要素。

关于方言的文化意义,周振鹤师和游汝杰先生在《方言与中国文化》一书中通过大量的实证研究已经作了充分的展示,笔者在《湖南历史文化地理研究》的相关部分也有所论列,兹不赘述。在此要稍加阐明的是湖北这一区域在汉语方言变迁史上的地位。这一地位须以“关键”来形容才恰如其分。此地在古代为楚语的分布核心,到现代的汉语方言地图上,却以北方官话为主,这一变迁反映了南北文化的地域消长。其中官话又有西南官话与江淮官话之别,这无疑又反映了上、下江文化的空间交汇,也就是同纬度地带东、西部文化的地域交汇。这样一个南北方、东西部文化的四会之地,其方言类型嬗递、同时也表现为方言分布变迁的过程,在全国范围所具有的意义是显而易见的。它对于探讨历史上楚语与吴语的联系,以及江淮官话与西南官话的形成历史,都有不容忽视的意义。

佛教作为中国历史文化地理研究的一项主导指标,至少包含有两层理由:其一,作为价值体系的重要构筑者,宗教在中国的主要表现便是佛教。此外虽然还有不少宗教,如孕育于本土的道教、与佛教同期输入的其他宗教以及后来输入的基督教,但它们对于中国文化发生作用的程度都不足以与佛教同日而语。其二,总体而言,宗教对于中国文化并不像对其他许多文化那样十分重要。但佛教在不同历史时期对中国文化的影响是不均量的,其在唐代以前生命力非常旺盛的时候对于社会文化所产生的震撼,远非后世可以望其项背,当时曾出现不少以佛化国的场面。若以此与世界上那些宗教观念很强的文化进行类比,其文化与宗教之间的关系谅不过如此。因而在涉及中国文化,尤其历史文化的时候,佛教的重要性足以引起高度注意。

当然中国文化并不是西方文化的简单对应。方言与语言的名义差别尚在可以忽略之列,因为其间的界限本来就属于相对;而宗教一项两者相异的情形几至势同霄壤。在西方文化中宗教的重要性可谓首屈一指,中国人对于宗教在多数的情况下却相当随便。因此周振鹤师指出,对于中国文化地理的研究,风俗比宗教更为重要。这一观察无疑是准确并富有穿透力的。受到这一思想的启发,本书在接下来的篇幅里,讨论了太岳朝香、民居和聚落文化景观。在传统的文化观念里,它们都属于风俗的范畴。

太岳朝香属于信仰习俗。这类习俗可以说是中国人对于宗教的一种补充。本书拈出太岳朝香一项加以讨论,主要是考虑到这一习俗在明清时期产生过极大的社会影响,由此不仅可以审视当时楚人对其乡邦的文化认同,而且还可以展现鄂北与中原在文化上的联系。这一联系无疑有其悠久的历史渊源。它对于湖北文化的地域整合是一项极为重要的参数。

民居和聚落两项习俗若按上述技术、社会和精神三层面的观念,应该分属于技术和社会两个层面。通过这两项习俗的研究,一方面可以反映湖北古代居民对于生活空间的文化观念,以及所达到和应用的技术水平。另一方面则可以透视湖北古代居民在生态系统中的生存状态,尤有助于把握湖北古代居民在许多方面都有所体现的"苟且"心理。这种文化生态学的分析在本书中虽然仅以湖北的资料展开,但所反映的问题实际上存在于相当大的地域范围,至少湖南的情形便与此类似。笔者前此在研究湖南的时候没有就此类资料进行讨论,学力所限当然是一个原因,另一原因则是资料本身不如湖北丰富。

说到资料,有一个想法笔者觉得有必要在此略做交代。经常有人与笔者讨论:文化地理到底该研究哪些东西?这是每一个做综合性文化地理研究的人在着手之前都要面对的一个问题,尤其做区域文化地理,这一问题更为突出。笔者早在着手做两湖历史文化地理的时候,也曾为此大伤脑筋。有人提出建议:可以先列一个提纲,然后一篇篇去做。这一做法相信对于许多研究工作是切实可行的,但对于区域文化地理研究却无能为力。要害的问题便是资料。区域文化地理,尤其研究时段延续较长的区域文化地理,在资料方面要遇到许多常人意想不到的困难。首先是资料的分布极度零散。除了佛教的资料相对较为集中之外,其他大多是散布在各种古籍中的只言片语,如果专为某一专题去查找资料,简直不知从何下手。正因为如此,对资料的总量事先不可能有较为准确的估计。有些问题本身非常重要,个人也有很好的逻辑构想,但如果最终缺乏足够的资料支撑,一切的努力都将是枉然。因此,笔者主张区域的历史文化地理研究采用如下一种程序:首先对文化的有关领域建立足够的知识准备;接着带着这一理念将该看的书通看一过,将有关的资料一网打尽;在这个基础上,再按专题逐一进行研究。这样既可以保证资料不至于有太多的遗漏,也可以由此而发现一些事先意想不到的问题,还可以减少因盲目寻找资料而造成的无效劳动,可谓一举而数得。至于各区域做出来的内容不完全一致,那是无可如何的结果,也正好可以反映各地文化的丰富多彩。

事实已为这一想法作出了诠释。试举一例,笔者前此在研究湖南的时候,曾讨论过湖南民风的历史变迁。这个问题又可以表述为湖南人的群趋性格,前人曾做过不少研究,得出的结论大体相同:湖南人自古便非常强悍。笔者通过充分的史料证明,湖南人在古代并不如此,由古代的怯懦到近世的果敢,中间经过了明显的变迁。而且,笔者在研究中还发现,强悍并不是湖南民风变迁过程中的唯一向度,与此同时还有一个由懒惰到勤奋的过程。这一问题对湖南的区域文化而言当然够得上十分重要,但同样的研究却未必能够在其他区域推广。即如湖北,此地居民在近世有"九头鸟"的文化形象,足以说明其民风问题也相当重要,但本书未能就此展开研究,关键的原因便是笔者迄今尚未掌握足以说明问题的资料。

当然也有相反的情况,这便是湖北的女性文化。这个问题在湖南的历史上并不十分突出,而在湖北的历史文化景观中却非常引人注目。其分布集中于两个地域,一是在江汉地区,二则在峡江一带。前者曾有其俗"好游"的判词,而后者曾被蒙上其女"寝陋"的恶谥。这样的口碑反映了该地女性生活的整合特征,进入文化地理学的研究视野,其重要性当可与生产方式相提并论。个中道理勿须赘言:生产方式影响的是人类的"食",而性别则关系到人类的"色",两者都是人类最基本的欲望。故本书就这两个地域分别加以探讨。结果由前者而发现,该地的"好游"本来是一种习俗,后来与城市商业文化交结在一起,其兴盛消歇折射了该地经济文化地位的变迁。这一变迁足以升格到全国范围,即,全国经济文化重心南移以后,南方内部又有一个东迁的过程。而通过后者可以看到,唐宋时期峡江女子独特的体貌特征有其自然和文化多方面的因子,在这些因子的共同作用下,该地的日常生活具有与同时期华夏文化大不相同的内容。从中甚至还可以看到,该地许多重要的文化特征都与汉文化不甚相类,这反映了一个普遍的事实:汉文化对南方一般只是从文化上进入,因而经历了一个漫长的涵濡同化过程。

上述各专题之后,本书在煞尾讨论了湖北省域在历史时期的感觉文化区,以及省境历史文化格局的变迁。前者专门探讨湖北作为一个文化地域在一波三折的人文背景下的历史演变、这一文化地域的空间结构,以及湖北各地在文化类型上的地域归属与整合过程,并以此为例讨论了我国古代对于感觉文化区的判读标志。这一问题过去极少有人注意,在历史文化地理的研究中尚未得以开展。笔者认为它具有十分重要的意义,因为人们通常所讲的楚、秦、晋、燕赵、齐鲁、巴蜀、吴越、岭南等文化区的概念其实都属于这一范畴,对中国的文化乃至于社会生活的各个方面都产生过极为深刻的影响。而后者通过省境三个区域的文化兴衰,以考察湖北文化发展的地域差异,着重揭示其与全国范围南北交通形势变迁的关系。笔者认为,这一交通形势的变迁是影响整个两湖历史发展的深层因素,它使得两湖的经济文化重心东移;而且就更大范围而言,它对于长江中游与下游地区的经济文化力量对比也深有影响。在古代,中游的发展本来是较下游快的,到近世已经完全逆转。

在以上各专题的研究之前,作为背景,本书论述了湖北历代的行政区域以及省境民族分布的变迁。文化发展的因子当然并非仅此两项,其他一些如自然条件、经济发展,本书在各专题的论证中也多有涉及，笔者将这两项单列出来，只是想予以足够的重视。

这样的一个篇章结构，以文化地理学的理论而言，无疑仍是不够全面的；衡之以笔者的研究兴趣，也还有很多专题未能完成。其间原因，时间和篇幅当然不能不被提及。但笔者更基于这样一个信念：如果过于追求结构齐全，很可能会妨碍讨论的深入；与其面面俱到而浅尝辄止，毋宁让全面为深入让步。况且以现有的研究状况而言，对于中国的文化地理，将体例做大已不是问题，尽量将讨论做深才是应该努力的方向。

3. 与本书有关的学术基础

在本书之前，并不曾出现选题相同、主旨类似的研究成果①。但存在两方面的学术积累，它们构成本书的学术基础。

一个方面是全国范围和其他省区的历史文化地理研究。这方面有四个思路的研究成果。其一是从文化要素入手，堪称典范的是周振鹤师与游汝杰先生合著的《方言与中国文化》。该书是新中国成立以来国内学人推出的第一部中国文化地理研究著作，对于文化语言学也具有开拓性的意义。由于其选题为方言这样一个第一等重要的文化要素，因而其价值不仅仅限于论证历代的方言地理格局、揭示多种文化要素之间的关系，更重要的是在方法和理论上贡献了许多创见。书中所提出的移民和行政地理两种分析方法不仅对于方言史、方言地理的研究是一大推进，而且对于整个的中国文化地理以及社会文化史的研究都极具启发和借鉴作用。

---

① 辽宁教育出版社曾于1992年出版过一本《荆楚文化》，为该社《中国地域文化丛书》中的一种。该书《编者札记》中所谈的问题与本书的旨趣非常接近，但诚如其作者在后记中所言：该书的贡献主要在于“综合前人与时贤的研究”，“在具体的细节的研究上很难达到深度”。

其二为断代研究。卢云先生所著《汉晋文化地理》,选取学术、婚姻、宗教、音乐四个文化要素,对它们在该时期的分布变迁进行了深入的探讨。内中所谓学术文化,包含了文化发展水平的问题。该书虽然就要素之间的关系以及它们在该断代文化地理研究中的意义阐释有所不足,但四个专题的研究每一个都称得上美轮美奂,从资料的搜集,到方法的运用,乃至理论的掌握都达到了空前的学术高度,而且很多方面迄今未被超越。

其三是采取区域的视角。这一思路的研究成果目前相对较多。发表最早的为司徒尚纪先生的《广东文化地理》。该书研究的虽然并非历史文化,但因著者为历史地理学者,故研究中非常注意从历史角度加以阐释。而且正因为不以历史时期为限,其研究视野非常开阔。选取的要素不仅包括了方言、风俗、聚落、宗教、人才,而且还包括了地名和农业土地利用;同时又对广东文化的形成因素,其起源、发展和传播过程,以及文化区划进行了论述。拙著《湖南历史文化地理研究》关注的问题则相对比较集中。该书所有研究都围绕文化发展和文化面貌两大问题而展开,前者以若干指标进行量化分析,后者包括了方言、民歌、宗教、信仰、民风、民俗以及综合文化区划诸专题。在此基础上对影响湖南文化发展的因素进行了探讨。其后,张晓虹完成了题为《陕西历史文化地理研究》的博士学位论文。该论文探讨了陕西的学术文化、方言、戏剧、宗教、信仰、风俗以及文化区诸专题,不仅对大多数专题的讨论相当深入,而且还首次将戏剧和社会风气引入历史文化地理的研究内容。同时康健就明代云南的文化地理发表了多篇研究论文,涉及学术文化和民俗文化的若干专题。

上述广东、湖南、陕西、云南四个区域的研究都是以一省的地域为限,蓝勇先生的《西南历史文化地理》则在空间范围上有所扩展。

该书未就时空及选题范围作出说明，实际上其所谓西南并非自然地理上的西南，而是云、贵、川三省，其界定空间的思路与前述工作一致。而内容则涉及人种和民族、考古学文化、文化氛围、教育、学术、信仰、丧葬、艺文、饮食、服饰、民居、交通文化、综合文化区。其中较为独特的是饮食文化和交通文化，这是上述诸区域的研究工作中未及探讨的内容。再一个独特之处便是其篇目结构，如以佛、道二教包含于信仰，将方言和民风的内容都包含于综合文化区，也与前人大不相同。笔者觉得，这种尺度的区域研究就目前来说可能略嫌过大，因而该书无论是从地域还是从内容上看，其深度都显得不够均衡。

其四是以问题为纲。周振鹤师主著的《中国历史文化区域研究》便是这一思路的成果。该书以文化区为线索，贯穿了语言、宗教、风俗、人物地理、文化重心、区域文化地理诸专题的研究。由于历史过程中的文化区不可能一成不变，因而文化地理学极为关注的文化传播、文化生态诸问题实际上在该书中也多有涉及。著者本着宁缺毋滥的宗旨，该书并没有一味追求内容齐全；而是从已有的研究出发，收录进来的都是著者的专题性论文。因而可以说，该书反映了所涉及领域的前沿水平。

另一个方面是关于湖北区域的研究。其中，涉及湖北地域文化的研究主要集中于历史的两头，研究时段较前的有张正明先生的《楚文化史》、王光镐先生的《楚文化源流新证》和徐少华先生的《周代南土历史地理与文化》，时段较晚近的有罗福惠先生的《近三百年湖北学术文化》；方言学界关于湖北方言的研究也是如此。其中罗先生所著的引论部分与本书的旨趣十分相近。涉及湖北社会经济的，各时段的研究则相对略为均衡，如陈伟先生的《楚东国地理研究》和《包山楚简初探》、牟发松先生的《唐代长江中游的经济与社会》、张国雄先生的《明清时期的两湖移民》、龚胜生先生的《清代两湖农业地理》,以及梅莉、张国雄、晏昌贵三位先生合著的《两湖平原开发探源》。这些论著对笔者把握湖北的文化历史起到了不可或缺的作用。而石泉先生所著《古代荆楚历史地理新探》,为先秦时期的荆楚地理提供了一个独特的坐标。虽然笔者还没有全部认同石泉先生的学术体系,但对于他所做的艰苦而富有启发性的工作,内中深深地怀着敬意。

二　湖北历代行政区域

行政区划的沿革变迁,是一切历史地理研究的基础。无论从事何种研究,首先总须解决一个资料定位的问题;而政区正是对资料进行定位的主要手段。况且,政区变迁对于历史文化地理的研究具有尤为重要的意义。因为行政区划对于文化具有一种发生学的作用,共享的行政区划表明一段共同的区域历史,而长期稳定的行政区划几乎可以作为文化区划的替代指标。这一点,在笔者已有的对湖南历史文化地理的研究工作中已经表现得非常明显。

关于湖北历代政区的研究,发表的成果已有不少[①]。但以往的研究成果,大多侧重于考证政区的建置沿革及治所地望,对于其他的方面则关注不多[②]。本文旨在探讨湖北作为一个省份的区域形成过程,及其统县政区辖境变迁的地域差异。

"湖北"作为一个区域,其得名乃是与"湖南"相对而来的。唐代

① 单篇论文不论,专书即有潘新藻《湖北省建置沿革》,湖北人民出版社1987年版。

② 龚胜生对于清代湖北政区的研究,总结了其间的时空特点,还揭示了政区变化与经济发展之间的关系。见其所著《清代两湖农业地理》第一章,华中师范大学出版社1996年版。

后期，以湘、资二水流域置湖南观察使，是为“湖南”得名之始。宋代以此范围设置荆湖南路，而以沅、澧二水流域及今湖北的中部地区设置荆湖北路；由于前者简称仍作“湖南”，与此相对后者也就简称“湖北”。

这一名称出现的时代在我国现行各省区名中并不算晚[①]；但它作为一个高层政区[②]，且范围与今湖北省境大体一致，则已是到了清代。在明代的湖广布政司出现之前，今湖北省境一直没有完整地纳入同一个高层政区之内[③]。

秦代未设高层政区，其政区只有郡、县两级。当时今湖北省境主要分属两郡，中、西部以江汉平原为核心的大块地区属于南郡，东部属衡山郡。同时，北部地区属南阳郡，西北一角属汉中郡，而西南一隅则属于黔中郡。这一格局为湖北历代高层政区沿革的复杂性奠定了深厚的基础。

汉代大部分的时间里政区仍为郡县两级，但汉郡与秦郡已有了较大的不同。当然所谓不同乃是就全国范围而言，具体到今湖北省境，其政区的格局则变化不多。变化主要表现在东部和西南部两块区域。前者由于秦代的衡山郡演变为汉代的江夏郡[④]，从而使得南郡的分界西移至汉水西岸，并使省境东端更属庐江郡；后者则随着秦代

---

① 关于各省区名称渊源所自，可参谭其骧等先生所撰《我国省区名称的来源》一文，载《复旦学报》历史地理专刊，1980 年。

② 我国历史时期各个层级的政区名称相当复杂，为避免混淆起见，笔者采用周振鹤师提出的一套政治地理术语：直属中央的为“高层政区”，基层的为“县级政区”，居中为“统县政区”。这套术语简明扼要，并且揭示了各级政区的行政职能。

③ 严格说来，明清时期属于湖广布政司这一高层政区的也还不是今湖北省的全部：建始县于明代属四川，清代改隶湖北；而英山县一直隶属安徽，1932 年始度属。

④ 这一变化对于湖北影响深远，其具体过程参周振鹤师《西汉政区地理》上篇第四章第二节衡山国（含江夏郡）。

黔中郡的撤改而度属南郡。其余地区仍分属南郡、南阳及汉中郡,彼此间的分界一如秦代。

从汉武帝起,郡级政区之上设有作为监察区的州。当时辖有今湖北省境的南阳、江夏、南郡三郡连同在今湖南省境的各郡属于荆州,汉中郡属于益州,庐江郡属于扬州。汉末,州的性质发生转化,成为正式的高层政区,从而使得湖北在主要隶属荆州的同时,还跨益、扬二州之境。

汉代的这些行政措置在后汉未有改变。三国时期今湖北省境则为吴、魏二家所共有。吴、魏二家都置有荆州,今湖北的北部、西北部属魏荆州,中部、东南部、西南部地区属吴荆州,此外其东北部属吴扬州。西晋统一以后,两个荆州合而为一,而东北部原属吴扬州的地区则分属扬、豫二州。

永嘉南渡后,雍、秦流民南出樊沔,湖北境内接受了大量的西北移民,设置了众多的侨州郡县①,加之南、北政权互有消长,从而政区的变更频繁异常。大体言之,到南北朝前期为止,今湖北省境主要分属荆、郢、梁、豫以及侨雍、司数州所有。南北朝后期,湖北省境迭为梁、后梁、陈、东魏、西魏、北齐、北周各朝政权的势力范围,政区的分设已完全失控,千回百改,实难缕述。

隋代混一方宇,又将政区恢复到两级,因而缺乏幅员辽阔的高层政区。唐初沿袭其制,但从贞观年间(627—649)开始置有作为监察区的道,它逐渐具有一种准高层政区的性质。到开元(713—741)时,今省境中部、北部属于山南东道,此外其东南部属江南西道,东北部

① 其具体分布,可参石泉、鲁西奇《东晋南朝长江中游地区侨州郡县地望新探》,载《中国历史地理论丛》1995 年第 4 辑。

属淮南道，而西南一隅则属于黔中道。安史之乱后，天下分设许多方镇（道），成为事实上的高层政区。元和（806—820）时，今湖北省境分属三镇，以襄阳为中心的北部、西北部地区属山南东道节度使，以江陵为中心的中部地区属荆南节度使，以武汉为中心的东部地区属鄂岳观察使，此外西南一隅则属黔州观察使。

在湖北省域的形成过程中，唐后期的措置具有相当重要的意义。山南东、荆南、鄂岳三镇的设立，是历史上第一次将今省境完全置于以湖北为重心的高层政区之内。按照这一逻辑发展，如果高层政区的总数比唐后期再少一些，三镇合而为一，湖北就完全有可能形成一个完整的区域。

但接踵而来的宋朝却没有认同这一趋势。其时高层政区为路，今湖北省境分而属五，中部和东南部属荆湖北路，北部、西北部属京西南路，东北部属淮南西路，此外其西南一隅属于夔州路，而东南一角属于江南西路。内中只有荆湖北、京西南两路的中心在湖北境内。

元代在今湖北的措置更为怪戾。此时高层政区已改为行省。它以开封为中心，设置了一个硕大无朋的河南江北行省，今湖北的大部分地区就属于该省的管辖之下。省境虽然拥有湖广行省的中心，但该行省只统辖今湖北东南部以及位于西部的一块飞地，此外西南一隅属四川行省。其分属三个高层政区的局面虽然并不比此前的任何朝代支离，但湖北作为一个区域的完整性已破坏无遗。

明代惩元之弊，一举将今湖南、湖北两省的范围设为湖广布政司（俗称湖广省），至此，两湖地区的高层政区才真正成型。清初分置湖北省，此后一直为独立的高层政区。

上述是湖北省境历代高层政区的变迁，其复杂程度在全国各省区中实属罕见。与这一复杂情形相比，湖北省境统县政区的沿革较为有序。兹分区述之如次。

清代荆州、宜昌两府与荆门州之地，秦代属南郡。当时南郡东过武汉，西包巫山，南界大致沿长江南岸，而北边则自襄阳以北抵今鄂豫省界①。汉代分南郡东部属江夏郡，此两府一州之地仍全属南郡。曹魏以南郡北部立襄阳郡，蜀分南郡西部为宜都郡，吴分宜都立建平郡。西晋统一后，南郡、宜都、建平、襄阳四郡并立的格局得以继承；又分南郡立南平郡，并属荆州。其中，宜都郡的范围后世变更不大，历南朝至隋而改为夷陵郡；唐更名峡州，属山南东道，从此辖区长期稳定；宋因之，属荆湖北路；元为峡州路，隶河南江北行省；明为夷陵州，属荆州府；清升为宜昌府，增领清江流域长乐县(今五峰)、鹤峰州(今县)之地，兼辖归州。

建平郡自北周将清江流域单独开置为郡以后，隋代并入巴东郡；唐立为归州，属山南东道，其范围和名称后世都长期未之有改；宋隶荆湖北路，元为湖广行省飞地；明降为荆州府属州，清改属宜昌府。

南郡以及南平郡北部、襄阳郡南部在南朝侨置、开置了不少郡县，属于荆州；入隋后改置南郡；唐更名荆州，属山南东道；宋分其北部为荆门州，并隶荆湖北路。荆州在元代为中兴路；明代为荆州府，兼辖夷陵州和归州；清代设荆州府，并以夷陵州和归州另立宜昌府。荆门州历元不改，明代降为承天府属州，清代升为直隶州。

位于清江流域的清代施南一府，在秦为黔中郡地，汉属南郡②。

---

① 参谭其骧先生《秦郡界址考》，载《长水集》上册。据《晋书·地理志》载"及秦取楚鄢、郢为南郡，又取巫中地为黔中郡，以楚之汉北立南阳郡"，是南郡与南阳郡以汉水为界。《元和郡县图志》襄州序则明言"自汉以北为南阳郡"，而"汉以南为南郡"。汉水宏观之乃西北至东南走向，此盖以襄阳附近而为言。

② 按，此乃通说。秦县分布暧昧难稽，汉代此地未置一县，当属土著民族自治区域，非中原王朝王化所及。

三国吴开置沙渠县，隶属治所位于巫县的建平郡，晋以后因之。北周于县置施州及清江郡，是为清江流域单独立郡之始。隋代为清江郡，界线除东边之外当与后世不甚异。唐改为施州，属黔中道。宋因之，属夔州路。元降为夔州路属州，并设置不少土司。明设施州卫，隶湖广都指挥使司，清改为施南府。

清代郧阳府地在秦属于汉中郡，汉因之。魏文帝以汉中遗黎立魏兴、新城二郡，明帝分新城立上庸郡，此地为新城、上庸两郡，而西北角属魏兴郡，并属荆州。晋因之。南朝于此侨立、开置不少郡县，属梁州。隋改置房陵郡，而北部分属淅阳、上洛两郡；其中房陵郡历唐宋为房州，辖境稳定不变，其西界与后世省界基本一致；淅阳郡入唐改为均州后，其北界和西界南段已与后世省界一致，历宋不改；而西北一角在唐宋都属商州。元代全部隶属襄阳府，从此其西、北界线完全与后世省界一致。明代开置郧阳府，至清不改。

清襄阳府地在秦汉时分属南郡和南阳郡。三国魏析南郡北部立襄阳郡，从此襄阳成为湖北北部的政治中心；同时又析南阳郡西部立南乡郡，府地分属襄阳、南乡、南阳三郡，并属荆州；西晋析南阳郡南部为义阳国，此地因属襄阳、南乡、义阳三郡国。永嘉以后，此地侨置雍州，并侨置许多郡县。隋于此地置襄阳郡，其范围与后世襄阳府相仿佛，北界与后世省界一致；而枣阳县地别置春陵郡，北部尚跨有河南之地。唐废春陵郡，以枣阳属随州，元代始度属襄阳府。而襄阳郡入唐曰襄州，范围无改，为山南东道治所。宋代为京西南路治所，并于其北部析置光化军。元代置襄阳府，兼辖后世郧阳府地。明清两代均为襄阳府，辖区自郧阳置府后稳定不变。

清代德安府所属的随州之地，三国以前为南阳郡地，西晋属义阳国。永嘉南渡后开置随郡，迭属郢、侨司州。隋置汉东郡，其北界已与后世省界一致。唐以置随州,而废隋春陵郡南部益之,至此北面省界枣阳县段成型。宋因之不改。元代以后降为德安府属州,而以枣阳别隶襄阳府,至清不改。

德安府直属各县与汉阳府属孝感县地,秦代属南郡,汉代属江夏郡。三国时属魏江夏郡,西晋仍属江夏郡。宋开置安陆郡,属郢州,南齐属司州。隋置安陆郡,辖区除后世各县外还有京山县。唐置安州,属淮南道,并割京山隶郢州。宋因之,属荆湖北路。元置德安府,兼辖随州,明因之。清以孝感县度属汉阳府,其余如故。

地处省境正中位置的清代安陆府地,秦属南郡,汉代属江夏郡。三国时分属吴、魏两家江夏郡,西晋又合而为一,后开置竟陵郡。南齐又开置齐兴郡,与竟陵并属郢州。隋置竟陵郡,然仅得后世钟祥一县之地,虽西北角跨有宜城、荆门交界之地,而京山、天门、潜江三县分别属安陆、沔阳、南郡三郡。唐改置郢州,以西北角分隶襄、荆二州,而东部益以后世京山县之地。宋因之。元置安陆府,而辖境无改。明中叶升为承天府,兼辖荆门、沔阳二州,并以潜江县自荆州府度属。清升荆门为直隶州,改沔阳州隶汉阳府,而潜江县与原属沔阳州的天门县仍属安陆府不改。

清汉阳府除黄陂、孝感二县之地外,秦代属南郡,汉属江夏郡,三国时属吴江夏郡,晋属江夏郡。隋改置沔阳郡。唐分为复、沔二州,分别隶属山南东、淮南道。宋改沔州为汉阳军,复州如故,并隶荆湖北路。元以汉阳军为汉阳府,属湖广行省;改复州为沔阳府,隶河南江北行省。明降沔阳府为州隶承天府,而汉阳府如故。清以沔阳州度属汉阳府,并割黄陂、孝感县益之。

清代黄州府及汉阳府属之黄陂县地,秦代属衡山郡。汉代属江夏郡,而东部改属庐江。三国吴以此置蕲春郡,属扬州,其北、东界线已与后世省界基本一致。晋废郡，以地属豫州弋阳郡，并割西部属江夏郡，而东端仍属庐江郡。刘宋置西阳郡，属郢州。萧齐于北部开置齐安郡及建宁、安蛮二左郡，属侨司州；而南部仍为西阳郡，属郢州；东部则置齐昌郡，属豫州。隋置为永安、蕲春二郡，其北、东二面复与后世省界一致。唐分别为黄州、蕲州，并属淮南道；宋因之，隶淮南西路。元分别为路，而范围无改。明置黄州府，以蕲州属之。清割黄陂县益汉阳府，其余如故。

清武昌府之地在秦代分属衡山、南郡二郡。衡山郡东南部与九江郡之分界当已与后世湖北、江西两省交界基本一致。汉代属江夏郡，而西南端属长沙郡。三国吴置武昌郡，属荆州，而西南端属长沙如故。西晋因之。东晋于西部侨置汝南郡；宋徙江夏郡居之，又改西南端属新置之巴陵郡，与武昌郡并属郢州。隋合之为江夏郡，范围与后世武昌府一致，由此形成南面省界。唐为鄂州，属江南西道。宋析东部永兴（今阳新）、通山、大冶三县之地为兴国军，隶江南西路；而其余仍为鄂州，隶荆湖北路。元分别为兴国、武昌二路，并隶湖广行省。明升武昌为府，降兴国为州隶之，清因之不改。

从上述统县政区的沿革过程，可以看到三个特点。首先，政区设置的稳定性与地貌密切相关。湖北省境地貌大体为一盆地，统县政区设置的稳定性由周边的丘陵山区向腹心的平原地区递减。东南、东北部的统县政区界线从隋唐时期便趋于稳定；西部宜昌府和北部襄阳府、随州，其统县政区的设置从唐宋以后也少有变化。西北部郧阳府地，虽然其统县政区的设置在明代经历了一次格局的变换，但其发展的脉络也是比较清晰的。统县政区设置变化较频繁的是江汉平原，即清代汉阳、德安、安陆、荆州、荆门五个统县政区毗邻之地，其统县政区的设置毫无稳定性可言，彼此间界线每个朝代都处于变动当中。这显然是该地缺乏山川形便所致,因而对于统县界线的走向历代都在不停地探索。

其次,省境统县政区的设置大体是有区域分异的。根据其彼此间的聚散离合,可以分为东、南、北三个区域。以清代政区言之,武昌、黄州、汉阳三府,以及德安府除随州之外的各县,为东区;荆州府、荆门州、宜昌府以及西南的施南府,为南区;而襄阳、郧阳、安陆三府与德安府的随州,为北区。当然,这一分法尽量照顾了清代的统县政区界线,如果不按照这一原则,江汉平原上天门、潜江二县的归属可以再讨论,以之分入东、南区亦无不可。

其三,东、南、北三区各有一个在不同历史时期作为高层政区或准高层政区治所的政治中心,分别为武昌、江陵、襄阳。其中,后两地在早期的历史中地位显赫,而前者则是在晚近历史中崛起的结果。这反映了省境的政治地理结构及其变迁,无疑,对于文化的空间结构及其变迁也具有十分深刻的影响。

三 省境民族分布的变迁

以一定文化特征为识别标志的民族,无疑是文化最重要的载体和影响因素之一。本书采取区域的视角,主要着眼于在区域历史中占据主导地位的汉文化。但这一地位的确立在时间和空间上都有一个过程,这是必须在此略做交代的。

湖北在远古本不是中原华夏民族的活动范围。自荆楚在此立国,境内蛮族广布。楚史学界对此已有很深的研究,兹不赘述。《后汉书·南蛮传》追述道:

> 至楚武王时,蛮与罗子共败楚师,杀其将屈瑕。庄王初立,

民饥兵弱,复为所寇。楚师既振,然后乃服,自是遂属于楚。鄢陵之役,蛮与恭王合兵击晋,及吴起相悼王,南并蛮越,遂有洞庭、苍梧。秦昭王使白起伐楚,略取蛮夷,始置黔中郡。

即此可以看到省境当时蛮族势力之强大。文中所谓的"蛮""蛮夷",显然不是单一民族的概念,而应是一些有着某种共同文化特征的民族集团。

秦汉以后,湖北境内的民族活动逐渐显现出特定的地域。后汉时,根基在今湘西一带的五溪蛮非常活跃,其祸害及于今江陵、公安一带。《后汉书·南蛮传》载,建初三年冬"溇中蛮覃儿健等复反,攻烧零阳、作唐、孱陵界中",到延禧三年冬,又有"武陵蛮六千余人寇江陵",致使"荆州刺史刘度、谒者马睦、南郡太守李肃皆奔走"。

与此同时,又有一种沔中蛮的出现。据《后汉书·巴郡南郡蛮传》的记载,这是政府采取强制性移民的结果:

建武二十三年,南郡潳山蛮雷迁等始反叛,寇掠百姓,遣武威将军刘尚将万余人讨破之,徙其种人七千余口置江夏界中,今沔中蛮是也。

所谓"潳山"未知孰指,估计其地望在今松滋、枝江、宜都一带。安置之后既称沔中,又在江夏郡界,其地当在今潜江至钟祥一带。另外有一源地明确的部落则来自峡中,同书下文载:

和帝永元十三年,巫蛮许圣等以郡收税不均,怀怨恨,遂屯聚反叛。明年夏,遣使者督荆州诸郡兵万余人讨之。圣等依凭阻隘,久不破。诸军乃分道并进,或自巴郡、鱼复数路攻之,蛮乃散走,斩其渠帅,乘胜追之,大破圣等。圣等乞降,复悉徙置江夏。

其安置之地当与上述相去不远。经此迁徙之后,江夏郡界群蛮充斥,以致省境当时的蛮叛主要集中于此地。据同书下文所载:

> 灵帝建宁二年,江夏蛮叛,州郡讨平之。光和三年,江夏蛮复反,与庐江贼黄穰相连结,十余万人,攻没四县,寇患累年,庐江太守陆康讨破之,余悉降散。

根据行文语气,这两次叛乱的“江夏蛮”应属同一部类。既能与“庐江贼”相连结,其地望在今鄂东北可知。有可能这就是下文五水蛮的先民。

南北朝时期,湖北省境的蛮族活动空前活跃,其分布遍及省境。周一良先生曾以南朝的空间尺度展开研究,“知蛮人虽出没无恒,盛衰时异,其分布地域则亘南朝二百余年间无大变动”[①]。其中心范围在今湖北省境,从名称上已约略可以看出具体地域。省境之蛮大别有“荆雍州蛮”和“豫州蛮”之目,“布在诸郡县”。西部有“巴东、建平、宜都”三郡之蛮,与此相对的有“江北诸郡蛮”,即“南郡临沮、当阳蛮”和漫布鄂北的“沔中蛮”“沔北诸蛮”;同时,江汉平原上有“竟陵蛮”,鄂东有“五水蛮”或曰“西阳蛮”[②]。就连一些未见蛮族标号的去处,也多有其活动分布,如今公安一带,“悉是南蛮府屯也”[③]。其所居之地,既有“人迹罕至”的“深山重阻”类型[④],又有“渊潭相接”的平原湖沼类型[⑤],还有在当时的技术条件下利用价值最高的河谷丘陵类型。雍州

① 《南朝境内之各种人及政府对待之政策》,见所著《魏晋南北朝史论集》,北京大学出版社 1997 年版。

② 俱见《宋书·蛮传》。

③ 《水经·江水注》。

④ 《宋书·蛮传》。

⑤ 《水经·江水注》。

境内诸蛮在刘道产的抚绥下“皆引出平土，多缘沔为居”[①]，其“平土”当即低山丘陵。政府为此专门设立了管理机构，“荆州置南蛮，雍州置宁蛮校尉以领之”[②]，这是与郡县平行的行政建置。而郢、司二州境内则有以“蛮户”设立的“左郡”和“左县”。鄂东北有“安蛮左郡”“建宁左郡”，有“希水左县”“蕲水左县”，中部有“建安左郡”，北部有“北随安左郡”。

当时蛮族的活动相当频繁，其表现即为叛乱。五水蛮“种落炽盛，历世为盗贼”[③]，竟陵蛮也“屡为寇”[④]。而汉水中游“蛮寇大甚”的时候，交通为之阻塞，“水陆梗碍”[⑤]。这些蛮叛有不少是受汉人挑唆而起的。当时汉人对政府的负担很重，“贫者不复堪命，多逃亡入蛮”[⑥]。而有些人进去以后兴风作浪，如“亡命司马黑石、庐江叛吏夏侯方进在西阳五水诳动群蛮”，使得“自淮汝至于江沔咸罹其患”[⑦]。估计当时有不少蛮叛属于此种类型。这是一个民族融合的过程。这一过程至此提速，显然与永嘉丧乱之后湖北省境的人文地理形势有关。由于北方移民的大量涌入，民族之间的缓冲地带骤然缩小，其冲突和融合在所难免。因此平定蛮叛就成为当时至关重要的一项政治工作。刘宋的沈庆之便是这方面的军事专家，据《宋书·沈庆之传》的记载，其在今湖北境内招降的蛮族生口累计达二十余万之多，其“前后所获蛮，并移京邑以为营户”，显然这些营户从此便接受汉人的

---

① 《宋书·蛮传》。
② 《宋书·蛮传》。
③ 《宋书·蛮传》。
④ 《宋书·沈庆之传》。
⑤ 《宋书·沈庆之传》。
⑥ 《宋书·蛮传》。
⑦ 《宋书·沈庆之传》。

生活方式。

这些平蛮工作对于省境蛮族的地域分布影响至巨。隋唐以降，湖北省境的蛮族势力大为缩小，其地域分布也发生了显著的变迁。虽然在《隋书·地理志》中，今湖北省境还是蛮夷遍布的。该志称南郡、竟陵、沔阳、清江、襄阳、舂陵、汉东、安陆、永安、江夏诸郡“多杂蛮左”，房陵郡一带也“杂有獠户”，郡目之多已经覆盖了今湖北全省；但此时的“蛮左”已有后世所谓的熟、生之别，“其与夏人杂居者则与诸华不别，其僻处山谷者则言语不通，嗜好居处全异”；房陵一带的獠户甚至只有前者，“富室者颇参夏人为婚，衣服居处言语殆与华不别”。按《隋书·地理志》成书于唐代，乃是梁、陈、北齐、北周、隋五代史志中的一种，其纲目以隋代制度为断，而叙述兼及南北朝后期的情况。上引风俗资料，其来源已难悉知，但反映的情形与唐代相比有明显的出入。《唐书》和《唐会要》中所载的南蛮，其地域已南逾岭外，今湖北境内未引起注意，这一方面反映了唐人活动的地理空间有所扩展，同时也足以说明今湖北境内的蛮夷较为安静。杜牧曾以黄州为言，称：“古有夷风，今尽华俗。”①这反映的是一种相当广泛的情形。自唐以降，鄂北、鄂东北及省境中部广大地区的蛮夷已永远地销声匿迹。这一格局收成于唐代，但推原其始，不能不归功于南北朝时期的民族冲突。

北宋之世，鄂东南还有一些蛮夷余存。张耒曾在黄州得有“夷言啁哳来湖湘”之句②，除了说明其言本身较为难懂，似乎还反映了说话者的民族属性，而此“湖湘”指的正是鄂东南一带。《岳阳风土记》亦

---

① 《全唐文》卷 750《黄州刺史谢上表》。

② 《张耒集》卷 4《齐安行》。

有一条记载：

> 龙窖山，在县东南，接鄂州崇阳县雷家洞、石门洞。山极深远，其间居民谓之鸟乡，语言侏离，以耕畲为业，非市盐茶不入城市，邑亦无贡赋，盖山徭人也。

这反映的应该是今鄂、湘、赣三省毗邻山区比较普遍的一种情形。所谓雷家洞、石门洞，从其地名语源上不难看出乃是当地土著民族的产物，联想到当时其附近一带的大部分居民在装束上还带有一些蛮族的痕迹①，鄂东南其时也有一些蛮夷存在自是顺理成章的事实。但这些蛮夷久已为汉文化的和风细雨所熏沐，正处在逐渐的同化当中，南宋以后便不再有为之进行辨识的必要。南宋时，其邻近地区的民族冲突已沿罗霄山脉向南退缩至今茶陵、炎陵一带，鄂东南从此跨入了汉文化的行列。

与鄂东南可以相映成趣的是鄂西南地区，此地的蛮夷分布一直得以延续，为全省特例。在现代的民族分布地图上，该地与湘西北连成一片，为土家族和苗族的聚居之区。其间当然也有小尺度的范围变迁。据宋代的记载，蛮夷的北界位于长江一线。欧阳修以峡州为“蛮方”②，并在该地作有“蛮乡言语不通华”之句③。归州也有史料称之“夷夏相半”，其中“有巴人焉，有白虎人焉，有蛮蜒人焉”④。故《宋史·西南溪峒诸蛮传上》写道：“西南诸蛮夷，重山复岭，杂厕荆楚、巴

---

① 《岳阳风土记》载：“马援征诸溪蛮，病死壶头山，民思之，所到处祠庙具存。至今妇人皆用方素蒙首，屈两角系脑后，云为伏波将军持服。鼎澧之民率皆如此，巴陵、江西及华容间民有皂者，习俗已久，不可顿革。问其故，则曰，去之则神怒，立患头疼。”是知此装束乃是当地土著民族的特有产物，此“民”乃系由“蛮”归化而来。

② 《欧阳修全集·居士外集》卷3《答梅圣俞寺丞见寄》有云：“蛮方异时俗，景物殊气象。”

③ 《欧阳修全集·居士集》卷11《寄梅圣俞》。

④ 《方舆胜览》归州风俗引晏殊《类要》。

黔、巫中。”显然,整个鄂西南都是蛮夷充斥的。但现代的少数民族分布范围已有所南缩,其势力主要兴盛于清江流域。这一变迁主要实现于清代前期。同治《巴东县志·风土》称其县境“后里在前代多为蛮音”,直到“西山诸寇之乱”时,“县民尽赴枝(江)、宜(都)寄住”,回来以后才“蛮音遂变”。这虽然只是巴东一地的资料,但由此可以透视其附近一带的社会变迁进程。

至此,有必要对湖北全境的民族变迁稍加回顾。湖北境内的民族活动可以分为三个时期:先秦,尤其春秋,可谓“荆蛮”时期;后汉至南朝,可谓“南蛮”时期;宋代以后,可谓“溪蛮”时期。汉族文化在湖北的传播,经历了两大历史阶段。先秦时期,确立了华夏文化的主导地位,但它在地域上的分布并不连续,蛮族文化的分布遍及全境,华夏文化的扩散基本上呈节点式。此后,汉族文化大体以墨渍式展开,逐步将蛮族文化从地域上加以成片地压缩。其中可以分为三片,长江以北的广大地区,其汉化成功于唐代;鄂东南,其汉化成功于宋代;而鄂西南,虽然也能看到汉文化的地域扩展,但它却始终未能像前两片地区那样成为汉文化的一统天下。

汉化进程在地域上出现这样的次第,并且其效果呈现如此的差异,首先无疑与其地理区位有关。纵览湖北的开发大势,五代以前,其方向基本上自北而南,作为开发动因的外来移民主要来自北方。在这期间,上述第一片地区得风气之先,因之最先完成汉化。宋代以后,开发方向一变而为从东往西,此时省境接受的移民以江西人为主,鄂东南地区得近水楼台之便,其汉化也得以及时完成。在这两波开发潮流中,省境的西南一隅都处于强弩之末,其汉化进程较为滞后也就是一个顺理成章的结果。当然,与区位条件共同作用的还有鄂西南的地形因素。假如该地为平原地貌,即令其区位条件保持不变,以之为基础的民族分布绝不可能出现如上所述的变迁图景。偏偏该地在地貌上属于云贵高原,地势陡峭,起伏强烈,谷地狭窄。这样的地貌为土著民族文化的留存提供了一道天然屏障,同时也为外来民族的进入平添了难以逾越的险阻。在这一地区,汉族对当地的土著民族从来没有形成过优势,职是之故,该地原有的文化传统才得以一脉相承。由此,可以看到地理环境对于人类文化发生影响的深刻程度。

第一章　楚语的演替与湖北历史时期的方言区域

在湖北历史文化的研究当中，一个关系重大然而却令人大伤脑筋的问题是其历史时期的方言变迁。应该说，到目前为止，关于湖北省境的方言总体上已有不少的研究成果[①]。但这些研究成果主要是基于现代的方言调查而取得的，其中涉及历史的部分相当薄弱。所有的关于湖北历史方言的研究，基本上集中于两个时段。一是为复原当时的方言面貌而对汉晋、先秦时期的楚语进行的研究。前者围绕着扬雄《方言》、郭璞《方言注》的研究而开展，后者则以楚文化的研究作为依托，二者相互关联，论著的数量颇为不少[②]。二是为了解释

---

① 早在1948年，赵元任、丁声树、杨时逢、吴宗济、董同和就发表了著名的《湖北方言调查报告》，中央研究院历史语言研究所专刊，商务印书馆。1960年又有湖北省方言调查指导组编著的《湖北方言概况（初稿）》油印本问世。随后的工作更趋细密，既基本上摸清了省境方言的分布状态，又开展了一些专就单个方言点的深入探讨。而且研究的内容日益丰富，除了揭示方言的现时面目，还已经注意到其历时衍变以及与其他人文现象之间的关系。其中，1987—1997年间出版的研究湖北方言的著作目录，可参刘兴策《近百年来湖北省汉语方言研究综述》，载《方言》1998年第3期。

② 其中时间跨度较大的，当推周振鹤师与游汝杰先生合著的《方言与中国文化》。该书第四章"历史方言地理的拟测及其文化背景"，贯通了先秦、秦汉、西晋三个时代。上海人民出版社1997年修订版。

方言的现状，从而尽量往过去追溯。这一时段则各点的研究参差不齐，一视其资料之有无丰歉，个别条件较好的地方回溯已经上至清季①。

亟待解决的问题还有很多。笔者在此关注的是：其一，从先秦汉晋时期的楚语到现代的湖北方言，中间一段相当长历史的演变过程尚不清楚。尽管有人纵谈过省境某地方言在历史上的更替大势，如称“武汉地方方言经历了苗蛮土语、楚语、北方话等不同形态”②，但未见任何具体的论证。其二，在历史时期，湖北的方言除了有其类型特质的演化之外，还有分布区域的变迁。这或许可以看作是同一问题的另一方面，但从现实的意义上说，这一问题显然比前者更为重要。因为从资料的角度考虑，它无疑具有更高的解决极限；并且它还构成了迫近前一问题的基础：正是由于此题悬而未决，才使得前者无从措手。

索解的难度是人所共知的。由于方言的历史资料异常匮乏，有数的已知材料之外只言片语都弥足珍贵，况且这类记载大多又只是一种感觉，分析时往往难以把握。尽管如此，上述问题却是研究湖北历史文化所无法回避的一大关键。如果在此有所突破，对于揭示汉语方言的某些形成过程、官话系统中江淮官话与西南官话的历史关系，乃至于加深对长江中游社会文化史的理解，都有极为重要的意义。

---

① 朱建颂所著《武汉方言研究》，武汉出版社 1992 年版。

② 萧放《荆山楚水的民俗与旅游》，旅游教育出版社 1995 年版，第 25 页。

一 历代“楚言”的演替过程

湖北省境的现代方言,有西南官话、江淮官话和赣语三种①。其中西南官话又分为四片,省境西南部属成渝片②,北部属鄂北片③,中部属武天片④,南部属常鹤片⑤。其江淮官话主要分布在省境东北部,为黄孝片⑥。而赣语则分布在东南部,为大通片⑦。总体而言,省境的方言是以官话为主,尤以西南官话的分布地域较为广阔。

但在漫长的历史时期,湖北省境流行的方言一直有着“楚言”之目。这一“楚”字无疑导因于先秦的楚国,可是从先秦楚国的语言到近世北方官话的格局,“楚”字的内涵发生了非常明显的演替。

有关楚语的资料最早可以上溯到春秋时期。由于地当楚国的核心范围,省境其时的强势语言当然是楚语,或曰楚言。根据文献的记载,楚言与中原夏言之间的歧异非常明显。《左传》庄公二十八年载楚令尹子元伐郑,入郑都外郭后不得已“楚言而出”,由此可见楚言与夏言是难以相通的⑧。《孟子·滕文公上》中关于楚语与齐语的一段

---

① 《中国语言地图集》,中国社会科学院与澳大利亚人文科学院合编,朗文出版(远东)有限公司1987年版。

② 包括荆门、荆沙、五峰、宣恩一线以西区域。

③ 包括郧西、房县、钟祥、随州之间区域,以及省境中部的潜江。

④ 包括武汉、洪湖、天门、京山之间区域。

⑤ 包括石首、公安、松滋、鹤峰。

⑥ 包括广水、应城、孝感以东的长江北岸区域;此外鄂州以及省境西北部的竹山、竹溪也与此同类。

⑦ 包括大冶、嘉鱼以南的长江南岸区域,以及监利。

⑧ 张正明《楚文化史》中有详细解释,上海人民出版社1987年版,第98页。

著名的辩论，也说明当时齐、楚两地的语言存在着相当明显的距离[①]。除此之外，还有一些具体的材料，如《左传》宣公四年所载："楚人谓乳'谷'，谓虎'於菟'。"尽管已有不少研究表明"於菟"并非源于真正的楚语，但这至少可以反映在楚语中存在一定数量不同于夏言的基本词汇。稍后的《楚辞》中就有两个使用频率非常高的语气词"兮""些"。凡此种种，都可以显示楚言本是与夏言有别的一种民族语言[②]。但史料中看不出两者之间须经过翻译，故张正明先生认为："由于楚人长期与诸夏交往，使用诸夏的文字，诵读诸夏的典籍，有很多楚人就学会了夏言，而楚言也逐渐与夏言靠近了。"战国以后，楚言已成了"南方的夏言"[③]。也就是说，楚言已经由一种独特的语言渐渐演变为华夏共同语的一种方言了。

在汉代扬雄的《方言》中，楚方言的面貌仍很独特。有不少人依据该书的资料以复原当时的方言区域，结论各各不同，但"楚语"作为独立的一种汉语方言均无异议。而且从中还可以看到，楚语在当时很有影响。美国的司礼义就此指出：当时汉语的第二大方言是楚语，这不是因为它对标准语所起的作用有多大，而是因为它侵入了南边和东边地区，而且进入了原本非汉语的淮、吴、越和南楚地区[④]。近来

---

① 参《方言与中国文化》有关阐发。

② 严学窘《论楚族和楚语》一文足资参考，载所著《民族研究文集》，民族出版社 1997 年版。

③ 见《楚文化史》第 100、101 页。

④ Paul L-M. Serruys, *The Chinese Dialects of Han Time According to FangYen*. C. I. C. M. University of California Publication in East Asiatic Philology, Volume2, University of California Press, 1959. 转引自丁启阵《秦汉方言》，东方出版社 1991 年版，第 5—6 页。

则有人认为,可以把汉代的方言分为南北两派,“南派以楚方言为核心”[①],而同属此派的南楚、吴越、南越方言也都深受楚言的影响。可见当时的楚言与北方方言的距离仍比较遥远。

汉末以后,由于人口的迁移非常频繁,楚语与北方方言发生了一定程度的混化。晋代郭璞在其所作的《方言注》中,经常以当时的方言状况与扬雄的资料进行比较,许多原先只是某方言的词汇,此时已经成为通语,其中尤以来源于楚语的居多。但到南朝时期,楚语与北方方言的差异还是非常显著的。从不少文献中可以看到,时人习以“楚”作为语言难懂的象征。如《世说新语·豪爽篇》谓:“王大将军年少时,旧有田舍名,语音亦楚。”其实王敦的口音并非真正的楚语。《颜氏家训·音辞篇》甚至概括道:

> 古今言语,时俗不同;著述之人,楚夏各异。

竟直接以“楚”与“夏”相对;显然,“楚”字在此文中已超越了具体的地域范围,已成为与“夏言”异类方言的代表。因而周、游两位先生在《方言与中国文化》中认为,永嘉丧乱之前楚语可以与河北、东齐、关中、中原、巴蜀、吴诸方言并列,自为一种独立的方言。

进入唐代,通过流传至今的零星记述,可以看出楚言给时人的感觉非常强烈。如储光羲有“楚言满邻里”的诗句[②],温庭筠也曾在诗中

---

① 刘君惠、李恕豪、杨钢、华学诚《扬雄方言研究》,巴蜀书社 1992 年版,第 66 页。该书第 246 页甚至还认为:“就其势力和影响来说,楚方言无疑应当处于当时的各种方言之首。这不仅与战国时代楚的强国地位有关,更重要的则是因为汉代文化的主流实际上是楚文化。”笔者认为,这一论断实难成立。楚文化的某些层面诚然在汉代大行其道,但这个意义上的“楚”只是一个泛称的概念,如果对其地域性加以辨析,当时流行的“楚”文化主要来自长江下游以及毗邻的江淮一带,而作为一种方言的“楚”其分布中心无疑当在长江中游,由此可见这一说法似是而非。

② 《全唐诗》卷 137《安宜园林献高使君》。

写道："邻翁能楚言。"[①]这两条资料都已明确地标出了"楚言"，另外刘长卿有"方言楚俗讹"的讲法[②]，当然也是觉得楚地方言比较独特。而且从后者还似乎可以推断，楚言与北方方言之间的差异并不在小。

当时楚言的分布中心在荆襄一带。《唐国史补》卷下记载：

> 今荆襄人呼提为堤，晋绛人呼梭为莝（七戈反），关中人呼稻为讨、呼釜为付，皆讹谬所习。亦曰坊中语也。

这段文字中的地名不可能是信手拈来的，作者乃是以荆襄、晋绛、关中三个地域来指代三个方言区，显然举出的都是其所在方言区中比较典型的方言点。其中的荆襄，当然是作为楚言的代表。

及至宋代，荆楚方言之特别依然引起时人的注意。曾察觉"乡音是处不同"的《耆旧续闻》作者指出"荆楚人以南为难、荆为斤"，连"文士作歌，亦多不悟"[③]。而《麈史》卷中也注意到"竟陵、荆渚间缭汉江堤以障泛水，彼人谓堤曰提"；当时已有人不知就里，"以为自高氏据其地，俗避其姓所讳，故不曰堤尔"；作者据上引《国史补》考之，其实该地方言中自唐代以来就是如此。由此可以看到，当时荆楚的方言之所以特别，是因为它还保留了一些古代的语言底蕴，因此有人吟咏："汉上川原连梦泽，郧人风俗语於菟。"[④]范成大也曾在公安感叹："伴愁多楚些，吟病独吴音。"[⑤]

但也就是唐代开始，已可以看出省境的"楚言"逐渐出现了区域的分化。详细的情形下文将逐片分述，总体上是从不同的方向逐渐

---

① 《全唐诗》卷 577《烧歌》。

② 《全唐诗》卷 149《同姜璹题裴式微余干东斋》。

③ 见该书卷 7。

④ 《彭城集》卷 14《送韩文饶知均州》。

⑤ 《石湖居士诗集》卷 15《公安渡江》。

向官话靠近。到明代的时候,荆襄方言的官话味道更加浓厚。有人在此咏道:

> 蜀江浊比大河黄,江北诸山似太行。误喜中原应不远,却闻人语是湖襄。[①]

这首诗颇值得分析。它描写的是一种文化景观,重在对该地文化氛围的体认。作者是山西人,故以大河、太行作为参照。诗中虽然表明此地的方言仍与中原不相一致,但这里的景观给作者的感知,已与中原相去无几。这种感觉在前人的文字中根本无法找到,说明此地的方言已与官话非常类似,只是有其与中原不同的特点而已,否则作者不会产生这样的联想。于是仍有人将此地的方言称为楚语,如谓"醉里不妨学楚语、竹枝歌好和渔郎"之类[②],但这时的"楚语"已不再像往古那样富有特定内涵,只不过顺应历史的惯性而已。

上述历代的"楚语",其分布中心都在以荆州、襄阳为核心的地域。这也是湖北历史文化发展的中心所在。随着时间的推移,该地方言中的"楚"味逐渐淡化,终至成为北方方言中的一个部分。饶有兴味的是,到 20 世纪 60 年代,湖北方言学界仍试图以"楚语"来命名最能代表"楚色楚香"的一区方言,即"典型的湖北话"[③],但此时的"楚语"已不在上述这片地区,它指的是省境东北部的 21 个点,在现代方言地图上,正好是江淮官话的黄孝片。

---

① 《敬轩文集》卷 4《蜀江水涨如黄河江北诸山仿佛太行遣兴而作》。

② 《宋布衣集》卷 2《荆州公馈酒》。

③ 上述《湖北方言概况(初稿)》油印本,第二章湖北方言分区概述。

二　湖北历史时期的方言区域

先秦时期的楚言分布已难以悉知，估计是一种不连续的状态。今湖北所辖的范围，大概只有以荆、襄为中心的一小块地区，其方言基本上能够为楚言所独占，这是楚语作为一个文化区的核心；而其余的大部分地区都有一些民族语言彼此夹杂，使楚语呈现一种不均质的分布。例如在省境的东南部，当时就有越人的语言存在。通过刘向《说苑·善说》所载的一首春秋时期的越人歌，可以看到当时越人与楚人之间非经翻译不能通话。

汉代的楚方言，赖有扬雄的《方言》而得以稍见其地域分布。诸家的说法不尽相同，笔者认为，当时的楚方言可以与陈、江淮合为一个陈楚江淮方言区，其南面与南楚区毗连，西边与梁益区交界，北方主要与郑周韩区、宋卫区相接，东南则与吴越区为邻。即，大致包括了今湖北省境及其东面的一大片地区[①]。

但扬雄《方言》记录的是一些词汇材料，并不是方言的最重要特征语音，而且从中也看不出方言区内部的分片情况。直到唐代，由于留存一些零星的语感材料，湖北方言的地域分异才得以渐渐显现出来。

最先显现出来的区域是省境的东部。按照唐人的感觉，这里流行的并非楚言，而是“吴语”。张说在一篇题为《荆州亭入朝》的诗中写道：“旃裘吴地尽，髻荐楚言多。”[②]这应该是他从下游上行至荆州后

---

① 见《国家历史地图集·文化图组》中的《汉代方言区域图》，即将出版。

② 《全唐诗》卷87。

写的，苟此解不误，可以说明当时楚言分布的东界只及于江汉平原的中部，而其以东则是“吴语”的范围。这种感觉并非张说一人独有。郑谷的《江行》诗中也注意到了这一现象：

> 夜雨荆江涨，春云郢树深。殷勤听渔唱，渐次入吴音。①

从前面两句的铺叙来看，作者是在沿江东行，地点还在荆江一带，而方言已经过渡为“吴音”了。这足以与上述汉代“楚”与“陈”“江淮”等地合为一个方言区的情形相映成趣。

当然，唐人意念中的此地“吴语”不可能等同于长江下游的吴语，它只能反映省境东部当时的方言与中部有所区别，同时又还不属于北方方言。所以到了宋代，就不再出现称省境东部的方言为“吴语”的资料，尽管其与中部的区别依然存在。苏轼曾在黄州吟哦“我老忘家舍，楚音变儿童”②，将该地的方言称为楚语。但这种说法受到了别人的否认，后来王十朋就在此地特意载明：“欲寻遗老问前事，楚语儿童今不存。”③也许他本来只是抒发时移世易的悲慨，然而却正好披露该地的方言已不再是“楚语”。张耒的表述则明确得多，他在孝感县写道：

> 鸡犬萧条数家县，市声已变淮南语。④

这两句诗值得高度注意：其一，所谓“淮南语”无疑即后世下江官话的前身；其二，语既称“淮南”，说明在其以东的地区，即当时属于淮南西路的蕲黄一带也是流行这种方言；其三，此地流行这种方言，是淮南

---

① 《全唐诗》卷 674。

② 《苏东坡全集·前集》卷 13《元修菜》。

③ 《梅溪后集》卷 15《游东坡十一绝》其五。

④ 《张耒集》卷 12《舟次安州孝感县偶感寒疾卧病舟中复大风不可解舟晚方离去》。

语西上侵蚀的结果，联系到今黄孝片官话与宋代的安、蕲、黄三州辖区之和基本上一致，这三州在唐代又曾同属于淮南道，不难想见行政区划在这一文化传播中的作用。由此可以肯定，这一过程的发端至少可以上溯至唐代。

随东部之后显现出特色的区域是省境的北部。由于此地与关中地域邻接，交通便利，从而其方言受到了关中方言的强烈影响。欧阳修称襄阳"语言轻清微带秦"①，均州也有资料表明其"民多秦音"②。这一特点在后世得到了继承，直到明代仍然如此。袁中道在襄阳有句称："风烟犹楚蜀，音语带周梁。"③这显然就是后世鄂北片方言的前身。

这片区域的南、东界线比较暧昧，但其北部的边缘则较为清楚。早在唐代，孟浩然在蔡阳有诗称："听歌知近楚，投馆忽如归。"④这虽然不是关于方言的直接记载，但可以反映方言的状况。由此不难判断，当时楚语的北缘大致就在襄州的北界。自此以北，方言就与楚语越来越远，这正是文化区边缘的常态。这一边缘在后世得到了长期的继承，明代袁宗道仍在新野感到："平原江树新，野店楚音稀。"⑤可谓与上述孟诗有异曲同工之妙。

在该区的西北部，宋代有位陈造在房州写下了一组诗篇，其中有两首单道该地的方言特点。其一有曰"觌面未须趄避我，褰衣无计跁寻公"，说的是"房人谓巧避云趄避、力寻为跁寻"。另一首云：

---

① 《欧阳修全集·居士集》卷1《乐哉襄阳人》。
② 《方舆胜览》引《图经》。
③ 《珂雪斋集》卷4《襄阳道中》其二。
④ 《全唐诗》卷160孟浩然《夕次蔡阳馆》。
⑤ 《白苏斋类集》卷4《新野道中》。

阴晴未敢卷帘看,苦雾蒙蒙鼻为酸,政使病除刚制酒,一杯要敌涝朝寒。

说的是“晨起雾久乃开,土人目曰涝朝”①。这些可以表明其方言颇有特点,可惜只是个别词汇的记录,不足以反映其方言的整体面貌。然而有资料称“其民兼秦楚之俗”②,应该可以推断其方言也兼有秦、楚的特点。加之上述“民多秦音”的均州同时也有“俗好楚歌”的记载③,它们都呈现出楚语分布边缘的状态。

该区的方言分布状况到明代受到了强烈的冲击。由于流民的大量涌入,其西部山区增添了不少新的方言成分。这一过程延续了相当长一段时间,流民的原籍分布相当复杂。起先是“陕西之民四,江西之民三,山东、河南北之民一,土著之民二”,到后来则“四川、江南、山西亦多入籍”。由于迁流的方式是“亲戚、族党因缘踵至”,来到以后便“聚族于斯”,因此其“语言称谓仍操土音”④,经过一番较长的涵濡同化,才重新构建新的方言格局。但在现代的方言地图上,还可以看到竹山、竹溪的方言与四周不一,为江淮官话方言岛。

鄂北以南的江汉平原一带,其在历史时期曾受到鄂北方言的强烈影响。从永嘉丧乱到安史之乱,此地两度处于北方移民经鄂北南下的交通要道⑤;在此期间襄阳具有高度的政治经济地位,其在文化上无疑也会顺势向南散发出影响。可以想见当时鄂北方言的南部范

① 《江湖长翁集》卷19《房陵十首》之一、之二。

② 《方舆胜览》房州风俗引《郡县志》。

③ 《方舆胜览》均州风俗引晏殊《类要》。

④ 同治《郧阳志·风俗》。同治《竹溪县志·风俗》引《旧志》亦如此。

⑤ 参谭其骧先生《永嘉丧乱后之民族迁徙考》,载《长水集》上册;及周振鹤师《中唐安史之乱与北方人民的南迁》,载《中华文史论丛》1987年第2、3合期。

围比现在要大得多，潜江在现代方言地图上仍是一个鄂北方言岛，足以说明一定的问题。也许天、沔一带本来都已是鄂北方言的地盘，到元明以后由于武汉作为两湖的中心城市而崛起，其政治、经济、文化地位迅速提升，致使天、沔的方言向它归化，形成独具特色的武天片，以此才使潜江与鄂北分隔开来。

至迟从南宋开始，沿江一带受到上游方言的大规模影响。从陆游的《入蜀记》中可以看到，当时活跃于沿江一带的蜀人相当之多。在今鄂东的蕲口镇，就有“蜀舟泊岸下甚众”。这一现象愈往西行而愈发明显。鄂州为“四方商贾所集”，而其中“蜀人为多”，显然蜀人所占的比重已与鄂东大不一样。自兹以上，“沙市堤上居者大抵皆蜀人，不然则与蜀人为婚姻者也”。这些“蜀人”之所以被识别出来，当然是因为其特有的方言。明人袁中道所谓“见舫知来客、闻音辨远乡”[①]，一语就道破了个中的情理。这些地方只是比较典型的例证，由此不难想见其一般的情形。

但武天片的形成过程确实显得比较晚近。明代还有资料显示，安陆州之民“有西北风声气息”[②]。这无疑与上述鄂北“民多秦音”为同一含义，益发有助于证明鄂北方言南部的范围原来较后世为大。而今属武天片的京山当时正是安陆州的辖县。清初查慎行在汉川写道：

土音带蛮瑶，过客不尽晓。劳歌有酬劳，各自相媚好。[③]

该地现在也属于武天片，说明当时其方言的官话特征还不够纯粹。

---

① 《珂雪斋集》卷1《沙头曲》其三。
② 《大明一统志》安陆州风俗引《风土记》。
③ 《敬业堂诗集》卷1《汉川道中纪所见》。

省境西部的峡江地区,其方言本来有其自身的特点。按唐人的感觉,此地流行的是一种古老的巴语,与楚言有着明显的区别。当时的诗歌中,“巴语”一词屡见不鲜,诸如“更问蜀城路、但逢巴语人”之类[①],不烦枚举。杜甫在记述峡江方言时写道:“儿童解蛮语,不必作参军。”[②]可见其中有着“蛮语”的成分。而元稹也在峡江叙说:“入衙官吏声疑鸟,下峡舟船腹似鱼。”[③]看来与北方方言还难以通话。

这一难懂的特点直到宋代依然如此。欧阳修在峡州有云:

> 青山四顾乱无涯,鸡犬萧条数百家。楚俗岁时多杂鬼,蛮乡言语不通华。[④]

这里还讲的只是峡江的东部,随后苏轼在峡江西部便有感叹:“矍铄空相视,呕哑莫与谈。”[⑤]说明当时巴语与蜀中方言也有较大区别。因此乃弟苏辙便认为峡江的方言属于楚语,其诗曰:

> 舟行千里不至楚,忽闻竹枝皆楚语。楚言啁哳安可分,江中明月多风露。[⑥]

当然,欧阳修也认为当时峡州流行的是楚语,其诗中有云:“丛祠已废姜祠在,事迹难寻楚语讹。”[⑦]

峡江一带的“巴语”未必是楚语的边缘孑遗,然而这两种方言之间有着十分密切的关系殆是事实。唐人孟浩然曾经有过如下的诗句:

---

① 《全唐诗》卷 268 耿湋《送夏侯审游蜀》。

② 《全唐诗》卷 229 杜甫《秋野五首》之五。

③ 《全唐诗》卷 416 元稹《酬乐天得微之诗知通州事因成四首》之二。

④ 《欧阳修全集·居士集》卷 11《寄梅圣俞》。

⑤ 《苏东坡全集·续集》卷 2《入峡》。

⑥ 《栾城集》卷 1《竹枝歌》。

⑦ 《欧阳修全集·居士集》卷 1《和丁宝臣游甘泉寺》。

异县非吾土，连山尽绿篁。……猿声乱楚峡，人语带巴乡。

这是他“行出东山望汉川”时作的[①]，东山的地望不明。从异县、楚峡、汉川三处着眼，笔者认为作诗的地点可能距其家乡襄阳不远。这应该可以说明省境西部的方言当时带有一定的巴语特征，或许这就是其后来成为西南官话的滥觞。

元明以降，峡江地区的方言成分虽然长期比较复杂，但总体上已是西南官话的一统天下。兹举两例。其一如归州，该地直到清代还有载籍称其“地虽弹丸、乡音多杂”，其中甚至有“山陕语”[②]；但明代竟陵（今天门）人钟惺在此就已感到非常亲切，曾有句云：“问答渐听乡语近，逢迎宁计主人非。”[③]再者如巴东，尽管其方言在清代有前里、后里之别，其称谓语又有“大约与燕赵中州人不甚相远”者以及“似江汉间语”者之分；而资料中同时也显示“巴东虽僻处深山，而语言朗彻，颇似中原”，只是“雅音四声中独无入声，其呼入声者皆平声也，如呼屋为吴、呼沃为讹之类”[④]，这正是西南官话的典型特征。

以上各片都是受到官话的影响，其影响所不及的东南一隅，后来就成了赣语的范围。早在唐代，时人就察觉江汉平原中部以东的地区其方言与楚言并不一样，并称之为“吴语”，上文已述。到后来这片地区的北部先后受到官话来自下、上游两个方向的强烈侵蚀，前者后来形成江淮官话黄孝片，后者形成西南官话武天片，而在其南部古老的方言特征得以保留，加上明清时期又受到赣语移民的影响，从而形成赣语的大通片。

---

① 《全唐诗》卷160。一题作《行至汉川作》。

② 光绪《归州志·俗尚》。

③ 《隐秀轩集》卷10《还至归州》。

④ 同治《巴东县志·风土·方言》。

还是在北宋的时候,鄂东长江两岸的方言就有不同的表现。张耒曾经写过:

> 黄州楚国分三户,葛蔓为城当楼橹……客樯朝集暮四散,夷言啁哳来湖湘。[①]

所谓湖湘,指的本来是湖南的湘、资二水流域,但这里显然是指黄州附近的长江西南岸,因为省境的东南一隅其时也被认为与湖湘有关[②],否则第三句就没有着落。由此不难推断,当时鄂东南的方言是以"夷言"为主的,即非官话系统的古老方言。明代公安人袁宏道在金牛镇一带则感到"村姑语带蛮"[③],其语中的"蛮"显然是属于赣语的特征,在现代方言地图上,这里已濒临赣语区的北缘。

三 影响湖北方言分化的因素

通过上文的论述,已可以看出湖北省境的方言的分化过程。在唐代的时候,省境方言主要分属两区,以荆襄为核心的中部地区流行"楚语",而江汉平原中部以东的地区属于"吴语",此外西部边缘则有所谓"巴语"。宋代,省境的方言进一步分化成四个区域,鄂东北为淮南语,鄂西北为带有秦音的楚语,鄂西南则为受到长江上游方言影响的楚语,而鄂东南仍为带有"夷音"的古老方言。元明以后,以武汉为

---

① 《张耒集》卷4《齐安行》。

② 笔者有篇札记《释"湖湘"》已约略述及,载《江汉论坛》1994年第2期。兹再补充一条宋代的资料,《方舆胜览》鄂州四六有曰:"左洞庭,右彭蠡,据湖湘形势之区。"

③ 《袁宏道集笺校》卷46《十二月十八日至蕲阳舍舟从兴国走咸宁道出金牛镇山路如刀脊飞雪浸空舆人艰窘几不能步然千峰缀雪或如鸦鹯或如积琼亦行役之一快也道中随事口占遂得十六绝句》其三。

中心的地区逐渐形成武天片，鄂东南又受到赣语的大规模影响，这才奠定省境现代的方言分布格局。

这样的一个方言演化过程，可以看出其中有一些重要的影响因素。最明显的是其独特的地理区位。湖北地处全国东部与西部、南方与北方四会之冲，周围与湖南、四川、陕西、河南、安徽、江西六省交界，它的方言受到其邻近地区的深刻影响。这一影响具体又通过交通线路而得以实现。省境的官话，其分布都毗邻外省的官话区域。其中，黄孝片的官话源头来自江淮，鄂北片的形成动因受之西北，而沿江及西南一带的官话渊源则得之于长江上游，这些都是地理区位所决定的交通因素的突出表现。此外，其赣语区壤接江西，当然也是区位条件发挥作用的直接结果。

其次为历代的行政区域。个中又有两个方面，一是行政中心的文化辐射。这在其西南官话地区表现最为清楚。省境的西南官话主要是三片，各围绕一个特定时期的高层行政中心而展开。鄂北片的中心位于襄阳，武天片的中心处于武汉，而成渝片的中心则在荆州。这些中心都曾有其交通便利、信息迅捷、经济活跃、文化发达的辉煌历史，省境的西南官话能形成三足鼎立的局面，显然与这些中心的存在密不可分。

上述都是高层的行政中心，层级稍低的行政中心其辐射作用往往也很明显。例如江淮官话区的黄安县，该县在清代存在几种稍有差别的口音，“泰仙类麻城，滠源类黄陂”，但总体上“声音中和，类黄冈”[①]。黄冈正是黄安所在的黄州府的治所，显然已被后者当成了一个向慕的对象。

---

① 道光《黄安县志·风俗》。

还有一个方面是辖区的分划。在中国内地的省份当中,湖北历代政区沿革的复杂程度无疑是最为突出的一个。在元代以前它曾长期分属于若干个高层政区,尤其东北、西北、西南、东南四角的政区设置与安徽、陕西、四川、江西诸省有着十分密切的联系。然而正是这一点为其方言格局的形成提供了一种人文环境。而且由于省境统县政区的分设自唐宋以降基本上有序,只有江汉平原上因缺乏自然的凭依而显得紊乱,因此方言区与政区之间往往有一定程度的相互对应。黄孝片的情形上文已述,其实鄂北片也基本上如此,另外还有大通片的多数界段,也都是非常悠久的政区界线,自隋唐以后就相当稳定。

第三项重要的影响因素是移民。作为文化的天然载体,移民对于方言的扩散无疑具有至关重要的意义。上述也已多处强调了移民的作用,如沿江一带的西南官话的由来,以及大通片赣语特征的出现。可以说,历史上没有不通过移民而实现的方言传播。但有一个问题必须在此提出的是,方言格局与移民分布之间并不是一种线性的关系。

据研究,在明清时期迁入鄂东北的移民家族中,江西籍移民占到88%,而鄂东南只有80%左右或略多,这两个地区移民迁入的时间分布基本上一致,主要都发生在明代[①]。但这两个区域后来的方言发展轨迹则大相径庭,鄂东南形成自具特色的赣语,而鄂东北则继承了原来的江淮官话。又,松滋自“明季徙豫章之民来实兹土”后,也是“江右籍居多”[②],该县的方言现在却属于常鹤片。笔者不满意移民资料

① 张国雄《明清时期的两湖移民》第二、三章,陕西人民教育出版社1995年版。

② 同治《松滋县志·风俗》。

的详细程度，但并不怀疑现有的研究成果，看来关于移民与迁入地的方言重建问题，还有大量的工作要做。

饶有意思的是巴东县境方言的变迁经过。据记载，该县“后里在前代多为蛮音”，当地“总谓之草语”。其内部非常复杂，“清江南北各为一种，桃符口人又一种”；与汉语之间的差异也势同霄壤，“虽本县世籍遭其觌面相诟，若无闻焉”。这种状况显然有其悠久的历史渊源，但“自西山诸寇之乱，县民尽赴枝（江）、宜（都）寄住，十余年始归，蛮音遂变”。这一变变得相当彻底，俟后其方言就“与前里无大差别矣”①。这里提供了一个由人口移动而引起方言重构的典型实例。

① 同治《巴东县志·风土·方言》。

第二章 湖北晋唐时期的佛教地理

佛教对于中国历史文化地理研究的意义,本书在绪论中已有所阐述。关于湖北历史时期的佛教地理,笔者尚未见到专门研究①。以往的佛教地理研究工作,一般都是从断代和专题两个方向楔入的②,而且总体上为数并不多。从这些工作中,要求得到对一个区域的佛教地理变迁过程的认识,无疑是不可能的。因此本书仅以湖北的空间范围进行探讨,希望通过一个较长时段的考察,深入地揭示该区域佛教发展的空间特点,并希望从这一视角,使得该区域以佛教为中心的文化变迁过程有所展示。研究的时段,上起于魏晋该地有佛法之始,下迄唐末。之所以如此,主要是考虑到宋代以后佛教总体上已经衰微。

---

① 在湖北社会科学院历史研究所撰写的《湖北简史》中,魏晋南北朝时期包含有"佛教的传播与发展"的内容,但比较粗略,距学术水平尚有一定距离,湖北教育出版社 1994 年版。其注中称有人写过题为《魏晋南北朝时期荆州地区佛教的传播与发展》的论著,但未详出处,无从复考。

② 如辛德勇《唐代高僧籍贯及驻僧地的分布》,载《唐史论丛》第 4 辑,三秦出版社 1988 年版;拙文《南北朝佛教地理的初步研究》上、下篇,载《中国历史地理论丛》1991 年第 4 辑、1992 年第 1 辑;李映辉《唐代佛教地理》,湖南大学出版社 2004 年版。

一　佛法传输的线路与态势

据可靠史料记载，湖北境内的佛教活动始于三国吴时期。《出三藏记集》卷 2 著录《法句经》有曰："魏文帝时，天竺沙门维祇难以吴主孙权黄武三年(224)赍胡本武昌，竺将炎共支谦译出。"这是现存史料中反映湖北省境存在佛教的最早记载。但省境与佛法发生接触，却较此约早半个世纪。同书卷 13《安世高传》谓其"值灵帝之末，关洛扰乱，乃杖锡江南"，经过庐山，后抵广州，笔者认为其行程当取道今湖北省境。《高僧传》卷 1《汉雒阳安清传》引庾仲雍《荆州记》云："晋初有沙门安世高……得财物立白马寺于荆城东南隅。"此文所云时代容或有错[①]，但对安世高曾从今湖北经过似可以肯定。

安世高是目前所能知道的最早与湖北佛教发生因缘的人。这一时间上距佛教传入中国的公元之初，已有将近 2 世纪之遥。他所行经的路线，当是从中原进入今湖北，即由陆路到达荆襄一带，然后顺江东下。这是当时的交通干线，也就构成了佛法在湖北传输的基本路径。这一佛法传输态势一直持续到南北朝之前。

孙吴时到达武昌的维祇难和竺将炎，其行踪史无明文。有可能是取海路到达交、广一带然后再北上的。但与其在武昌共襄译事的支谦，则是与安世高一样从洛阳南下的。《出三藏记集》卷 13《支谦传》载其"与乡人数十共奔于吴"，时间已在"献帝之末"。其时孙吴的政权中心位于长江中游，显然其所由经的便是上述安世高经历的那条线路。这条线路到东晋由于来往僧人的增多，发挥的作用愈形重

① 按，安世高为汉末人，不可能长寿至晋初。《高僧传》作者慧皎已觉此事时代不合。

要。不仅对于今湖北省境,就是在全国范围,当时也是第一等重要的佛法传输线路。很多原在北方的僧人都是通过这条线路而到达南方的。其中规模最大的一拨是于公元 365 年来南的道安僧团,其徒众达 500 余人之多[①]。道安行至襄阳即止足不前,但他早在行至新野时即已分张徒众,命竺法汰"与弟子昙一、昙二等四十余人沿江东下"前往扬州[②],又命法和入蜀,而自己则与弟子慧远等在襄阳弘化。15 年后,前秦以十万之师攻取襄阳,道安被掳入长安,但其弟子则基本上留在南方。法遇、昙徽、昙翼等人下集江陵[③],而慧远初"与弟子数十人南适荆州",后移止匡庐[④]。

道安僧团来南与佛教在东晋的迅速发展深有关系。汤用彤先生综观僧史时指出"东晋时益州名僧多为道安徒党","荆襄佛教之盛,盖亦始于道安","而远公尤为晋末僧伽之重镇"[⑤]。由此不难估量上述传法路线在佛教史上占有的地位。

安公北迁之后,这条线路上的传法活动仍相当兴旺。公元 401 年入住关中的鸠摩罗什与栖止庐山的慧远经常有书信来往,"凡为使命十有余年"的昙邕晚年移住荆州[⑥],可见其经行的是经过今湖北省境的线路;既如此,显然与上述线路一致。此外,当时还有不少其他僧人也都遵循这条线路。《高僧传》卷 1 所载的僧伽提婆,自洛阳南来渡江,稍晚于慧远入住庐岳。而该书同卷还有昙摩耶舍,晋隆安

① 《出三藏记集》卷 15《道安传》。年代参考了汤用彤《汉魏两晋南北朝佛教史》第 147 页所作的考证。

② 《高僧传》卷 5《晋京师瓦官寺竺法汰传》。

③ 《名僧传钞·法遇传》。

④ 《高僧传》卷 6《晋庐山慧远传》。

⑤ 《汉魏两晋南北朝佛教史》第 145—147 页。

⑥ 《高僧传》卷 6《晋庐山释昙邕传》。

(397—401)中来到广州，至义熙(405—418)中抵达长安，后南游，止于江陵。有理由相信他们并没有在上述交通要道之外另辟蹊径[①]。

南北朝时期，湖北境内的佛法传输态势陡然发生了明显的变迁。由北而南的佛法传输基本上中止，取而代之的是沿江上下的东西向传播。这一局面一直持续到隋代。

这一变迁是值得高度关注的。细加分析，构成此时佛法传输格局的现象主要有三个部分。其一，东来传法的大德以及西行求法归来的高僧到此地弘化，不再像此前那样先到长安、洛阳然后再南下。此时主要遵循两条路线：或从海路到达东部沿海地区，或从河西进入四川盆地。前者有如法显，至为有名的第一位游方僧人，他陆路西行求法，舶海而归，到青州长广郡登陆后南下扬州[②]，来到荆州实际上是溯江而上。后者如《高僧传》卷3所载的昙摩蜜多，南朝宋元嘉元年(424)辗转至蜀，俄而出峡，止荆州，顷之沿流东下至于京师。这一上一下的两种行程堪为同类高僧行程的代表。

其二，与上游佛教联系的加强。这种联系部分地表现为以蜀中为过道对荆州的佛法传输，上文已述；但主要的还在于荆州佛法对于蜀中的弘化。蜀地的佛教发展相对比较后进，在东晋法和入蜀之前，"蜀中少闻佛法"[③]。《高僧传》卷11所载的僧隐，本陇西人，于西凉州师从玄高后，西游巴蜀"专任弘通"，但顷之东下江陵，却又"谘业于慧

---

① 笔者尚有存疑的是卑摩罗叉所经的路线。《高僧传》卷2《晋寿春石涧寺卑摩罗叉传》载：其于公元406年抵达关中；后出游关左，逗于寿春；顷之，南适江陵；其年冬，复还寿春。其中寿春与江陵之间的具体经行路线不明。按，东晋南朝时江陵与寿春间颇有交通存在。《高僧传》卷10《齐寿春释慧通传》载："江陵边有僧归者，游贾寿春。"唯见于记载者甚少。推测其往来当取道今鄂东北一带。

② 参《法显传校注》，上海古籍出版社1985年版。

③ 《汉魏两晋南北朝佛教史》第145页。

彻”;由此不难判断楚蜀两地佛教水平之轩轾。因此从法和入蜀以后,楚地佛法的溯江传输便渐次增多。东晋后期有慧远之弟慧持,与乃兄在襄阳伏事道安15年后初憩荆州,后适庐山,以晋隆安三年(399)入蜀①。入宋后有畺良耶舍,憩于江陵,元嘉十九年(442)西游岷蜀②。后来又有玄畅,迁憩荆州,乃飞舟远举,西适成都③。这一态势一直维持到隋初。安陆人慧暠,隋大业年间溯流江硖,既达成都,大弘法务④。而作为事情的另一方面,同时也有不少蜀地僧人前来求法。如蜀郡陴县人法期,随玄畅而下江陵⑤。出家于蜀地的智称,东下江陵更受禅律⑥。这样一来一去,使得蜀、楚两地的佛教联系非常紧密。

其三,也许最为重要的,经过孙吴以来尤其东晋时期的发展,下游建康已经成为南方佛教的最大输出源地,它对长江中上游地区散发的影响,主宰了湖北境内的佛法传输格局。它既以强大的磁力吸引着四远的僧侣向它集聚,又凭借佛教文化水平的高势推动着高僧向外辐射。通过这一聚一散,也就实现了佛法的地域传播。

早在东晋,建康这种文化上的马太效应便已经开始。它以都城的特殊地位,招徕长江中游的僧人向它流动。但当时主要是单向度的高僧下都。《高僧传》卷7所载的昙斌和卷12所载的法恭,从江陵下都之后便都在京师活动⑦,可见建康佛法还在以吸纳为主。从晋末

① 《高僧传》卷6《晋蜀龙渊寺释慧持传》。
② 《高僧传》卷3《宋京师道林寺畺良耶舍传》。
③ 《高僧传》卷8《齐蜀齐后山释玄畅传》。
④ 《续高僧传》卷13《唐安州方等寺释慧暠传》。
⑤ 《高僧传》卷11《宋荆州长沙寺释法期传》。
⑥ 《高僧传》卷11《齐京师安乐寺释智称传》。
⑦ 此二高僧归没于刘宋,计其下都当在晋时。

开始，这一局面渐次有发生改变的迹象。慧远有姑道仪在江夏为尼，“闻京师盛于佛法”而下都观化[①]，表明建康佛法已开始向长江中游回流。南北朝时期，从今湖北境内下都游学的僧人大为增加。刘宋时有慧球，齐代有僧迁、惠超，梁代有智远、罗云、法安、慧哲，北周时有慧瓘[②]。这些僧人籍贯都是在今湖北省境，下都时均出家不久，由此可以反映下游与中游在佛教水平上的落差。

与游学僧人的流动方向相反，溯江前来弘法的高僧为数更多。他们有不少与诸王出镇相伴。如刘宋谯王义宣出镇荆州 10 年，有高僧慧璩、求那跋陀罗同行[③]。自下游溯江直上的玄畅还止荆州，也是齐豫章王嶷作镇荆陕后遣使征请的结果。齐太傅萧颖领荆州时，曾携明彻于内第开讲[④]。永明中，“竟陵王请智秀法师与诸学士随方讲授”，曾“西至樊邓”；而随秀还都的惠超后来在梁代从吴平侯萧昺游夏口，“法筵又铺，学者称咏”[⑤]。梁末以后，诸王到中游出镇的历史条件已不复存在，但有一些高僧则因避地而上徙。明确记载“有梁末序逃难江陵”的就有慧善[⑥]，在后梁职掌大僧正的僧迁估计也是在此时离开建康的[⑦]。

在溯江弘法的高僧当中，引人注目的是学成还乡的中游僧人。外地高僧前来弘法大多不过逗留于一时，有些人产生的效果并不明显；而本地高僧学成归来本身已是佛法传输的直观标志，他们回乡以

---

① 《高僧传》卷 6《晋蜀龙渊寺释慧持传》。
② 分别见《高僧传》卷 8，《续高僧传》卷 5，卷 6，卷 16，卷 9，卷 9，卷 9，卷 15 各本传。
③ 《高僧传》卷 13、卷 3 本传。
④ 《续高僧传》卷 6 本传。
⑤ 《续高僧传》卷 6《梁杨都灵根寺释惠超传》。
⑥ 《续高僧传》卷 8《周长安崇华寺释慧善传》。
⑦ 《续高僧传》卷 6《后梁荆州大僧正释僧迁传》。

后大多就在当地活动,与外地高僧活动时间既有久暂之差,心境亦难免定浮之别,因而对当地佛教的发展也就更具意义。这些人在时间上与外地高僧略有分割。当外地高僧前来弘法数量较多的宋、齐、梁时期,本地高僧回乡的只有刘宋时回到荆州的襄阳人慧球。他"专当法匠,讲集相继",史称"使西夏义僧得与京邑抗衡者,球之力也"①。到后来溯江而上的外地高僧少见于史传,本地高僧回乡的反倒形成了一波高潮。这个高潮出现在陈朝覆亡之际。由于金陵社会遭受了全方位的毁灭性打击,在此活动的僧人无所容身,"或漏网以东归,或入笼而北上"②,籍贯在今湖北的便纷纷还乡。见于《续高僧传》卷 9 的有松滋人罗云,枝江人法安,都驻锡荆州;襄阳人慧哲,届于本邑。他们对湖北佛教在隋代的发展贡献不菲,容下文详述。而声名尤著的华容(今监利)智𫖮,其"习禅学士散流江汉莫限其数"③。这种作用显然是外地高僧所无法替代的。其结果虽然已在隋代,但无疑是南北朝历史的逻辑延伸。

值得指出的是,沿江上下的佛法传输,今湖北省境占有极大的区位优势。它控扼长江上、下游交通的咽喉之地,不仅本身与上、下游的佛教往来非常便利,而且,上、下游之间的佛教弘通不能不从此经过,这样就两全其美,更加密切了它与上、下游之间的佛教联系。从晋末的慧持,刘宋的畺良耶舍,再到稍后的玄畅,他们的事迹都是极好的例证。

---

① 《高僧传》卷 8《梁荆州释慧球传》。

② 《续高僧传》卷 14《唐苏州通玄寺释慧颐传》。

③ 《续高僧传》卷 17《隋国师智者天台山国清寺释智𫖮传》。

二　僧人生长地点的分布变迁

僧人的生长地点，其含义至为明显，勿庸再作解释。本书使用这样一个术语，是为了避免"籍贯"一词有时可能存在的名实不符的缺陷。讨论这一问题的意义，在于可以揭示佛教信仰的地理分布。显然，在一个民众对佛教缺乏信仰的地方，是不大可能有人离俗出家的。而且有理由相信，一个地方所出僧人的数量与其民众对于佛教的信仰程度呈正相关关系。

笔者以僧传资料作为主要取材范围，逐一甄别其生长地点、考证其出家年代，得湖北所产高僧 79 人。兹将其结果表列如下：

表 2-1　湖北晋唐时期高僧生长地点分布

地点	僧名	行年	出家	出处	备注
晋 6 人					
樊阳	诃罗竭	？—298	晋	《高》10/370	至洛阳
襄阳	僧彻	382—452	398	《高》7/277	寓居
襄阳	道温	396—465	412	《高》7/287	本安定朝那人
襄阳	法恭	388—468？	晋	《高》12/466	雍州人
襄阳	僧慧	407—486	晋	《高》8/320	本安定朝那人
江陵	道海		晋	《高》7/274	与昙鉴同时
宋 4 人					
江陵	昙度	？—488	宋	《高》8/304	
荆州	慧安		宋	《高》10/390	属荆州人为奴
襄阳	慧球	430—504	446	《高》8/333	扶风郡人
襄阳杜	僧迁	464—523	宋	《续》5/487	

续表

地点	僧名	行年	出家	出处	备注
齐 3 人					
江陵	道宗	50 余岁	齐	《续》6/500	
襄阳	惠超	474—526	481	《续》6/501	寓居
襄阳	法归		齐	《续》6/577	与梁初人同时
梁 17 人					
荆州	智远	494—571	梁	《续》16/582	寓居陕服
南郡	亡名		梁	《续》7/507	事梁元帝
南郡	法论	528—606?	梁	《续》9/526	
南郡	智越	542—616	梁	《续》17/596	原作南阳
江陵	法京	76 岁	梁	《续》16/582	寓居
江陵	法忍	67 岁	梁	《续》16/583	
枝江	法懔	62 岁	梁	《续》16/582	
枝江	惠璀		梁	《续》16/583	见法懔传
枝江	法安	65 岁	梁	《续》9/519	
松滋	罗云	541—616	556?	《续》9/519	兄弟五人皆为法师
松滋	道穆	70 岁	梁	《续》25/684	
华容	智颛	530—597	548	《续》17/590	
荆州新丰	智旷	507—582	梁	《续》25/684	
襄阳	慧哲	538—597	梁	《续》9/519	
襄阳	慧旷	533—613	545	《续》10/529	
襄阳	慧耀	524—603	梁	《续》25/688	
安陆	慧暠	546—633	553?	《续》13/548	

续表

地点	僧名	行年	出家	出处	备注
后梁、北周、陈 14 人					
荆州	慧瑜	561—640	566	《续》14/563	在荆州成长
南郡	僧辩	567—642	577	《续》15/566	原作南阳
江陵	慧赜	579—636	588	《续》3/466	
江陵	法显	575—652	587	《续》25/625	
襄阳	智闰	539—614	559	《续》10/528	
襄阳	慧眺	？—639	周	《续》15/565	年 80 余，少出家
襄阳	智拔	572—640	578	《续》14/563	
襄阳	法喜	571—632	578	《续》19/613	
襄阳	法琳	570—639	周	《续》24/662	寓居
襄阳	智嶷	548—618？	561？	《续》26/702	
襄州	慧璿	570—649	周	《续》15/565	
襄阳南乡	法永			《续》16/586	至迟于后梁已出家
随	净业	563—616	570	《续》12/543	
江夏	慧颙	563—630	573	《续》14/561	
隋 8 人					
荆州	慧因	570—645	隋	《续》25/689	原作清河武城
荆州昭丘	道悦	72 岁	隋	《续》25/687	
武当	法施		隋	《续》25/689	
荆州长林	法运	562—622？	隋	《续》25/690	
襄阳	玄爽	？—658	隋	《续》25/626	原作南阳
襄阳	神会	581—674	588	《宋》8/179	
西隆	慧稜	575—640	583	《续》14/562	
黄梅	弘忍	601—675	608	《宋》8/171	一云浔阳

续表

地点	僧名	行年	出家	出处	备注
唐29人					
江陵	慧空	695—773	725?	《宋》9/213	
江陵	崇信		806?	《宋》10/233	
江陵	甄公	739—829	749?	《宋》11/257	
江陵	道琳			《求》下/133	
江陵	昙光			《求》下/141	
江陵	慧命			《求》下/143	
支江	慧安	582—709	587?	《宋》18/452	
当阳	恒景	633—712	638	《宋》5/90	
江陵	道俊			《宋》8/183	卒于709年以后
江陵	玄奘			《宋》24/615	卒于709年以后
荆州	惟恭		晚唐	《宋》25/638	少孺出俗于荆州
荆州	福琳	703—785	709?	《宋》29/730	
荆州	无行			《求》下/181	
荆州	法振			《求》下/206	
荆州	乘悟			《求》下/206	
荆楚	法明		685?	《宋》17/415	
襄阳	法常	751—839	758	《宋》11/259	
襄阳	辩才	722—778	729	《宋》16/387	
襄阳	从礼	844—923	871	《宋》16/399	
襄阳	慧演	717—796	718?	《宋》29/731	
襄阳	灵运			《求》下/168	
襄阳	法朗			《求》下/242	
汉东	石藏	718—800	725	《宋》10/239	

续表

地点	僧名	行年	出家	出处	备注
汉东	普岸	769—843	789?	《宋》27/680	
安陆	巨方	646—727	664?	《宋》8/188	
江夏	玄晏	742—800	756	《宋》29/732	
齐安	秀律师	70余岁	647?	《宋》14/340	
齐安	泓师		695?	《宋》29/721	
蕲水	慧普	?—849	806?	《宋》25/636	

说明:(1)《高》为《高僧传》,《续》为《续高僧传》,《宋》为《宋高僧传》,《求》为《大唐西域求法高僧传》。书名后为卷数/页码。(2)凡带?者均系推测所得大致年代。

首先需要关注的应该是湖北高僧出家的时代特征。从表中可以看到,湖北高僧出家最早的是西晋时期的诃罗竭。他卒于公元298年,生年和出家年均不得而知;即以法腊60年计,其出家也已在公元238年。此时上距湖北初染佛法约60年。这一滞后效应可以说明僧人出家乃是佛教信仰到了一定程度之后的反映。

在各代所出的僧人中,晋6人,其中东晋5人;南北朝时期36人,其中宋4人,齐3人,梁17人,后梁、北周、陈时期14人;隋8人,唐29人。单纯从数量上看,以唐为最,梁居其次,而宋、齐殿后。但若考虑到时间因素,则结论显然不会如此。以每出1位高僧所需时间来衡量,东晋为20年,南北朝为4.5年,隋代为4.5年,唐代为10.5年。不难看出,从东晋到南北朝,出高僧的频率越来越快;而从隋到唐,这一频率又有所降低。如果在南北朝时期再深入考察,这一结论的可信度将更进一步。该时期4个时段,刘宋的频率为15年,齐为 7 年,梁为 3 年,后梁、北周、陈时期为 2 年。非常明显,从东晋以来该频率的加快是一路不停。而在隋代,该频率实际上已有所降低,到唐代不过是顺势下滑而已。总体的变化曲线是一个完整的波峰,峰值出现在梁及后梁北周时期。

地域的分布特征当然更是本书关注的焦点。省境的高僧最早出现于襄阳,宋齐以前,该地一直占有最大的份额。由此可以看到上述北南向传法路线对于省境所产生的影响。具体而言,襄阳在东晋的 4 人都出于东晋后期,显然是道安在此 15 年弘化的直接结果。值得注意的是荆州所占份额的增长。该地在东晋只出有 1 人,与襄阳相差较大,但到宋齐两代已与襄阳平分秋色。当然荆州的发展并没有就此止步,它的份额在南朝梁时达到了极致,竟占 75%之多。其中,江陵又占一半,余下的散布于附近 4 县。此时的襄阳已不能与之相侔。这说明从东晋末期以后,荆州作为省境当时佛教中心的地位已日益突出。

到南朝宋齐为止,省境出产高僧的地点一直只有襄阳和江陵两处。这一格局到梁代才得以打破。此时的分布点增加了安陆,为数虽然不多,但趋势则颇为可喜。随之而来的两个时期,北周增添了随州、江夏,隋代又增添了武当和黄梅,当然,在数量上江陵和襄阳仍占有很大的比例。

江陵和襄阳占有高额比例直到唐代依然如此。尤其江陵,占总数之半。但此时的分布地点则没有新的增加。汉东、安陆、江夏、齐安,都是在南北朝后期分布过的旧地。这充分说明,经过南北朝时期的弘化,湖北高僧的成长地域已基本上稳定。

三　南北朝时期僧官设置的地域差异

僧官制度在佛教史上是一件颇为引人注目的事，前人已有过专门研究①。本书无意对制度本身重事稽考，仅对其在今湖北省境、南北朝时期所呈现出来的地域差异稍作论述，以期有助于反映省境当时僧团活动的大致情形。

现存的僧官史料极为稀少且又严重残缺不全，具体到今湖北省境就更其如此。据记载僧官在晋代就已有设置②，但湖北境内的僧官资料直到齐代才开始出现，晋、宋二代阙如。据称东晋在蜀郡设有僧正③，其他各地均无记载，而刘宋则未见设于地方的僧官资料。因东晋的资料系孤证，颇疑晋、宋二代其实并未有地方僧官的设置。

齐代荆州的僧官资料前后较为衔接。先是有僧慧，“齐初敕为荆州僧主”。这是湖北境内设有僧官的最早记载。此时僧慧已年逾古稀，“风韵秀然，协道匡世，补益之功，有誉遐迩”；因年衰而“常乘舆赴讲”，可能这派头较为少见，“观者号为秃头官家”。其后有释慧敞，“志业贞正，代慧为僧主”④。慧敞的传记资料非常简单，生卒年不详。其后又有慧球，“中兴元年(501)敕为荆土僧主”⑤。此时下距齐梁嬗代仅1年之隔，估计此前均为慧敞任期，因为自僧慧谢世以来，中间

① 如贺光中撰有《历代僧官制度考》，载《现代佛教学术丛刊》第39册《中国佛教通史论述》，大乘文化出版社1980年版；谢重光、白文固著《中国僧官制度史》，青海人民出版社1990年版。

② 《续高僧传》卷6《后梁荆州大僧正释僧迁传》称：“昔晋始置僧司，迄兹四代。”

③ 《高僧传》卷6《晋蜀龙渊寺释慧持传》载僧恭“为蜀郡僧正”。

④ 并见《高僧传》卷8《齐荆州竹林寺释僧慧传》。

⑤ 《高僧传》卷8《梁荆州释慧球传》。

只有 15 年的间歇。

上述 3 人都是荆州的僧官,当时省境其他州份缺乏记载。到梁代襄阳和郢州出现了同类记载,而荆州的僧官资料却阙如[①]。襄阳有惠景,“普通之初总州僧正”[②],此州当然是指雍州。须要留意的是同为州级僧官,上述齐代称“僧主”,而此时已经更称“僧正”。《出三藏记集》卷 5 有曰:“梁天监九年,郢州头陀道人妙光,戒岁七腊,矫以胜相,诸尼妪人佥称圣道,彼州僧正议欲驱摈。”可见郢州其时也有僧正之设。由此推断,荆州不至于反倒没有。笔者估计荆州在梁代后期可能还曾设有级别更高的大僧正,这是当时的中央级僧官,因为梁元帝的都城即在此。到后梁时,荆州作为政权中心,便有设置大僧正的明确记载。《续高僧传》卷 6 有《后梁荆州大僧正释僧迁传》,称:“中兴荆郢,正位僧端。”另外又有法京,史称“后梁二主闻便敬重,奉为僧正”[③],估计他是僧迁的继任。

与后梁同时辖有今湖北部分境域的北周,在此也有设置僧官之举。《续高僧传》卷 16《僧玮传》载,其在天和五年(570)“敕使为安州三藏,绥理四众”。兹事在建德法难略前,湖北境内亦仅此一例而已。

隋唐五代,僧官制度虽依然存在,但此时有关资料的总量稍多,制度较为明朗,已不如南北朝时期耐人寻味。

四 寺院的分布变迁

寺院作为僧侣的栖息之地,又是大多数情况下的弘法场所,它构

---

① 慧球入梁 2 年才谢世,但不知其在改朝换代以后是否继续担任“荆土僧主”。

② 《续高僧传》卷 6《梁杨都灵根寺释惠超传》。

③ 《续高僧传》卷 16《后梁荆州长沙寺释法京传》。

成了研究佛教活动层面的一项重要指标。笔者搜集散见于各种史籍中的湖北晋唐时期的寺院资料，加以稽考，制为《湖北晋唐时期可考寺院名录》，又据《名录》制成表 2-2，兹对其分布特征进行剖析。

湖北晋唐时期可考寺院名录

说明：(1)此录以各代资料爬梳而成，同时资料仅出一处。(2)为节省篇幅，资料一律使用代码：F 为《佛祖统纪》，G 为《高僧传》，GH 为《广弘明集》，J 为《法苑珠林》，K 为《开元释教录》，M 为《名僧传钞》，N 为《比丘尼传》，NQ 为《南齐书》，NS 为《南史》，Q 为《大唐西域求法高僧传》，S 为《宋高僧传》，TS 为《全唐诗》，TW 为《全唐文》，X 为《续高僧传》，Y 为《艺文类聚》，Z 为《周书》。(3)代码后为卷次、篇名。

Ⅰ．晋 18 座

1．襄阳 5 座：白马寺（G5 道安），檀溪寺（G5 道安），羊叔子寺（G10 竺法慧），金像寺（J13），南林寺（J52）。

2．江陵 9 座：白马寺（G1 安清），辛寺（G1 昙摩耶舍），长沙寺（G5 昙翼），上明寺（G5 昙徽），上明东寺（M6 竺僧辅），竹林寺（G6 昙顺），高悝寺（G7 慧观），五层寺（G7 僧彻），安养寺（G12 法恭）。

3．武昌 1 座：寒溪寺（G6 慧远）。

4．江夏 1 座：五层寺（M10 法愍）。

5．新阳（今京山）1 座：某寺（G6 法安）。

6．武当山 1 座：武当寺（J26）。

Ⅱ．宋 18 座

1．江陵 14 座：竹林寺（M6 昙从），鹿山寺（M27 僧亮），多宝寺（M28 僧运），辛寺（G3 法显，《祐录》以之为新寺），长沙寺（G3 昙摩蜜多），琵琶寺（G7 僧彻），上明寺（G11 僧隐），支江张僧定宅（J14），多宝寺（J19），灵收寺（J16），牛牧寺（J73），禅房寺（K5 功德直），祇洹寺（N2 道寿），三层寺（N2 道综）。

2．襄阳 1 座：檀溪寺（G7 道温）。

3．江夏 1 座：五层寺（G7 法愍）。

4．武昌 1 座：头陀寺（M20 法悟）。

5．武当山 1 座：武当寺（J83）。

Ⅲ.齐 9 座

1.江陵 7 座:四层寺(M22 惠敞),长沙寺(G8 玄畅),竹林寺(G8 僧慧),陟屺寺(G10 僧慧),三层寺(G10 慧通),永业寺(NQ54 宗测),曾口寺(NS26 袁象)。

2.襄阳 1 座:檀溪寺(X6 惠超)。

3.武昌 1 座:头陀寺(G11 法悟)。

Ⅳ.梁 30 座

1.荆州 15 座:竹林寺(G8 慧球),长沙寺(X29 僧明),神山(X25 道穆),大明寺(J14),瑶光寺、普贤尼寺、瓦官寺(NS 元帝徐妃),天居寺(NS 安成康王秀),天宫寺(X16 法聪),天皇寺(X16 法忍),玉泉山(X16 法忍),上明东寺(X9 罗云),青溪山(X25 道仙),宝光寺(X10 慧旷),开圣寺(X25 智旷)。

2.襄阳 12 座:金像寺(X29 僧明),禅居寺(即灵泉寺,X16 法聪),望楚、白塔、同安、习善、延明、头陀、上凤林、下凤林、广严九寺(GH28),平等寺(NS 刘孝仪)。

3.郢州 2 座:招提寺(GH28),晋安寺(Y76)。

4.武当山 1 座:太平寺(GH28)。

Ⅴ.后梁、周、陈 18 座

1.江陵 13 座:天皇、陟屺寺(J100),大明寺(J14),大宝精舍(X6 僧迁),覆船山(X16 法常),玉泉山寺(X16 法懔),禅慧寺(X16 惠成),禅众寺(X16 惠成),龙泉寺(X9 罗云),四层寺(X25 法显),青溪山寺(X19 法喜),长沙寺(X14 慧瑜),景福寺(Z 赵文深,《北史》作影覆寺)。

2.襄阳 2 座:静林寺(X16 法聪),岘山华严寺(J14)。

3.安州 2 座:寿山、梵云二寺(X16 僧玮)。

4.江夏 1 座:光严寺(X14 慧颙)。

Ⅵ.隋 37 座

1.江陵 16 座:开义寺(X2 彦琮),还乡寺、龙泉寺(X9 罗云),等界寺(X9 法安),天皇寺、覆舟山(X9 法论),大兴国寺(X10 慧最),一音寺(X17 智顗),开圣寺(X25 智旷),江陵寺(X3 慧赜),四层寺(X25 法显),青溪山(X25 道悦),内华寺、导因寺(X25 慧耀),宝光寺(J13),十住寺(F6)。

2.襄州 12 座:景空寺(X16 法聪),龙泉寺、光福禅房(X9 慧哲),开皇寺(X16 慧意),遍学寺(X16 慧意),四望山寺(X9 慧哲),上凤林寺(X26 明诞,改为大兴国寺),遍觉道场(X10 慧旷),报善寺(X15 慧眺),禅居寺(X25 岑阇梨),国昌寺

(S8 神会),启法寺(J13)。

3. 隋州 2 座:智门寺(X10 法总),大兴国寺(据隋文帝诏,此地当有此一寺)。

4. 安州 3 座:景藏寺(X12 净业),十力寺(X12 净业),方等寺(X25 贾逸)。

5. 郢州 1 座:宝香寺(X11 智梵)。

6. 复州 1 座:方乐寺(X2 彦琮)。

7. 蕲州 1 座:福田寺(X11 明舜)。

8. 黄州 1 座:随华寺(X28 玄秀)。

Ⅶ. 唐 73 座

1. 江陵 25 座:玉泉寺(X14 慧瑜),胜觉寺(X14 慧瑜),神山寺(X25 玄爽),青溪山寺(X25 道悦),开圣寺(X25 慧因),开圣西北之道场、龙归精舍(X25 法运),龙兴精舍(S5 恒景),度门寺(S6 惟悫),碧涧寺(S8 道俊),天皇寺、柴紫山(S10 道悟),永泰寺(S11 灵象),福寿寺(S11 甄公),大云寺(S14 严峻),白马寺(S24 玄奘),天崇寺(S24 智灯),荆山(S25 会宗),法性寺(S25 惟恭),国昌寺(S29 行觉),大兴国寺(J28),开元寺(S8 神会),南泉大云寺(TW319),庆门寺(TW742),陟屺寺(TW690)。

2. 襄州 22 座:紫金寺(X14 慧稜),梵云寺、感通寺、须弥寺、龙泉寺(X14 慧稜),常济寺、耆阇寺(X14 智拔),光福寺(X15 慧璿),神足寺(X15 慧眺),法门寺(X25 惠普),慈恩寺、凤林关外之寺(S10 道坚),夹石山(S10 思公),辩觉寺(S15 清江),岘山、大云寺(S16 辩才),开元寺(S29 慧演),鹿门山(S13 行因),灵集寺(Q 法朗),启法寺(J13),景空寺(TS86 张说诗),寿山寺(TW870)。

3. 隋州 2 座:寿山寺(S27 普岸),开元寺(S11 自在)。

4. 安州 8 座:方等寺(X13 慧暠),大林寺(X15 慧璿),明福院(S8 巨方),十力寺(S14 秀律师),寿山院(S27 普岸),定安山(S29 怀空),白赵山(S4 神楷,又作白兆山),般若寺(TS182 李白诗)。

5. 均州 2 座:太一延昌寺(S9 慧忠),逸禅师兰若(TS274 戴叔伦诗)。

6. 鄂州 7 座:大寂院(S11 无等),岩头山(S23 全豁),开元寺(S29 玄晏),大云寺(TW316),重岩寺(TW727),修静寺(TS184 李白诗),缘果道场(TW987)。

7. 蕲州 5 座:众造寺(X26 道信),东山(S8 弘忍),黄岗山、清著禅院(S25 慧普),龙兴寺(TW304)。

8. 黄州 2 座:九井山(S11 玄策),大石山(S29 福琳)。

表 2-2　湖北各地晋唐寺院数量

地点	晋	宋	齐	梁	后梁周	隋	唐	备注
荆州	9	14	7	15	13	16	25	
襄州	5	1	1	12	2	12	22	
均州	1	1		1			2	武当山
武昌	1	1	1					
鄂州	1	1		2	1	1	7	含前代江夏、郢州
安州	1				2	3	8	含晋代新阳
隋州						2	2	
复州						1		
黄州						1	2	
蕲州						1	5	
合计	18	18	9	30	18	37	73	

注:此表以唐代地名为准,唯武昌以地位特殊而单列。

《湖北晋唐时期可考寺院名录》显示,湖北最早兴建的寺院是晋初荆州的白马寺。此前孙吴时武昌曾有高僧活动,理应建造过寺院,但具体情形却不得而知。白马寺的建立,庾仲雍《荆州记》归之于"晋初有沙门安世高"。这一记载显然有问题,上文已述。但笔者认为,该寺立于晋初是有可能的,因为鄂西北的武当山在西晋时已经有存在寺院的确切记载,此地为一方都会,对佛教的发展更为有利。很可能其中不可信的部分只是托名于安世高而已,以庾仲雍生活的时代而论,上距晋初尚不算遥远。

其他的晋代寺院都见于永嘉南渡以后。分布于 6 处,数量则相对集中。其时总共 18 座寺院,江陵和襄阳已占其 9 和 5,余下的武昌、江夏、新阳、武当山分别都只有1座而已。不难看出，最后1处是以名山为依托，而前5处则都是交通相当便利的所在。其中，江陵、襄阳为一方重镇，武昌则是孙吴旧都。

南北朝时期，寺院分布集中的趋势更为明显。此时寺院的数量已大有增加，宋18座，齐9座，梁30座，后梁、周、陈时期18座，总数比晋代增加3倍。但其分布范围并未扩张，仍与东晋时一模一样。而且各地所占的份额也变化不大。扣除前后重复，江陵、襄阳、江夏、武昌、安州、武当山分别得35、15、4、1、2、2座。在总数大幅度增加的情况下，江陵、襄阳比其在晋代的比例还略有提高；以统计的眼光而言，这等于是寺院集中于江陵、襄阳二地的概率随样本数的增加而增加，显然反映了当时寺院分布的特点。值得注意的是江夏，此地从晋代的末流水平攀升到季席的位置，而与此相对照的是武昌仍在原地踏步。这反映了省境东部文化发展格局的变化，武昌作为原有的区域文化中心有被江夏取代之势。

上述的分布格局直到隋唐才得以较大地改观。此时的分布地点已有9处，比前代减1增4。减少的是孙吴旧都武昌，这是其在前代地位下降的继续。增加的主要在鄂东北和鄂北。如果配合数量分析，这一变局更为明显。去其重复，隋唐时期共得寺院92座，其中荆州和襄州分别为37和32，二者几乎分庭抗礼。接下来安州得其9，隋州得其3，蕲州得其6，黄州得其3，它们与襄州境域相连，形成一条具有一定数量的分布地带。此外得有其8的鄂州也与之密迩，仅江汉平原上的复州和武当山所在的均州为数最少，仅只1、2。这种格局与前代已有了显著的差异。

从各个时期的寺院总数，很容易导出寺院数量在不断发展的结论。这个结论十分直观，但却隐藏着一定的误差。这首先是因为，表中所列的寺院并非当时寺院的全部,它只相当于一份按照多种复杂规则进行抽样之后的结果。史载后梁荆州"一州佛寺一百八所"[①],但反映到表中仅只13,这里面便有一个比例的问题。这个比例一方面在空间上并不均等,坐落于欠发达地区的寺院见于著录的概率显然较低。鄂西和鄂东南未能在表中有所表现,笔者认为主要便出于这一缘故,很难设想这些地区当时根本没有建造过寺院。另一方面,这个比例在时间上也不均等。各个时期历时有长短,距今有远近,这两者都足以导致结果出现偏颇。前者如萧齐,它在表中比起其前后的宋、梁两代都不及半数,显然与其历时较短深有关系。而后者则如后梁和北周,其时段与萧齐大致相仿,北周还曾推行过灭法的政策,但表中这一时段的数量却比齐代多出1倍有奇,舍其时代较近无从解释。以此反观各时期的寺院总数,隋唐时期历时既长,时代又晚,其寺院总数最多本属顺理成章,并不足以说明其每一瞬时的寺院数量也较前代为多。

倒是有两点须提请注意:其一,隋唐时期虽然如今可知的寺院为数较多,但其著名寺院却较其前代为少。此时高僧在寺院中的分布非常分散,有许多寺院都是因为某单个高僧而在史籍中惊鸿一现,而其前代多有高僧云集的名蓝大刹。此点尤以晋宋之间较为突出,如襄阳的檀溪寺,江陵的辛寺、长沙寺、上明寺、竹林寺、琵琶寺,其高僧密集和辈出的程度,隋唐时期只有玉泉寺差堪比肩。此时更流行的做法是,高僧一旦得法便另起炉灶,即使只在近边也要自立寺院。比较典型的例证如禅宗五祖弘忍,他与四祖道信所居都在黄梅一县之内,有些徒众也先后相袭,而寺院却并不相承。这一现象当与佛教宗

① 《法苑珠林》卷100。

派尤其禅宗的兴起有关，其直接结果是使得寺院的名称累计增多。其二，正因为寺院的持续性有所弱化，隋唐时期的寺院规模显得比其前代有所萎缩。东晋南北朝时期，徒众数百的寺院屡见不鲜。如东晋时道安在襄阳檀溪寺，“师徒数百”[①]；昙摩耶舍在江陵辛寺，“披榛而至者三百余人”[②]；而江陵的长沙寺更是了得，其在东晋时便有高僧“讲说众经，受业者四百余人”[③]，自刘宋至后梁竟至“一寺千有余僧”[④]，“殿宇大小千五百间”[⑤]。类似的资料到隋唐时期便渐趋少见，唐中叶以后几至销声匿迹，寺院前后的存在状态由此可以概见。

上述所据都是以寺院的名义出现于史料中的，尚需说明的是，此外还有一些场所，虽未具备寺院的面目，却同样发挥着类似的功能。宋临川康王曾“在荆州城内筑堂三间供养经像”[⑥]，齐太傅萧颖在荆州，曾请高僧“于内第开讲《净名》”[⑦]。这两处无疑已是正式的弘法场所，尽管其活动内容显得相对较为单一。梁代“荆州厅事东，先有三间别斋”，竟有任地方官门师的高僧“专任居之”[⑧]。这便完全具备了寺院的性质。当时这类场所可能颇为不少，隋代襄州有岑阇梨“于寺西伞盖山南泉立诵经堂”[⑨]，唐代该地法门寺沙门惠普曾“修明因道场凡三十所”[⑩]，估计便属于此类。

---

① 《高僧传》卷5《晋长安五级寺释道安传》。
② 《高僧传》卷1《晋江陵辛寺昙摩耶舍传》。
③ 《高僧传》卷5《晋荆州长沙寺释法遇传》。
④ 《法苑珠林》卷13。
⑤ 《续高僧传》卷16《后梁荆州长沙寺释法京传》。
⑥ 《法苑珠林》卷14。
⑦ 《续高僧传》卷6《梁杨都建初寺释明彻传》。
⑧ 《续高僧传》卷25《梁荆州沙门释慧简传》。
⑨ 《续高僧传》卷16《隋襄州景空寺释慧意传》。
⑩ 《续高僧传》卷25《荆州神山寺释玄爽传》。

讨论寺院分布,有必要附带论及瑞像的分布。笔者前此在探讨南北朝佛教地理的时候,曾证明佛教造像是北朝佛教的显著特点。当然南方并非没有造像,只是其特点有所不同。湖北诚然没有北方那种普遍存在的以民众为主体的结社造像,其造像数量少,以僧人的活动为主,但以工程大而著称。其著名瑞像分布于3处,都出现于东晋。其一在襄阳。《法苑珠林》卷52记载该地在建元初(343)便有僧昙顺"造丈八像垂成",可见其造像活动开展很早。而其最著名的则是道安在此铸造的丈八无量寿金像,"更历晋宋迄于齐梁,屡感灵相",直到周武灭法才被熔毁[①]。其二在江陵,尤以居于长沙寺的最为著名。其高七尺五寸,合光趺一丈一尺;来历不明,以太元年间现于城北;梁代一度移置建康,前后颇著灵异,至唐代仍然存在[②]。其三在武昌。系广州渔人在海中发现,陶侃送至武昌寒溪寺,后被慧远移往庐山。

这些佛像与寺院一样对民间信仰发生着非常深刻的影响,有时甚至更为直接。如北周时襄阳岘山华严寺的行像,被附近居民认为有送子的功效,"襄阳士俗有少子胤者,皆往祈之",而且颇著灵验,"随其本心男女感应也"[③]。这样,它也就将居民与寺院之间的联系落在了实处。

五　高僧活动的分布变迁

僧侣作为佛教活动的主体,其活动地点的统计分布可以从一个

---

① 《续高僧传》卷29《僧明传》。
② 《法苑珠林》卷13。
③ 《法苑珠林》卷14。

与寺院分布不同的角度展现佛教活动的空间状态。这一不同不仅表现在由于史料的缺佚，这两项指标反映出来的结果在空间上具有一定程度的互补作用，而且还表现为，由于人事变动的速率较高，僧侣活动能够从一个更高的灵敏度上反映佛教活动的变化。因此对于佛教地理的研究，这也是一个权重极高的指标。兹以三朝《高僧传》为主，综合其他资料如《名僧传钞》《广弘明集》及《法苑珠林》中的高僧活动资料，加以统计。统计时将高僧分为A、B两类，A类是以某地为主要活动地点的高僧，统计时以三朝《高僧传》及《名僧传》目录为准；B类为在某地活动过，但又不以该地为主要活动地点的高僧。为谨慎起见，三朝《高僧传》之外的僧人活动资料一律归入B类[①]。其结果列为《湖北吴晋至唐各地弘法高僧名录》，又据表《名录》制成表2-3。

湖北吴晋至唐各地弘法高僧名录

说明：僧尼名后代码及数字为资料出处。代码意义悉同《湖北晋唐时期可考寺院名录》，数字为卷次。

Ⅰ.吴

1.武昌 A：维祇难G1。B：竺律炎G1。

Ⅱ.晋

1.襄阳 A：竺法慧G10。B：道安G5，支僧敦G5，诃罗竭G10，竺法汰、昙一、昙二G5，慧远G6，慧持G6，昙翼G5，法遇G5，昙徽G5，昙顺G6，昙邕G6，慧观G7，僧彻G7。

2.江陵 A：僧辅M6，昙摩耶舍G1，昙翼G5，道恒G5，僧卫M11，法遇G5，昙徽G5，昙顺G6。B：支僧敦G5，卑摩罗叉G2，佛陀跋陀罗G2，慧猷G11，竺法汰、昙一、昙二G5，慧远G6，慧持G6，昙邕G6，慧观G7，僧彻G7。

3.武昌 B：僧珍G6，支法山Z5。

---

① 关于这样分两类统计的意义，参拙文《中国佛教地理研究史籍述评》，载《地理学报》51卷第4期，1996年。

4. 江夏 B:道仪 G6。

5. 新阳 A:法安 G6。

6. 武当山 A:普施 M25。

Ⅲ. 宋

1. 江陵 A:昙从 M6,惠庄 M14,僧亮 M27,僧运 M28,法显 G3,昙鉴 G7,僧彻 G7,慧安 G10,法期 G11,僧隐 G11,成具 G11,慧猷 G11。B:昙摩蜜多 G3,畺良耶舍 G3,求那跋陀罗 G3,僧济 G7,慧严 G7,道海 G7,僧愿 G7,昙斌 G7,慧济 G10,慧彻 G11,法恭 G12,慧璩 G13,昙光 G13,智称 GH23,僧净 GH23,僧伽难陀 Z13,玄畅 Z13,慧远 Z19,慧印 Z19,慧玉 Z16,法弘 Z16,僧昌 G7,慧玉尼 N2,道寿尼 N2,道综尼 N2。

2. 襄阳 B:道温 G7。

3. 江夏 B:法愍 G7。

4. 武昌 B:法悟 M20。

Ⅳ. 齐

1. 江陵 A:僧慧 G8,慧敞 G8,僧岫 G8,僧慧 G10,慧远 G10。B:玄畅 G8,功德直 G8,昙顺 G8,僧归 G10,惠绪 G10,智称 G11。

2. 襄阳 B:惠超、惠景、僧崇、僧受、智秀 X6。

3. 武昌 A:法悟 G11,道济 G11。

4. 武当 B:慧表 K6

Ⅴ. 梁

1. 江陵 A:慧球 G8,慧简 X25,道穆 X25。B:道馨 G8,明彻 X6,僧融 X25,明达 X29,僧展、僧安 X25,慧旷 X10,澄法师 X10,道仙 X25,智旷 X25。

2. 襄阳 B:僧迁 X5,惠超 X6,惠景 X6,法归 X16,法聪 X16。

Ⅵ. 后梁、周

1. 江陵 A:僧迁 X6,法常 X16,法隐 X16,法京 X16,法懔 X16,惠璀 X16,惠成 X16,法忍 X16,法行 X26,法论 X9。B:亡名 X7,慧善 X8,智远 X16,法喜 X19,慧旷 X10,澄法师 X10。

2. 襄阳 A:法聪 X16。B:慧命、恩光、仙路 X17。

3. 安州 B:僧玮 X16。

4. 江夏 B:慧颧 X16,明智 X16。

Ⅶ.隋

1.江陵 A:罗云 X9,法安 X9,智旷 X25,法显 X25,惠明 X26,慧耀 X25。B:彦琮 X2,法论 X9,智顗 X17,智越 X17,道仙 X25,慧赜 X3,隐法师 X3,灌顶 X19,普明 X19,宝冥 X25,明智、成彦、习皓 X25,法琳 X24,道懿 X25,法施 X25,明法师 X14,文纲 S5。

2.襄阳 A:慧哲 X9,洪哲 X9,智闰 X10,慧意 X16,法永 X16,岑阇梨 X25。B:惠品、法粲、智嵩、法同、慧瑺、慧楞、惠嵩 X9,慧旷 X10,智拔 X14,慧稜 X14,慧眺 X15,明诞 X26,智嶷 X26,慧达 X29,闰法师 X14,诞律师 X14,汰律师 X15,全律师、智晓、拔禅师、昊禅师、纯禅师 X16,道辩 X25。

3.隋州 B:法总 X10。

4.复州 B:彦琮 X2。

5.郢州 B:慧旷 X10,智梵 X11。

6.安州 B:贾逸 X25,慧暠 X13,慧朗 X17,净业 X12。

7.鄂州 A:僧朗 X25。

8.蕲州 B:明舜 X11。

9.黄州 A:玄秀 X28。

Ⅷ.唐

1.江陵 A:慧瑜 X14,玄爽、蔼明、稜法 X25,道悦 X25,慧因 X25,法运 X25,恒景 S5,神秀 S8,道俊 S8,道悟 S10,灵象 S11,甄公 S11,些些 S20,玄奘 S24,智灯 S24,会宗 S25,僧行 S25,惟恭 S25,行觉 S29,齐已 S30。B:救苦法师 X14,璇法师 X25,僧真 S5,宗密 S6,知玄 S6,普寂 S9,怀让 S9,崇信 S10,法常 S11,守直 S14,严峻 S14,慧安 S18,惠秀 S19,玄宗 S20,慧云 S26,谦著 S29。

2.襄州 A:慧稜 X14,昶法师 X14,智拔 X14,法长 X14,慧瑺 X15,慧眺 X15,惠普 X25,道坚 S10,思公 S10,清江 S15,亡名 S22。B:宝度 X14,汰律师 X15,静琳 X20,无业 S11,辩才 S16,寂禅师 S16,慧演 S29,行因 S13。

3.汉东 A:石藏 S10。B:自在 S11。

4.安州 A:慧暠 X13,贾逸 X25,秀律师 S14,贞固 S14,怀空 S29。B:法冲 X25,巨方 S8,朗禅师 S8,普岸 S27,神楷 S4。

5.武当山 A:慧忠 S9。B:慧安 S18,智封 S8。

6.鄂州 A:无等 S11,全豁 S23,玄晏 S29。B:崇真 S29,全付 S13。

7.蕲州 A:道信 X26,弘忍 S8,法普 S13,慧普 S25。B:法显 X25,玄爽 X25,

善伏 X26,法持 S8,慧安 S18。

8. 黄州 A:玄策 S11,福琳 S29。

表 2-3 湖北吴晋至唐各地弘法高僧数量

	吴	晋	宋	齐	梁	后梁周	隋	唐
江陵		8/12	12/25	5/6	3/10	10/6	6/18	21/16
襄阳		1/15	0/1	0/5	0/5	1/3	6/23	11/8
安州		1/0				0/1	0/4	5/5
隋州							0/1	1/1
武昌	1/1	0/2	0/1	2/0				
鄂州		0/1	0/1			0/2	1/0	3/2
复州							0/1	
郢州							0/2	
黄州							1/0	2/0
蕲州							0/1	4/5
均州		1/0		0/1				1/2

注:表中数字为 A/B,地名处理悉同表 2-2。

表 2-3 显示,僧尼分布的时空格局总体上与寺院分布相去不远。其在时间上可以分为三个阶段:魏晋时期、南北朝时期和隋唐时期。魏晋时期的分布地点已有 6 处,其中大部分是晋代才出现的,尤其东晋。南北朝时期高僧活动的人数大为增加,但分布的地点反而有所减少,任一朝代都未能超过 4 处,最少的仅只 2 处。隋唐时期分布规模空前拓展,分布地点共达 10 处,而且每个朝代的分布地点都比较多。这一变迁趋势与寺院的分布变迁是基本上吻合的。

但也有若干相异之处。首先是资料初见的时代有所提前。寺院的资料始见于西晋，而高僧的活动始见于孙吴。这是寺院发展的历史特点所致。即孙吴时维祇难诸人在武昌活动，可能并没有寺院的建造[①]。其次，更重要的，僧尼活动的数量分布相对集中。这一特点在前两个时期表现更其明显，其中又以 A 类数据较为突出。江陵的 A 类数量在后梁以前一直占到压倒多数，宋、梁两代竟至占据省境数量的全部，须通过 B 类数量才得以展现僧侣活动的空间广度。其集中的程度直到隋唐才有所削弱。但此时并非分布集中的特征不成立，不过是集中的地点多出一个襄阳而已。此前襄阳的数量仅在东晋可以与江陵相颉颃。

从表 2-3 还可以看到，僧侣活动的分布格局存在明显的历史变迁。历代都占有一定数量的稳定分布地点只有江陵和襄阳，尤其前者，它们成了佛教活动的中心所在。鄂州其高僧数量大为不逮，分布稳定庶几近之。武当山在数量上更有等差，其余各地的高僧分布则有非常明显的变迁。早先有所分布而后来衰减至无的是孙吴旧都武昌，这反映了该地文化的全面跌落。原来几为空白而后来才渐趋兴盛的地点稍多，主要集中于鄂北和鄂东北。前一区域从隋代已开始启动，后者至唐代才得以显现。

上述是从统计资料得出的印象，文献资料的描述也与此相仿。首先请看襄阳。这是省境出现最早的佛教中心，其僧人数量在东晋便达到了一个很大的规模。此前虽孙吴时武昌已有高僧的活动，但高僧人数既少，又看不出对社会产生过何等影响，尚不具备佛教活动中心的意义。襄阳在东晋崛起须归功于道安。其来南时本有弟子“慧远等五百余人”，在襄阳弘化十五年，仍有“师徒数百”。而且，是

---

① 晚近方志中有其时已建惠宝寺的传说，不可信据。

道安让省境初步领略到佛教的威严气象。名士习凿齿在与道安接触后颇为慨叹:“无变化伎术可以惑常人之耳目,无重威大势可以整群小之参差,而师徒肃肃,自相尊敬,洋洋济济,乃是吾由来所未见。”况且道安“其人理怀简衷,多所博涉,内外群书略皆遍睹,阴阳算数亦皆能通”,给人一种“远胜非常”的感觉①。

当然襄阳作为佛教中心地位的失落也是因为道安。前秦苻坚在风闻道安的盛名后遣十万大军攻取襄阳,该地的高僧风流云散,其佛教中心的地位便为江陵所取代。从此该地的僧人数量长期维持在一个并不高的水平。南北朝时期该地虽然有不少高僧活动的记载,其中也不乏“樊邓学徒并师之”“千里来仪投心者众”之类的描写②,一度还曾有僧官的设置,但僧人活动的数量规模则不得而知,显然已不值得着意称述。

这种情形直到隋代才宣告结束。慧哲自金陵“引众溯流届于本邑”,传称其“学士三百余人”③。而同样自金陵学成归来的慧璿在卢总管官舍讲经,“僧徒拥聚千五百人”④。到唐代,其规模更是大为扩展。慧稜不仅在讲论时“众有三百”,而且其去世后“玄素同集五千余人”;智拔去世时也有“墓所设五千僧斋”的盛举⑤。慧眺则有史称“从受归戒者七千余人”⑥。估计所谓“五千僧斋”并非意味实有如许僧人,因为慧眺归殁后所谓“为建大斋于墓所”,也不过“三十法师各开一经”⑦。

---

① 并见《出三藏记集》卷15《道安传》。
② 分别见《高僧传》卷7《道温传》,《续高僧传》卷17《慧命传》。
③ 《续高僧传》卷9《慧哲传》。
④ 《续高僧传》卷15本传。
⑤ 见《续高僧传》卷14各自本传。
⑥ 《续高僧传》卷15本传。
⑦ 《续高僧传》卷15本传。

但无论如何，这种规模显然是前代所不能预见的。只是繁荣的景况仅仅维持到唐代前期，贞观年后，史料中便不再有类似的记载。

接下来再看江陵。该地佛教活动大为扩张，起先可谓是襄阳的余波，与道安来南深有关系。道安本人曾到江陵暂住，在上明立有寺院；还住襄阳后又不断遣弟子来到江陵，如法翼创建的长沙寺、昙顺创建的竹林寺后来都声名卓著。及至道安被掳入长安，其弟子更是大批南下，从此江陵便一跃而成为省境继襄阳之后的佛教中心。南下的安公弟子，有些在江陵歇息不久便继续顺江东下。如率领“弟子昙一、昙二等四十余人”的竺法汰后来驻锡建康，同样有“弟子数十人”的慧远后来入住庐山。但更多的便在江陵落脚，是他们构成了此地东晋弘法高僧的主体。在他们的弘化下，江陵的佛教活动空前拓展。如法遇在长沙寺“讲说众经，受业者四百余人”。而昙徽在上明寺，“每法轮一转，则黑白奔波”，以致“江陵士女，咸西向致敬印手菩萨（谓道安）”。而且，那些继续顺江东下的高僧在此也不是匆匆过客。如后来驻锡建康的慧观在江陵创建高悝寺，史称“使夫荆楚之民回邪归正者，十有其半”①。即此可见江陵作为省境此时的佛教中心，无论是僧人活动规模还是其影响社会的程度，都已超过了此前的襄阳。这一点暗示在道安来南之前佛教对江陵的影响可能已经较襄阳深入，道安在江陵与襄阳之间最终选择后者或许只出于其本身为北人的原因。

当安公弟子南下的潮流风平浪静，江陵迎来了两位外国高僧。他们都止于辛寺。其一为昙摩耶舍，“大弘禅法”，另一位名卑摩罗叉，“开讲《十诵》”。这两位虽然在江陵逗留的时间不长，但产生的影响却不可小觑。前者有“披榛而至者三百余人”，而且“凡士庶造者，

① 并见《高僧传》各自本传。

虽先无信心，见皆敬悦”。后者则“既通汉言，大阐当时”，史称“析文求理者其聚如林，明条知禁者数亦殷矣”[1]。至此，江陵作为一个与京师建康分庭抗礼的“西土”佛教中心，其面目已充分显露出来。

进入南北朝时期，江陵的佛教更是蒸蒸日上。刘宋时，此地活动着不少来自外国的高僧。上述在东晋来此的昙摩耶舍，其辞还西域已到了元嘉年间。此时新来的又有昙摩蜜多，到长沙寺祈请舍利，“门徒道俗莫不更增勇猛，人百其心”。稍后又有畺良耶舍、求那跋陀罗、僧伽难陀。内中求那跋陀罗居留的时间最长，曾在辛寺译经十载[2]。而中国第一位自天竺求法归来的高僧法显，也选择了辛寺为终焉之地[3]。当然本土僧人仍是佛教活动的主体。宋末沈攸之为荆州刺史时，仅“长沙一寺”便有“千有余僧”[4]。由此可以想见当时江陵僧侣数量之庞大。而且，史称“于时江陵僧徒多有行业”，时人留下了“荆州法事大盛”的强烈印象[5]。

这种盛况一直延续到齐梁。僧传中齐代高僧的资料中虽然缺乏直接记载，但前后相续的僧官资料已从侧面作出了说明。尤值得注意的是殁于梁初的僧主慧球。他从刘宋后期便从建康、彭城学成归来，史称其“讲集相继，学侣成群”，以致“荆楚之间终古称最”[6]，估计所指即齐代至梁初。而此时佛教对原有分布地点之间的地域渗透也有进一步开拓。青溪山，南朝梁天监十六年(517)道仙来到此地，“远近归信十室而九”。四望山，智旷从梁代在此头陀，“士俗云赴奄成华

① 见《高僧传》卷1、卷2各自本传。
② 见《高僧传》各自本传。
③ 《出三藏记集》卷15本传。
④ 《法苑珠林》卷13。
⑤ 《广弘明集》卷23卢羲《庐山香炉峰寺景法师行状》。
⑥ 《高僧传》卷8本传。

寺”。还有神山，梁代时道穆初入，其后“名声及远，游遁之宾咸归向请”①。这种渗透当然是佛教有所发展的表现。

梁代末期，江陵成为国都所在。梁元帝对三宝非常崇信，惜乎史料已言之不详。据称北周释亡名曾“事梁元帝”而“深见礼待”②，由此可见梁元帝对佛法的优待态度。《法苑珠林》卷 14 载荆州前大明寺旃檀像:“梁高祖既崩，像来荆渚。”《续高僧传》所载慧善、僧迁自建康徙往江陵似乎也在此时。这些零星资料表明，虽然其时干戈纷扰，江陵佛教仍有趋于繁荣的迹象。只是好景不长，仅过了一年，正当梁元帝在龙光殿亲述《老子》义的时候，西魏军队攻到了城下。城破之后，“乃选百姓男女数万口，分为奴婢，驱入长安，小弱者皆杀之”③。江陵佛教遭受重创，至少城内僧人未能幸免，僧传所载“承圣季年因俘秦壤”的便有慧善，而亡名则“远寄汶蜀”④。

随之而来的是依附于北周的后梁政权。后梁宣帝、明帝二主有“中兴社稷”之号，对佛教信奉十分虔诚。虽然其“社稷”因领土狭小而无力再造，但佛教却确实由此而得以“中兴”。史载梁明帝“造天皇、陟屺、大明、宝光、四望等寺”⑤，使荆州佛寺达“一百八所”，而僧尼则有“三千二百人”⑥。其中长沙大寺竟至“僧众凑集千有余人”，号“天下称最，东华第一”⑦；连青溪山寺也有四十余僧⑧。即以此前荆

---

① 《续高僧传》卷 25 各自本传。
② 《续高僧传》卷 7 本传。
③ 《梁书·世祖本纪》。
④ 《续高僧传》卷 8、卷 7 各自本传。
⑤ 《辨正论》。
⑥ 《法苑珠林》卷 100。
⑦ 《续高僧传》卷 16《法京传》。
⑧ 《续高僧传》卷 19《法喜传》。

州佛教全盛时期而论,其僧寺规模谅不过如此。

及至隋代,荆州的法事规模不减于后梁。其中的关键人物与襄阳类似,也是陈亡以后归自金陵的高僧。先有罗云,于"六合混壹、三楚全盛"时回到荆州,传称其时"众若稻麻,人多杞梓",他"领徒五百时呈现翘楚",并有入室弟子十人[①]。稍后是开创天台宗的智顗,影响中国佛教历史的一代大师。他在"金陵败覆"时即"策杖荆湘",中途逗留过一段时间,"上渚宫乡壤"较罗云稍迟[②]。但影响显然较大,有"荆楚禅宗"之号[③],传称其"戒场讲坐众将及万"[④]。这一口径也许不无夸张,另一份资料称其在江陵城中时,"徒侣四百蔚尔成林"[⑤]。智顗后来复往天台,时在隋代。而罗云则弘化五十余年,寂灭时已是唐朝贞观年间。

贞观以后,荆州的佛教出现了衰退。这与襄阳的衰退步调一致。长达半个世纪的时间里,江陵的高僧活动非常沉寂。而与此同时,蕲州的佛教却如火如荼,显然已占据了省境佛教中心的地位。其发轫者是被后世尊为禅宗四祖的道信,以唐初入住黄梅县双峰山,三十余年间,"诸州学道无远不至",到其临终(651 年)时,山中有禅徒五百余人[⑥]。其弟子弘忍,是为禅宗五祖,居黄梅县东冯墓山,竟至"门人有千余众"[⑦]。这些数字也许并不一定较荆襄同期为多,但考虑到所产生的影响,荆襄显然不足与蕲州相提并论。

---

① 《续高僧传》卷 9 本传。
② 《续高僧传》卷 17 本传。
③ 《续高僧传》卷 25《法显传》。
④ 《续高僧传》卷 17 本传。
⑤ 《续高僧传》卷 25《法显传》。
⑥ 《续高僧传》卷 26 本传。
⑦ 《敦煌新本六祖坛经》,上海古籍出版社 1993 年版,第 5 页。

待江陵重拾其佛教中心地位，已是在弘忍去世（675 年）以后。其上首弟子神秀居于江陵当阳山，“四海缁徒，向风而靡”①，身后被尊为禅宗六祖。及后世其同学慧能的法裔日趋强盛，神秀一系被目为禅宗北宗。有资料认为：“神秀禅门之杰，虽有禅行，得帝王重之无以加者，而未尝聚徒开法也。”②这一说法颇令人难以深信。有记载表明：“中宗闻秀高年，特下制令普寂代本师统其法众。”③无论这条资料有何深层意蕴，神秀法众之不少可以肯定。张说所撰的碑文称其“学来如市”，并形容“升堂七十、味道三千，不是过也”④。况且其于久视元年（700）中“趺坐觐君”，如果说未尝聚徒开法，只是与二三子静寂修禅，其成为“两京法主三帝国师”⑤，也是难以理喻的结果。所谓“未尝聚徒开法”只是透露出这样一个信息：神秀的徒众比起其弟子普寂有所不及。这倒是完全可能的，其他姑不论，后者弘法的时间就较神秀为长。

但普寂的徒众大规模扩张，已不在今湖北省境之内。他在玉泉寺师事神秀仅止七年便回到嵩山，长安元年（701）“度编岳寺”⑥，已与江陵脱离关系；“及秀之卒（706 年），天下好释氏者咸师事之”⑦，从此江陵的佛教又陷入沉寂。及至其再现往日的辉煌，已是在建中二年（781）以后。道悟栖于当阳柴紫山，宗风大振，传称“荆州雄藩也，都人士女动亿万计，莫不擎跪稽首，向风作焉”。他后来居天皇寺，“自

---

① 《宋高僧传》卷 8 本传。
② 《宋高僧传》卷 9《义福传》。
③ 《宋高僧传》卷 9《普寂传》。
④ 《全唐文》卷 231 张说《唐玉泉寺大通禅师碑铭序》。
⑤ 《全唐文》卷 231 张说《唐玉泉寺大通禅师碑铭序》。
⑥ 《全唐文》卷 262 李邕《大照禅师塔铭》。
⑦ 《宋高僧传》卷 9《普寂传》。

是禅宗之盛,无如此者”[①]。

确实,这可以说是江陵佛教也是今湖北全境佛教史上最后的绝响。自兹以降,史料中便再也看不到如此规模浩大的场面。显然佛教正在走向没落。如果将目光再往回稍加追溯,可以发现这一过程实际上从唐前期便已经开始。在贞观以前,该地的佛教活动一直呈现出多元的局面,极具影响的弘法高僧往往有多人同时并存,名蓝大刹也有若干座分庭抗礼。而贞观以后,高潮时期的高僧和名蓝都逐步向一枝独秀的局面过渡。无论是神秀还是道悟,当时都没有同道与之匹敌,况且其行世的年代也相隔甚长。毫无疑问,佛教在南北朝时期所表现出来的那种惊心动魄的魅力已在逐步趋于耗尽。

除上述三地之外,省境其他各地的佛教活动一直规模有限。武昌在孙吴时便有高僧在此活动,自晋至齐僧人活动的资料历代不曾间断,尤其宋齐时期的头陀寺因其碑文为名篇而广为人知,但该地僧人活动的数量规模一直不见于记载,看不出任何昌盛的迹象。而且自齐代以后,该地的僧人即销声匿迹。僧人活动兴起很早而后来趋于中衰。

武当山从晋代开始便有僧人活动的记载,《名僧传》卷 25 目录有《晋武当山普施》。南齐时,《开元释教录》卷 6 称该地有沙门慧表。但这些资料都未能反映该地僧人活动的具体情形。到唐代,在此活动过的高僧数量有所增加,具体的活动状况却仍不清楚。与此情形类似的是江夏。该地之有僧侣活动始见于东晋,而且是尼姑。道仪,乃慧远之姑,曾由慧远之弟慧持送至京师观化[②]。南朝的宋、陈也有

① 《宋高僧传》卷 10 本传。

② 《高僧传》卷 6《慧持传》。

高僧在此驻足，但都为时不永，且形单影只。隋代始有“累载弘道”的字样出现[①]，尽管其时高僧在此滞留的时间仍较短暂。长期以此为栖息之地的高僧始见于唐代。此时该地的佛教活动已有一定的规模。如玄晏配住开元寺，与其“共营草堂”或“为尘外之侣”的有符载等诸多名士[②]。而无等在黄鹄山创立大寂院，传称“巴、蜀、荆、襄尚玄理者无远不至”，以至“憧憧往来，堂无虚位”[③]。但此时已是唐后期，而且具体的数量规模仍不得而知。这些都是僧人活动在各个历史时期都有所记载的。其间当然也有活动规模逐步上升的趋势，但并不显得非常突出。

非常突出的是那些僧人活动在隋唐时期才迅速兴起的地方。其中隋代的隋州、郢州、复州在此之前从未出现过僧人活动的记载，发展的趋势固已相当明显，而尤为引人注目的是安州和蕲黄。安州的僧人活动其实出现很早，《高僧传》卷 6 有《晋新阳释法安传》，新阳县在今京山县，即位于该州范围。到北周时，该地虽然设置有僧官“三藏”以“绥理四众”[④]，但史料中反映的仍只是个体僧人的活动。唐初该地高僧慧暠归自成都，“重张领牒更叙关键，神望弥高众聚弥倍”[⑤]。从此安州的僧人活动便显现出清晰的数量规模。慧暠晚年力衰后，弟子慧稜代讲，传称“时席端俊异者三十余人”[⑥]。这一数目应该是可信的，其后文叙另一事有曰“时问侣盖众者二十五人”。稍后有道宣弟子秀律师在此“大扬讲训”，该地佛教郁郁有上升气象，传称“声美

① 《续高僧传》卷 10《慧旷传》。
② 《宋高僧传》卷 29 本传。
③ 《宋高僧传》卷 11 本传。
④ 《续高僧传》卷 16《僧玮传》。
⑤ 《续高僧传》卷 13 本传。
⑥ 《续高僧传》卷 14《慧稜传》。

所闻,诸王牧守攸共遵承正化,缁徒咸摹细行”[①]。到唐后期,普岸(769—843)应请“于安陆寿山院坐道场”,传称“环拱可四百余众”[②]。这种规模是此前难以想象的,当时即使与江陵相比也未遑多让。

蕲州在唐初期的法事盛况上文已述,其在此前未有僧人活动记载。弘忍之后,该地虽然不再有上千人的活动规模,但其附近的僧人活动蔚然兴起,使得蕲黄一带的佛教发展仍显示出勃勃生机。唐中叶,有高僧福琳至黄陂辟成大院,以“安集四方禅侣”[③]。其后又有玄策,“睹黄陂九井山奇秀,乃结茅为舍”,传称其“学侣若蝉之走明也”[④]。蕲州的法事则绵延更长。元和中,法普见黄岗山色奇秀,在此放囊挂锡,其徒“盈百数”[⑤]。而慧普居于广济县三十余载,“邑人学者,莫不推重”[⑥]。这种气象此时在省境是不多见的。

六　东晋南北朝时期义学的分布变迁

从东晋开始,随着佛经译出数量的增加,以及对佛教思想理解的深入,出现了对佛教某一学说进行研习的佛教义学。到南北朝时期,由于南北方政治地理形势的对立,佛教的发展也形成了各自的特色。以往的论述多是从全国的范围着眼的,虽然也曾注意到地理分布的问题,但并没有以区域为中心进行深入探讨。

讨论今湖北省境的佛教义学,最早应予注意的人物无疑数东晋

① 《宋高僧传》卷14《秀律师传》。
② 《宋高僧传》卷27本传。
③ 《宋高僧传》卷29本传。
④ 《宋高僧传》卷11本传。
⑤ 《宋高僧传》卷13本传。
⑥ 《宋高僧传》卷25本传。

弘法于襄阳的道安。安公在樊沔十五载,"斋讲不倦"。史称"旧译时谬,致使深义隐没未通,每至讲说,唯叙大意转读而已",直到道安"穷览经典,钩深致远",为《般若》《道行》《密迹》《安般》诸经作注,并著"《析疑》《甄解》凡二十二卷",以至于"经义克明,自安始也"。但可能是因为其时所传经典究属不多,安公在此所讲并没有特出的义学内容。传载其"每岁常再讲《放光波若》,未尝废阙"①,仅此而已。安公在此对佛教的贡献倒有另外两点更引人注目,其一为确立戒规,其二为弥勒净土信仰②。

省境最早流行的佛教教义,史籍中所见为"心无义"。其时在公元365年,地唯江陵:"沙门道恒,颇有才力,常执心无义,大行荆土。"③据《世说新语·假谲》所载,此说由来颇有滑稽意味:

> 愍度道人始欲过江,与一伧道人为侣,谋曰:"用旧义在江东,恐不办得食。"便共立"心无义"。既而道人不成渡,愍度果讲义积年。后有伧人来,先道人寄语云:"为我致意愍度,无义那可立?治此计,权救饥尔,无为遂负如来也。"

支愍度过江,时在晋成之世(326—342)④。如此,该说在江陵流行已历年数。竺法汰率弟子沿江东下时,认为"此是邪说,应须破之",于是"大集名僧,令弟子昙一难之"。经昙一和慧远轮番上阵,"心无之义,于此而息"⑤。

"心无义"停息以后,来到江陵弘法的高僧有一大批安公弟子或

---

① 并见《出三藏记集》卷15《道安传》。
② 汤用彤先生在《汉魏两晋南北朝佛教史》第八章已言之甚详,兹不赘述。
③ 《高僧传》卷5《竺法汰传》。
④ 《高僧传》卷4《康僧渊传》。
⑤ 《高僧传》卷5《竺法汰传》。

学侣。他们多聚集于长沙寺和上明寺,昙翼“学通三藏”,法遇“讲说众经”,昙徽也常转法轮①。看起来当时这批高僧仍少有特别喜好的某部经典,史籍所载如竺僧辅“学通诸论,兼善经法”②,仅僧卫沙门“尤善《十住》”③。但其时净土信仰在江陵非常流行,当与这些人深有关系。法遇乃是与安公一道在弥勒前立誓愿生兜率的八人之一④,竺僧辅也曾“誓生兜率,仰瞻慈氏”⑤。这是信奉弥勒净土。稍后至刘宋,则流行弥陀净土。辛寺昙鉴,“常愿生安养,瞻觐弥陀”,而当时“江陵又有释道海、北州释慧龛、东州释慧恭、淮南释昙泓、东辕山释道广、弘农释道光等,并愿生安养,临终祥瑞焉”⑥。这显然是前述诸人带来的风气。

从东晋末期起,江陵的戒律之学也蔚然成风。开此风气的是西国律师卑摩罗叉。他于公元406年后来到江陵辛寺开讲《十诵》,虽为期不长,但影响极为巨大,史称“律藏大弘,叉之力也”。京师道场寺慧观“记其所制内禁轻重撰为二卷送还京师”之后,“僧尼披习,竞相传写”,直到梁时“犹行于世,为后生法”⑦。而在江陵,则到刘宋时仍有多名高僧以大弘此业而得享盛名。先是有慧猷,直接在辛寺受学于卑摩罗叉,“讲说相续,陕西律师莫不宗之”⑧。稍后有僧隐,谘业于琵琶寺慧彻。慧彻不知其学所出,估计与卑摩罗叉也有师承关系,

---

① 见《高僧传》卷5各自本传。
② 《高僧传》卷5《竺僧辅传》。
③ 《高僧传》卷5《昙翼传》附传。
④ 《名僧传钞》。八人之说参汤用彤《汉魏两晋南北朝佛教史》第155页所作考证。
⑤ 《高僧传》卷5《竺僧辅传》。
⑥ 《高僧传》卷7《昙鉴传》。
⑦ 《高僧传》卷2本传。
⑧ 《高僧传》卷11本传。

史称其“名重当时，道扇方外”；而僧隐则“禅慧之风，被于荆楚”。当时上明寺还有成具律师，“亦善《十诵》及《杂心》《毗昙》等”[①]，声名与僧隐相埒。

当时江陵的律藏之学可谓盛极一时。史料中不仅留下了“于时江陵僧徒多有行业”的单方面印象[②]，而且还有与建康两相比较的态势：“具、隐二上人先辈高流，凤鸣西楚；多宝颖律师洽闻温故，翰起东都。”[③]以致家世寓居京口的智称还要到江陵来“从隐、具二师更受禅律”[④]。但从具、隐二师之后，江陵便再未出以律藏而显的高僧。

较律藏大弘的时代略晚，江陵的义学在刘宋初年也开始昌明。其始倡者为竹林寺僧慧(407—486)。他师事慧远弟子昙顺，“专心义学”，到25岁时，便能讲《涅般》《法华》《十住》《净名》《杂心》等经。其讲经时“文句辩析宣畅如流”，同时又善《庄》《老》，“与高士南阳宗炳、刘虬等并皆友善”，可以说，他是江陵出现的第一个学问僧。在此之前，厕身于《高僧传》“义解”一科的江陵高僧虽有多人，但都不明其有何义解。史称僧慧“为西学所师”，所谓“西学”一词的提出，可以反映江陵义学已具有与京师建康相颉颃的气象。宗炳每每感叹：“西夏法轮不绝者，其在慧公乎。”由于僧慧的引导，江陵的义学风气日趋浓厚。其弟子僧岫“亦以学显”，竟致“力精致血疾而终”[⑤]。

稍晚于僧慧在江陵弘扬义学的有高僧慧球(430—504)。其早年出家于竹林寺，后往京师“谘访经典”，又到彭城从僧渊受《成实论》，

---

① 《高僧传》卷11《僧隐传》。

② 《广弘明集》卷23卢羲《庐山香炉峰寺景法师行状》。

③ 《广弘明集》卷23裴子野《南齐安乐寺律师智称法师碑序》。

④ 《高僧传》卷11本传。

⑤ 并见《高僧传》卷8《僧慧传》。

于公元462年才回到荆土“专当法匠”。论其影响则较僧慧犹有过之,传载不仅其“学侣成群”,在“荆楚之间终古称最”,而且时人认为:“使西夏义僧得与京邑抗衡者,球之力也。”[①]由此可见慧球对江陵义学所作的贡献。

但或许是仅以一时一人的情事为论,或许是因为现存史料大多出自江东人的手笔,以致对荆土的记载已有阙略,以今视昔,“西夏义僧”实在不足以“与京邑抗衡”。慧球之后,荆土的义僧已难乎为继。就在梁代“都下大弘法席”之时,已出现“荆南佛法希鲜”的景象[②]。自梁末以降,此地的义学风气已为修头陀行取而代之。其分布则主要在江陵西面的覆舟山和北面的四望山。

资料所见最早在江陵附近修头陀的高僧是玉泉山法忍,其于“受具已后受持法华维摩”,有憾于“众聚多喧”,便“西往覆舟岩下头陀,自静观理”[③],推算其入山之年当不晚于梁末。稍后来到此山头陀的有法论(540—718)。与法忍一样,其出家之初也住在天皇寺,后来也“隐沦青溪之覆舟山”;不同的是其所奉义学,“味重《成实》”[④]。这一点或许可以算作慧球的余响,其隐沦时间从后梁便已开始。再后则有法琳(570—639),自后梁时“野栖木食于青溪等山”,直到“隋季承乱”才“入关观化”[⑤]。

在四望山头陀的高僧出现较覆舟山略晚。智旷(525—600)“头陀州北四望山”时,大约已在后梁之初。后来其所住之处“士俗云赴

① 《高僧传》卷8《慧球传》。
② 《续高僧传》卷16《惠成传》。
③ 《续高僧传》卷16本传。
④ 《续高僧传》卷9本传。
⑤ 《续高僧传》卷24本传。

奄成华寺"[1],但此山直至唐初仍有高僧修头陀行。法运,曾与智旷相遇而"别于开圣西北起一道场"[2],其时尚在隋代。惠明,"至荆州四望山头陀"[3]。又,法施"尝于江陵北头陀"[4],估计也在此山。后两位高僧的行年不详,推测其在此地约为隋末至唐初。

上述所言为江陵。除此之外,省境的佛教义学在南北朝时期值得称述的只有襄阳。该地在东晋后期自安公僧团散去之后,沉浸在较长时间的寂静之中。刘宋初年,有远公弟子道温(396—465)回到安公故处檀溪寺,由于其"善大乘经,兼明数论",从而"樊邓学徒并师之"。但为时极短。元嘉五年(428)张邵为雍州刺史,以别驾之职诱其还俗,道温即辞往江陵,孝建初又被敕下都[5]。

待襄阳再次有义学高僧前来弘法,其时已在萧齐。永明中,"竟陵王请智秀法师与诸学士随方讲授,西至樊邓",给当地留下了不小的影响。"因凭受学"的惠超(474—526)即"随秀还都"。此前他已"从同寺僧受学通三玄",及至"备通诸部名动京邑"之后曾"还乡定省",传称"合境怀之"[6]。此时推算已在梁代。

自惠超之后,襄阳在南北朝便不再有义学活动的记载。与江陵类似,取而代之的是高僧的禅行。但此地的这一风气较江陵为早,至迟从齐初便已开始。惠超在檀溪寺出家时所事之师惠景"清坦平简",于"普通之初(520)总州僧正"乃是"以节俭闻之"。惠超事之一

---

① 《续高僧传》卷 25 本传。
② 《续高僧传》卷 25 本传。
③ 《续高僧传》卷 26 本传。
④ 《续高僧传》卷 25 本传。
⑤ 《高僧传》卷 7 本传。
⑥ 《续高僧传》卷 6 本传。

年,即“以众大喧杂乞移禅房,依止僧崇禅师习学定业”[①]。由此可见该地僧众颇重禅行。稍后又有法聪,“至襄阳伞盖山白马泉,筑室方丈以为栖心之宅”,其时乃在梁代,所居之处后敕造禅居寺[②]。

除荆、襄二地之外,省境在其时还出现过佛教义学活动的是郢州。上述的惠超,曾在夏口“法筵又铺,学者称咏”。又,慧旷也是襄阳人,曾于“湘、郢二州累载弘道”。此人曾学《成实》,又“值真谤受《摄大乘》《唯识》等论”[③],估计弘化的便是这些。但这两人来此都已到了南北朝末期。

从上述分析中可以发现一个问题。南北朝时期的佛教学派,一般认为南朝有涅般、成实、三论、毗昙、摄论五派,北朝有地论、楞伽两派。两相比较,前者重义解,后者重禅行。今湖北省境在南朝有分陕之重,其佛教发展的“南朝特色”却并不典型。南朝的五个佛教学派此地并非全部流行,而北朝的学派此地也有分布。而且与义解的风气相比,此地的禅行应可谓并重。这显然不能以位居南北要冲来解释,也不全是在南北朝后期该地半属北朝控制的缘故。它只能说明一点:对于南北朝时期佛教区域特色的已有认识,还须在进一步探讨之后作出修正。

讨论佛教义学既竟,有必要附带对省境在当时的译经活动作一论述。此事较为简明,一共只有 4 次。先是维祇难,孙吴时在武昌“共竺律炎出《阿差末》等经二部”[④]。再是卑摩罗叉,东晋时在江陵辛

---

① 《续高僧传》卷 6 本传。

② 《续高僧传》卷 16 本传。按,该传目录作“后梁南雍州襄阳景空寺释法聪”,其“后”当为衍字。传载其终于梁太清年,未至后梁。

③ 《续高僧传》卷 10 本传。

④ 《开元释教录》卷 2。

寺“出《杂问律事》2 卷”[①]。后有求那跋陀罗，刘宋时随谯王出镇在荆州十载，于辛寺出经 8 种 16 卷；同时有功德直，在荆州禅房寺出 2 种 7 卷[②]。这些数量在当时是微不足道的。南北朝时期南方译经分布共有 9 地，所出之经译地明确者达 224 种 659 卷之多。由于这些数量绝大多数集中于建康，当时江陵在名次上倒是不低，居其之前的另外只有广州[③]。

七　隋唐时期宗派的分布变迁

佛教发展到隋唐时期，一个非常突出的问题，便是形成了宗派。这显然是在本土传统文化的影响下形成的。有关的论述自来不少，但以往多是就全国范围或某区域的个别宗派而展开的，以区域为中心、对区内各宗派进行综合性的考察，目前尚不多见。虽然已有几种区域佛教史的专书问世，与这一问题在若干方面较为接近，但在具体的理念乃至方法上与此仍有一定的距离。而且，以往的有关研究对于宗派的判断标准，很少提出怀疑。汤用彤先生曾认为宗派“其质有三”：一、“教理阐明，独辟蹊径”；二、“门户见深，入主出奴”；三、“时味说教，自夸承继道统”[④]。这在理论上可以看作界定宗派成立的标准。但若以此对具体史料进行判读，仍显得不够明确。因而笔者在本专题的研究中，主要着眼于师承授受之间的宗法性。据此，湖北省境当时的佛教宗派有如下四宗。

---

① 《开元释教录》卷 3。

② 《开元释教录》卷 5。

③ 参拙文《南北朝佛教地理的初步研究》(下篇)。

④ 见《隋唐佛教史稿》，中华书局 1982 年版，第 105 页。

1. 三论宗

这是湖北省境最早成型的佛教宗派，存在于隋初至贞观年间。其初兴得益于陈朝覆亡。由于金陵佛教扫地以尽，原籍湖北的高僧纷纷回归乡壤盛弘《三论》，佛教宗派以此而兴。

其分布以襄阳为最盛。巨匠曰慧哲，从学兴皇道朗，时号象王哲。他回乡后住在龙泉寺，“《涅般》《三论》递互相续”，传称“成器传灯可有五十”[①]。既称“传灯”，表明已不再是单纯的学派，而已具有宗派的意味。

慧哲传中列其弟子名有惠品、法粲、智嵩、法同、慧璿、慧楞、惠嵩。其余诸人事迹不详，而慧璿在《续高僧传》卷15有传，称其于“周灭法后南往陈朝，入茅山听明师《三论》，又入栖霞听悬布法师《四论》《大品》《涅般》等，晚于安州大林寺听圆法师释论”，并不载其有从学慧哲之事。其入唐后也住在龙泉寺，或许作传者以此而将其附会为慧哲的传灯[②]？传称“襄荆士素咸倾仰之”。此外据称为慧哲弟子的还有一位慧眺，曾“游学齐徐青海诸州”，开皇末年还乡，“承象王哲公在下龙泉讲开《三论》”，便“誓心敛迹”，后住神足寺，在当地颇有影响[③]。

几乎与慧哲同时回到襄阳弘化三论的又有高僧智闰。其求学经历颇为奇特，先在邺下服业《十地》《华严》《涅般》，后来“闻江表大弘《三论》”，便从长干辩公听受。其还乡估计也在陈亡不久，“镇常讲

① 《续高僧传》卷9本传。

② 按慧哲卒于隋开皇十七年(597)，其时慧璿似尚未回乡。其回乡之初住光福寺，“会乱入城”，已在隋末。是其在唐代之前与龙泉寺尚无关系。

③ 《续高僧传》卷15本传。

导，化行江汉”，大业初年（605）又西入长安[①]。曾听过其讲论的有高僧慧稜。但慧稜其时年尚幼，后来在茅山明法师下伏听三年，隋末又追随安州慧暠，号得意稜。直到贞观三年（629）才回到襄阳，临别慧暠又付嘱“灯传”之语。回到襄阳后先后住紫金、弥须、梵云寺斋讲，“道俗翕习”有“腾涌”之况[②]。

与襄阳邻近的安州，因有高僧慧暠而成为三论宗的又一分布地。其兴起的时间远较襄阳为晚。慧暠所从乃茅山明法师，“受业传灯，分风徙化”，其时在仁寿初年（601）之前。后来因已“法流楚服”，大业中（约 612 年）溯流至成都“大弘法务”。由于“结徒日盛，道俗屯拥”，曾婴短期牢狱之灾，直至唐初才脱归故里。途中又在荆门弘化五年，计其还返安州时已在武德五年（622）之后。住方等寺，“讲说相续”至贞观七年（633）而殁[③]。身后弟子有上述襄阳慧稜，而传灯于当地者竟无其人。

荆州的三论宗其兴起时代约与襄阳同时。高僧罗云，与襄阳慧哲同师兴皇道朗，“以《三论》奥义未被荆南”而“誓当弘演”，其时也在陈亡之初。其回到荆州长住之寺也名龙泉，“居之五十余年”，所领徒众似并不较慧哲为少，但身后弟子则大为不如。传称其入室弟子仅只十人，列名则仅有“椿、诜、澄、憩”，且又“传道开化岷蜀、江淮”[④]，本地反阒然无闻。同在兴皇座下受学的还有法安，曾于“三千学侣”中

---

① 《续高僧传》卷 10 本传。

② 《续高僧传》卷 14 本传。按，传中有“荆州茅山明法师”之语，其“荆州”二字显系讹误。

③ 《续高僧传》卷 13 本传。其离明法师之时间据该书卷 25《贾逸传》，而往成都之年据卷 25《法冲传》。法冲年三十（615）已由武都山至冀州，是其离安州在此前数年，估计慧暠入蜀即为其离去之原因。

④ 《续高僧传》卷 9 本传。

“独标三绝之名”,所讲“三论四经”颇有己见,传称“理致宏远,流传江汉”[①]。后来在该地弘化《三论》的又有高僧慧瑜。其学《三论》就在长沙寺,为救苦法师弟子,直到贞观十年(636)才应“荆州道俗请”而“出胜觉寺讲《三论》大品”,传称“开化未闻,佛法由盛”[②]。但慧瑜和法安一样,身后并无知名弟子。

非常明显,荆州的三论宗远不如襄阳之盛。其间缘由,可能是荆州的天台宗势力更甚,从而抑制了该地三论宗的发展。

2. 天台宗

这一宗派在省境显露形态较之三论宗略迟。其兴起缘因与三论宗略似,也受益于陈朝覆灭。但分布则与三论宗大异。

最旺盛的所在无疑位于荆州。其兴起在省境也属最早。大匠曰智𫖮,公认的天台宗的实际开创者,率领众多弟子于隋开皇十三年(593)回到荆州,掀开了该宗盛弘的局面。

诚然,智𫖮并不是最早在省境弘化该宗的高僧。在其之前有位高僧慧耀,也是慧思门下弟子,于慧思归殁(577年)以后,应江陵道懿法师之邀西上居导因寺,计其年月当在该地入隋之前。虽然两人所学法门一致,但慧耀与智𫖮开化风格迥异。前者在导因寺“积十四年不出户庭”,迨后者感叹其“足为楷模遗法”之后“道俗稍来礼谒”,又“欲往内华寺”以求闲放[③]。而智𫖮则盛开讲肆,传称其“习禅学士

① 《续高僧传》卷9本传。
② 《续高僧传》卷14本传。
③ 《续高僧传》卷25本传。按,导因、内华二寺均在江陵,笔者前此在讨论湖南佛教时,仅据《佛祖统纪》卷9《慧耀传》含糊之文即将其定在巴丘。读书未周,遂有此误。谨识于此,以明昨日之非。

散流江汉莫限其数”[①]。

也许智𫖮当时的法筵规模确乎非常浩大，但其具体影响如今已很难印证。所谓“散流江汉”的情形固已无从稽考，后来在江陵据称与智𫖮有授受关系的仅只恒景(633—712)。传载其人在覆舟山玉泉寺“追智者禅师习《止观门》”，“自天后、中宗朝，三被诏入内供养为受戒师”[②]。所谓“追”，无疑只能随智𫖮弟子就学。约略同时有青溪山道悦，也从玉泉寺出家，“尤能持念大品《法华》”，但却以“常诵为业”[③]。该地其他奉持《法华》的高僧看不出与智𫖮有何联系，而念诵的做法曾风行一时。贞观之初，该地有一对比丘尼姊妹，因“同诵《法花》”而“深厌形器”，以至“俱欲舍身”[④]。稍后又有玄奘，曾因被召而在京二载，“通大小乘学”，且“尤明《法华》正典”，也着重念诵，传载“自五十载中日诵七遍”[⑤]。《宋高僧传》对此已有所觉察，不仅称玄奘“别是命家”，而且在《恒景传》下有“系”曰：“江陵玄奘与三藏法师形影相接，相去几何，然其名同实异。”其相异之处在修持方法上昭然若揭，可注意的是这两种修持方法在时间上也有一个先后的消长过程。

上述高僧都只活动于唐代前期，虽奉持类同的经典，但宗派的思想并不明显。到唐中叶该地又有高僧惠真(672—751)，其碑文中宗派观念已非常强烈。首先是提出了具有宗法意义的授受概念，称惠真受当阳弘景禅师之“上法灵镜”。所谓“灵镜”未知何物，而“弘景”当即上述“恒景”无疑。其次，排出了完整的传法世系，谓：“昔智者大

① 《续高僧传》卷 17 本传。
② 《宋高僧传》卷 5 本传。
③ 《续高僧传》卷 25 本传。
④ 《续高僧传》卷 27《会通传》。
⑤ 《宋高僧传》卷 24 本传。

师受法于衡岳祖师,至和尚六叶。"再次,又有了唯我独尊的道统观念。其碑文中虽品评南北教门为"家家门外有长安道",但铭文却自称:"荆南正法,大士相传,灌顶尊记,乃吾师焉。"[①]这种情形是此前所未曾有过的。但已近乎是天台宗在今湖北省境的绝唱。惠真有弟子正知、法璨,其法脉流向不得而知。

荆州之外,省境其余各地天台宗的发展情形大为逊色,简直不成其为宗派。襄阳奉持《法华》的高僧只有一位智拔,与智顗并无师承关系。其先师从慧哲,后入帝京从吉藏,这两位都是三论宗巨匠,但智拔回到襄阳以后却是"讲《法华》经年别五遍"[②]。同时黄州也有一位玄秀"常诵《法华》"[③]。此外各地便再没有这一宗派的踪影。

3. 禅宗

这是省境佛教诸宗派中兴起较晚的一个,时间已在唐初。

其最早是在蕲州发展起来的,肇始者是后世被尊为禅宗四祖的双峰道信(579—651)。按照禅宗的说法,道信所师乃三祖僧璨。但这一说法实较后起,据《续高僧传》的记载:"有二僧莫知何来,入舒州皖公山静修禅业。"道信"闻而往赴,便蒙授法"。连二僧的名号都不知道。后来"蕲州道俗请度江北黄梅县",遂入住双峰山,计其时已近隋末。经过三十余载,"诸州学道无远不至",临终时山中徒众达五百余人[④]。

紧接着道信在蕲州聚徒弘法的有其徒东山弘忍(601—675),后世尊为禅宗五祖。至此,禅宗作为一个宗派其形态已十分明显。其

① 《全唐文》卷 319 李华《荆州南泉大云寺故兰若和尚碑》。

② 《续高僧传》卷 14 本传。

③ 《续高僧传》卷 28 本传。

④ 《续高僧传》卷 26 本传。

徒众数量较道信时扩张了一倍，而且其禅法特点日益鲜明，“入其趣者号东山法门”[①]。

道信与弘忍在蕲州相继弘化六十余年，产生的影响实可谓巨大。在此期间，蕲州无疑是禅宗独一无二的分布中心。弘忍故后，禅宗结束了一个时代。从此禅宗呈现出一个多头并弘的景象，而其分布重心则移到了荆州。

荆州的修禅活动从梁代后期已开始流行，历后梁至隋绵延不绝。智𫖮回到该地弘法，时人称之“大开禅府”，及其去后，该地又有明智、成彦、习皓诸师俱重习禅[②]。尽管这些禅法与禅宗心要不无区别，但由此可见该地对于禅行之态度。到贞观年中，蕲州信、忍二禅师声名远播，此地僧人纷纷前往求法。高僧法显(575—652)便是一位，以逾半百之年往双峰山“更清定水”[③]。另一位高僧慧安(582—709)也在贞观中至蕲州，礼谒忍大师[④]。前者大概不久便回来，是最早一位在荆州活动的与禅宗有渊源关系的高僧，但他并没有替禅宗的发展打开局面。因为他只顾个人修证，传中所载其过人之处乃是“五十余年足不出户”。如此做派不可能产生重大影响。

为荆州的禅宗发展作出了首功的是六祖神秀(？—706)。据张说为其所撰的碑铭，他在五祖门下“服勤六年”，五祖曾有“东山之法尽在秀矣”之叹。其“涕辞而去”后起先是“退藏于密”，直到仪凤中(676—678)才隶籍玉泉寺[⑤]。关于这一段“退藏”的原因，杜继文先生

---

① 《宋高僧传》卷 8 本传。

② 《续高僧传》卷 25《法显传》。

③ 《续高僧传》卷 25《法显传》。

④ 《宋高僧传》卷 18 本传。

⑤ 《全唐文》卷 231 张说《唐玉泉寺大通禅师碑铭序》。

认为:“其迁适的原因虽不可知,但为官方所不容,不得不长期逃遁,则十分清楚。”为此他又以脚注的形式解释道,可能与陈硕真起义有关[①]。笔者觉得这一解释恐怕失于求之过深,真正的原因也许非常简单:只在于尚未获得度牒而已。据记载,“唐运大通”之初曾有规定:“州别一寺,但三十僧”[②]。尽管在史料中这一规定并没有做到令行禁止,佛教稍为发达的各州显然都不止一座寺院,很多寺院的僧人也不止30人而已[③];但在中唐以前,政府对于度牒的控制始终比较严格,僧多牒少一直是十分严重的问题。由此可以理解,何以许多僧人直到年事已高才取得正式僧人的资格。南宗慧能正是其例,北宗神秀也是如此。对于一个身份的合法性尚待确认的僧人来说,大显于时无疑是一个不现实的奢求,而“退藏于密”又是一个体面的修饰。张说的碑文中说得明白,所谓“隶玉泉”的真实含义仅仅维系于“名在僧录”,实际上神秀所居与该寺相距达七里之遥。

籍隶玉泉是神秀弘化禅法的起点,也是禅宗走向尊荣显贵的契机。仅十余年时间,神秀便“道誉馨香”[④],以至“屈万乘而稽首,洒九重而宴居”,有如“佛日之再中”[⑤]。由于他的努力,荆州成了当时禅宗的中心。史籍中“于荆郢之地参问祖师”之类的词句[⑥],颇可以反映当时的荆州在禅宗史上的地位。此时禅宗的宗派观念也愈趋强烈。后世公认的禅宗传法世系:“自菩提达磨天竺东来,以法传惠可,惠可传

---

① 见所著《中国禅宗通史》,江苏古籍出版社1993年版,第105页。

② 《续高僧传》卷25《慧因传》。

③ 《续高僧传》卷25《法冲传》载:贞观初年峄阳山中多有逃僧,州宰分僧为两处,“一所徒众四十余人”,而“一所有五六十人”。由此可以考见该政策的实施情形。

④ 《宋高僧传》卷8本传。

⑤ 《全唐文》卷231张说《唐玉泉寺大通禅师碑铭序》。

⑥ 《宋高僧传》卷19《惠秀传》。

僧璨，僧璨传道信，道信传弘忍，继明重迹，相承五光。”最早便出现于上引张说为神秀所撰的碑文当中。估计这一世系在神秀生前已编造完成。而碑中对于神秀，隐隐然已以六祖相许。并且，此时禅宗师徒之间的宗法关系也有进一步的加强。有资料称“中宗闻秀高年，特下制令普寂代本师统其法众”[1]。这一材料所言未必实有其事，不排除普寂门下为标榜其正统性而伪造的可能，但也似乎可以反映，神秀晚年其师徒之间已逐渐萌生了相“统”的概念。与此相关的是普寂出家便出自神秀的推荐，在道信和弘忍时代，师徒之间的这种关怀是看不到的。

神秀身后，其法脉通过普寂和义福流播于京洛一带，在原居地反倒湮没不彰。《景德传灯录》卷 4 载其法嗣有荆州辞朗，但仅存其名而已，生平行事俱不可考。继之在此活动的禅宗高僧是神秀的两位同门师弟。其一是上述的慧安。他从弘忍门下离开后长期在外地活动，直到神秀新殁才回到玉泉寺，不久也辞世。另一位号道俊，住枝江碧涧寺。其师承《景德传灯录》系之于五祖弘忍，从其“修东山无生法门”，又考虑到其活动年代，这一说法应当是可信的。与上述法显、慧安的禅风一致，道俊为人所重亦是其“勤洁苦行”，“唯事杜默”，传载其“迹不出寺经四十余载”，以致“室迩人远，莫敢请谒者”[2]。天后、中宗朝，也曾应诏入内供养，景龙三年(709)与弘景、玄奘同还荆州[3]，其年即慧安谢世之年。

道俊后卒于本寺，年月不得而知，估计在其回荆州之后不久。此后该地又有两位禅僧产生过较大影响。一位人称朗禅师，高僧玄宗

---

① 《宋高僧传》卷 9《普寂传》。

② 《宋高僧传》卷 8 本传。

③ 《全唐诗》卷 58 有李峤《送沙门弘景道俊玄奘还荆州应制》之诗。

(681—767)曾游学于其门,史称“若真金之就冶焉”[①]。另一位号真公,住玉泉寺,其影响更大。吕温所撰《南岳弥陀寺承远和尚碑》载,承远于开元二十三年(735)“至荆州玉泉寺谒兰若真和尚”,称其为“荆蛮所奉,龙象斯存”[②]。而据《宋高僧传》所载,一行(673—727)曾“往当阳值僧真”,守直(699—770)曾在江陵“依真公”练行三年,严峻(710—769)也曾“抵荆州玉泉山兰若,遇真禅师示其禅观”[③]。这四条资料中“真和尚”“僧真”“真公”“真禅师”存在的时间相去不远,所住之处也大体相合,显然为同一人。实际上,此公就是上文天台宗专题中所述的“惠真”。因为李华所撰《荆州南泉大云寺故兰若和尚碑》中已经明载,一行禅师曾在惠真门下“服勤规训”。由此可以看到一幅当时天台宗与禅宗在该地彼此交融的景象。而且其中可能还有一定的净土宗成分,因为承远后来竟以专弘净土而大著时名。

从禅法上讲,真公无疑与北宗神秀一系相近。其法裔无闻,但在其身后仍有僧人到玉泉寺学禅。法常(751—839)“稚岁从师于荆之玉泉寺”[④]。这已可谓是北宗禅法在荆州的绝响[⑤],接下来登场的便是南宗慧能一系。

南宗高僧最早来到荆州的当推荷泽神会(683—758)。他是曹溪慧能的弟子,将南禅推向中原的第一人。他于天宝十三载(754)移住

① 《宋高僧传》卷20《玄宗传》。
② 《全唐文》卷630。
③ 卷5、14、14各自本传。
④ 《宋高僧传》卷11本传。
⑤ 《宋高僧传》卷11有《唐荆州福寿寺甄公传》,其人也是北宗禅僧。但只是在福寿寺出家,得法及挂锡均在外地。

荆州开元寺[①],乾元元年于该寺坐化[②]。尽管神会一生可谓叱咤风云[③],身后且被追认为七祖,可他在此地却仿佛英雄末路,并未产生多少影响[④],连其殁于此地也是凭借近年考古发现才大白于世。或许与其来此地缘出贬逐不无关系。在此产生了影响的是其弟子行觉(707—799)。传载其"于洛都遇会禅师开悟玄理",后因"游方"而来到江陵。笔者怀疑所谓"游方"乃是托词,真正的原因或许是扈从乃师。其来到此地后挂锡国昌废寺,"学者至矣,飨人来矣",以至于节使崔尚书"檀施继臻",于是得以兴其"盛化"[⑤]。

影响更大的是天皇道悟,其时在建中二年(781)以后。天皇道悟是禅宗史上颇有争议的重要人物。其所以重要,是因为其法脉经崇信、宣鉴、义存四传至文偃,开创了云门宗;而义存又传至师备、桂琛后,形成了法眼宗。这样,在后世禅宗五家中,道悟一人总两家之血脉。其所以引起争议,则是道悟的生平及渊源师受疑点颇多。本来史料中有两位道悟,大致同时在江陵活动。其一住城东天皇寺,姓张,婺州东阳人,殁于元和二年(807),乃石头希迁弟子。另一位住城西天王寺,江陵本地人,姓崔,为马祖道一法嗣。为崇信师的是天王道悟(736—818),但两人法号既同,所住寺名又相近,尤其南方的语音特点又"皇""王"不分,这两个寺名在信息流传过程中有时简直无

---

① 这一时间各书所言不同,《祖堂集》卷3《荷泽和尚传》称在至德二年(757),《宋高僧传》卷8《神会传》系之天宝二年(743),此据宗密《圆觉经大疏钞》卷3之下《神会七祖传》。

② 《大唐东都荷泽寺殁故第七祖国师大德于龙门宝应寺龙首腹建身塔铭序》,见《文物》1992年第3期《洛阳唐神会和尚身塔塔基清理》一文。

③ 参胡适《荷泽大师神会传》,见《胡适学术文集·中国佛学史》,中华书局1997年版。

④ 《宋高僧传》称其在安史之乱中筹"香水钱"以助军需,"代宗、郭子仪收复两京,会之济用颇有力焉"。以行年推算,兹事只可能发生于此地。但上引《塔铭序》及《神会七祖传》记其生平甚详,独于此事失载,可见此事纵有也不至于有如此效力。

⑤ 《宋高僧传》卷29本传。

从分别,于是两人极容易被混。《宋高僧传》卷10为天皇寺道悟(747—807)列传,系据符载《荆州城东天皇寺道悟禅师碑》改写而成[①];传末却附有龙潭崇信传,以之为天皇道悟弟子。《景德传灯录》则进一步有所发展,不仅对天皇道悟的传文从宗派观念出发做了一些文句调整,而且更重要的是删去了碑文及《宋高僧传》文中所载的天皇道悟三位法嗣名字,以崇信为其唯一传人。由于灯录的广泛流传,龙潭崇信嗣天皇道悟的观念遂深入人心。直到北宋后期,达观颖禅师集《五家宗派》,始据唐人丘玄素所撰碑文证明原来别有一位天王道悟,他才是龙潭崇信的本师[②]。但此说流传不广,迄今尚未得到公认,近年杜继文先生撰《中国禅宗通史》,仍以之为"禅宗五家传承上的另一传说"而已[③]。

天王道悟法脉绵长,但当时影响则以天皇道悟为著。后者在此盛化的情形,上文已引述过《宋高僧传》所谓"自是禅宗之盛无如此者";《碑》文所言略有不同,称"石头之道殆盛于此"。姑不论两者之间的口气差异,天皇道悟当时法席甚盛殆无疑问。而前者从《塔记》中看不出当时有何影响。

随着南禅在荆州的兴起,该地禅宗高僧的行为及形象发生了显著的变迁。最突出的表现为奉持经典的改变。本来从慧可以下到神

---

① 见《全唐文》卷691。

② 这段公案,《大正藏》本《景德传灯录》卷14《天皇道悟传》后注文言之甚详。所可注意者,注中引宋释惠洪《林间录》称丘玄素所撰天王道悟碑文长达几千言,又引觉梦堂《重校五家宗派序》称丘氏所作乃天王道悟塔记。传文今已不存,塔记见于《全唐文》卷713,而塔记所载语句机缘《景德传灯录》系之于"荆南白马昙照禅师"。笔者颇疑丘氏原作乃碑文而非塔记,今本塔记乃后人以碑文节略拟题而成,当否容异日详考。

③ 见《中国禅宗通史》,江苏古籍出版社1993年版,第279页。

秀的北宗，奉持的是《楞伽经》[1]。《续高僧传》卷25《法冲传》载，唐初期“可师后裔盛习”《楞伽经》。到慧能的南宗，则改为奉持《金刚经》。因此从中唐以后，《金刚经》的地位扶摇直上，史料中出现了大量关于该经的神异传说。在荆州，此类传说颇为不少。《宋高僧传》所载此地高僧有多名竟是专为其奉《金刚经》而得遇神异。会宗因志诵《金刚般若经》而其病遂愈[2]，智灯更是以“恒持《金刚般若》”便益寿十年[3]。甚至于奉持该经连僧行都可以不顾。法性寺惟恭，与另一人号为一寺二害，其平时“多狎非法之友”，以致“酒徒博侣，交集门庭”，又且“虚诳云为，曾无廉耻”，只因“勤持《金刚般若》”，竟至“承经力”而生净刹[4]。既如此，高僧的形象就必然随之而发生变化。此前高僧的形象趋向是风神整肃，自南禅兴起后，有不少高僧便衣冠不整，形迹不拘，甚至于状如颠狂。其尤者如些些，“衣服零落，状极憨痴”，平居“纵肆所为，故无定检”，只因善歌《河满子》，发人隐私，“旁听之者知是圣僧”[5]。在这种观念的熏陶下，荆州自天皇道悟之后，史料中便再没有传统意义上的禅宗高僧[6]。

以上所述为荆州。襄阳自南北朝时期禅法也开始流行。至迟到唐初，也受到蕲州这一当时禅宗中心的影响。玄爽（？—658）即前往信禅师所伏请开道。但其还乡以后“唯存摄念”，并不聚徒开法，迹近头陀行，因而并没有替信禅师一系的禅宗在此打开局面。当时在襄

① 参胡适《楞伽宗考》，见《胡适学术文集·中国佛学史》，中华书局1997年版。
② 《宋高僧传》卷25本传。
③ 《宋高僧传》卷24本传。
④ 《宋高僧传》卷25本传。
⑤ 《宋高僧传》卷20本传。按，此传所本见于《酉阳杂俎》卷3。
⑥ 《宋高僧传》卷11《昙藏传》后附传之灵象（754—829），于长庆元年（821）后回到江陵，得“太守王潜请居永泰寺”。虽其时已在道悟之后，但并无多少影响。

阳活动着许多禅侣,如"本邑沙门藹、明、稜、法等,并禅府名宗",虽与玄爽"往结投分",但显然别有师承[①]。该地多种禅法并存的局面持续了相当长的一段时间。辩才(722—778)出家时所依岘山寂禅师,其师承便不得而知[②]。

在此形成了影响的禅宗高僧是夹石山思公(700—784)。乃普寂弟子,神秀再传。其隐处夹石山,得到地方官牛帅的礼敬,"檀施相望",因而"学众侁侁,若栴檀之围绕焉"[③]。据称在此活动的普寂法嗣还有岘山幽禅师[④],事迹已不详。

而远在此之前,该地僧人已受到南禅的强烈影响。上文已述的神会(683—758)即此地人。其于公元700年前后参见慧能[⑤],但活动主要在外地。开元二十年(732),他在滑台大云寺与北宗禅僧展开辩论,首次将南禅推向中原大地,从此便长期在洛都弘化。住荷泽寺,世号荷泽和尚,史称"荷泽顿门,流派于天下"[⑥]。后来虽曾因贬黜而于天宝十三载(754)移襄州,但为时甚暂。其对乡邦的影响,较明显的是开启了后辈慧演(717—796)。慧演在洛中参荷泽祖师,"通达大观",后住澧阳,在当地也形成了一定的影响[⑦]。

除了神秀北宗和慧能南宗,襄阳还受到了牛头宗的影响。据《景德传灯录》卷4目录所载,牛头宗第二世智岩禅师便有法嗣志长、辩

---

① 《续高僧传》卷25《玄爽传》。按,传称玄爽为"南阳人",但后附《惠普传》谓普"亦汉阴之僧杰",是玄爽实为汉阴人也甚明。又,传目载玄爽所住为"荆州神山寺",文中未有任何交代,仅有"迁神山谷"一语。然"迁神"者,"入殁"之谓,颇疑此传目出于误题。

② 《宋高僧传》卷16本传。

③ 《宋高僧传》卷10本传。

④ 《景德传灯录》卷4目录。

⑤ 参杨曾文编校《神会和尚禅话录》之"研究"部分,中华书局1996年版。

⑥ 《圆觉经大疏钞》卷3之下《神会七祖传》。

⑦ 《宋高僧传》卷29本传。

才、法俊三位居于襄阳，事迹均不详。其中辩才之名已见上述，未知此辩才即彼辩才否。而道坚(734—807)则确有资料载其为牛头山慧忠禅祖弟子。大历(766—779)年后泊襄汉慈恩寺，到元和初载(806)，得到地方官“深相钦重”，以致“施供繁沓”，然次年即示灭[1]。

自南禅兴起之后，襄阳的禅风日见其盛。此地虽然未曾有个人影响特别巨大的禅师，但在《景德传灯录》中，自怀让、行思二世以下，历代法嗣居于此地者竟达20余人之多，居今湖北省境之最。这些禅师虽大多已无从复按，但由此可见该地禅风之炽热。与荆州类似，此地禅宗高僧的行为也有一定程度的转化。其例证不如荆州之多，但出现时代则似乎略早。有位岑阇梨，“每日将坩入郭，乞酒而饮”，其坩容积甚大，“可三斗许”，乞满后将还，“在道行饮，达寺坩亦空竭”[2]。这种做派显然有悖于僧家常行，同时他又有多种神异，时人认为都与其禅行有关。

与襄州毗邻的隋州，禅宗在此兴起的时间据称也很早。《楞伽人法志》载弘忍门徒有随州玄约，《景德传灯录》卷4目录所载弘忍大师旁出法嗣又有隋州禅糙，只是缺乏资料印证。到该地僧人明确受到禅宗的影响，已到了北宗普寂的时代。石藏(712—800)，汉东人，在嵩山礼寂禅师，“豁悟禅法”，但后来在定州长住[3]。活跃于本地的禅宗高僧，则主要师承南宗。《宋高僧传》卷12《宣鉴传》中有曰：“今襄、邓、汉东法孙极盛。”所谓“汉东”，即指此地。而《景德传灯录》中载该地有马祖法嗣无等、洪山大师及行思第六世永禅师，可谓法脉绵延不绝。

---

① 《宋高僧传》卷10本传。

② 《续高僧传》卷25本传。

③ 《宋高僧传》卷10本传。

隋州东南的安州，在隋代已有禅僧活动。沙门贾逸，仁寿初年(601)游于安陆，多有神通，曾“往市中唱令告乞”，迹近修头陀行者①。当时嵩法师在此弘法，曾讲论过《楞伽经》。后来法冲(585—664?)重至安州，约莫在贞观(627—649)末叶，其时“《楞伽》奥义”已“沉沦日久”。正值“可师后裔盛习此经”，法冲“即依师学”，相互切磋，后“又遇可师亲传授者”②。此事估计发生在安州境内，两位楞伽师均不有名；否则，如果法冲是去了当时的禅宗中心蕲州，史传中可能讲得更加清楚。这说明该地在唐初便已有禅宗僧人活动。

该地最早知名的禅宗高僧，当推玄赜。乃是弘忍弟子。其在所作的《楞伽人法志》中自叙道：“玄赜以咸亨元年(670)至双峰山，恭承教诲”，“首尾五年，往还三觐”。居安州寿山寺，景龙二年(708)召入西京③。

玄赜之后，该地禅僧受到北宗神秀的影响。巨方(646—727)，受具后“造北宗秀公所，锐精稽考”；其时神秀估计还在玉泉，“一见默许之”；经历数载，“庶几真道”，后观方而居于上党④。活动于此地的高僧怀空(704—787)则来自外乡。传称其在“观方京都”时“属北秀禅师阐化”，于是“造而决疑”。这一点从时间上推算为不可能，因为在其两岁时神秀即已谢世，估计其所遇见的是神秀的弟子普寂或义福。其得法后居于安陆定安山，独自修禅，迹近头陀行，并未产生多少影响⑤。

---

① 《续高僧传》卷25本传。

② 《续高僧传》卷25本传。

③ 杜继文先生在《中国禅宗通史》第二章第五节中对玄赜经历考论甚详，胡适《楞伽宗考》对此亦有所考证，俱可参。

④ 《宋高僧传》卷8本传。

⑤ 《宋高僧传》卷29本传。

怀空是活动于安陆的最后一位北宗高僧，此后南宗势力便大举进入。《宋高僧传》卷27所载有普岸（769—843），乃百丈怀海弟子，曾来到安陆寿山院坐道场，“大利群机，得道者众”，其时在大和（827—835）以前。《景德传灯录》所载自怀让、行思第四世以下该地有6位禅师，其数量之多在今省境堪称引人注目。这些禅师与普岸后先相续，反映了唐后期南禅在该地发达的情形。

襄州以西的武当山，乃是习静修禅的绝佳去处。相传慧思大师曾有言：“若欲得道，衡岳武当。”①自隋代到唐前期，此山一直吸引着高僧前来行头陀法。曾往该地的先有慧安，后则有智封②。中唐以后，该山设置太一延昌寺，既有“羽服”，又有“缁裳”，彼此相安，“罔不庆怿”。奏请者慧忠（？—775），“法受双峰”，所历甲子已不可辨，其属于北宗一系则很显然。值得注意的是此时南宗已占据了绝对的优势，此山可谓北宗硕果仅存的地域孑遗。而且终唐之世，南禅未将北宗在此山赶绝，显然与前者不重习静有关。由此可见地理环境对于佛教宗派分布的影响。

鄂州地总江汉之会，此地的禅宗兴起很迟。在北宗昌盛的唐代前期，此地几为禅宗的化外。史载其所属永兴县境“有禅氏七代祖沙门栖心之室”，但所谓“七代祖”不知为谁，也看不出在该地产生过影响③。此地禅宗之兴，已经到了唐中叶以后。

产生过影响的高僧主要有三位。先是玄晏（742—800），江夏本地人，乃李北海（邕）之子，“少习毗尼，长学《金刚》”，住开元寺。其从谁受《金刚经》已不清楚，传称“解空破相，臻极玄奥”。但其特长似更

---

① 《宋高僧传》卷9《慧忠传》。

② 《宋高僧传》卷18、卷8各自本传。

③ 《全唐文》卷727舒元舆《唐鄂州永兴县重岩寺碑铭序》。

在于能诗,“每有赋咏,辄为工文者之所吟讽”。其所交游如符载等,多为当时一方名士,以致惊动官府,“鄂岳连帅何公旌其行业”[①]。

如果说玄晏作为禅僧并不纯粹,接下来的无等(748—830)则是道地的南宗高僧。他是马祖道一法嗣,元和七年(812)后结茅于黄鹄山,到大和元年(827)牛僧孺出镇三江时奏题为大寂院[②]。其在此地弘法的情形上文已述,以影响而言在省境当时似乎无人能出其右。到唐末又有岩头山全豁(?—887),乃德山宣鉴法嗣,居唐年山,立岩头院。当有时“岩头法道,难其领会”之号[③],可见其影响也颇为不小。

除上述三人外,灯录所载该地禅僧还有八名。虽事迹不详,但为数如此之多,一派云蒸霞蔚的样子。

禅宗兴起最早的蕲州,自双峰忍大师之后,该地禅宗消歇了相当长一段时间。虽然忍大师在当地曾留下法脉,如蕲州龙兴寺法现“即双峰忍禅师门人也”[④]。但其人名既不彰,再传遂无闻。及至此地禅宗再兴,已在唐后期。元和十二年(817),慧普(?—849)栖于广济县,躬耕劳作,“涉三十载”。其影响相当久远,《宋高僧传》本传称“于今香火不绝”。其同时又有法普,挂锡黄岗山。传称“禅客翕如,传其法者无算”[⑤]。此外,灯录所载该州三角山在唐后期有禅师三名,乌牙山也有一位。

黄州禅宗初兴已在唐中叶。福琳(703—785),乃荷泽神会法嗣,居黄陂大石山。其后有玄策(?—854),传称为大寂弟子,居黄陂九

① 《宋高僧传》卷29本传。

② 《宋高僧传》卷11本传。

③ 《宋高僧传》卷23本传。

④ 《全唐文》卷304李适之《大唐蕲州龙兴寺故法现大禅师碑铭》。

⑤ 《宋高僧传》卷13本传。

井山[①]。这两位高僧的弘法情形上文已述，似乎也有一定的影响。

从上述禅宗的分布变迁可以发现，唐中叶以后，今鄂北至鄂东北一带其文化发展有长足进步。这可能与汉水连接长江一线的交通发达深有关系。在唐代后期，由于大运河的湮废，南北交通多取道于此。内中尤引人注目的是鄂州。该地此前文化地位一直比较低下，到唐后期其禅宗发展颇成气象，这反映了该地总体文化水平的提升。

4.律宗

这一宗派的形态较为特别。从表面看，其在今湖北省境的宗法意味并不明显；既没有出现“传灯”“付法”之说，也没有道统自命之事。但若追溯师承渊源，则此间律师有不少与世传律宗世系血脉相连。

关系较深的首推安州十力寺秀律师(约627—700)。他曾入长安造道宣律师之门，“涉十六年”。后来在安陆“大扬讲训”，影响颇为不小。传称其“声美所闻”以致“缁徒咸摹细行”，并且有不少弟子，“其诸成业不可胜算”；内中有位贞固律师“居于上席”，“最显清名”[②]。与秀律师一道在《宋高僧传》中列传的另有一位襄州辩觉寺清江，师从会稽昙一，所承为相部宗。传中事迹与襄阳毫无关系，不知何以目录中系之于该地[③]。

但襄阳的律学确实相当发达。在隋代，该地有沙门惠普，“研精律藏二十余年”[④]。见于记载的当时该地还有汰律师、诞律师、全律

---

① 《宋高僧传》卷29、卷11各自本传。按，大寂卒于公元788年，玄策为其弟子似无可能。

② 《宋高僧传》卷14本传。

③ 《宋高僧传》卷15本传。

④ 《续高僧传》卷25《玄爽传》附《惠普传》。

师[①]。到唐代,该地又有幽律师[②]。这些律师都不明其渊源授受,较为明确的有崇拔,为文纲律师(635—727)法侣[③],生平事迹不详。其后又有辩才(722—778),受具后入长安学律。其师怀威、义颁师承不明,但既居京师之地,又有"法门具瞻、师资表率"的影响,其为律宗传人无疑。辩才后居于朔方[④],即此已可窥见襄阳所受律宗的影响。

荆州此时在律学上的地位较之南北朝大为下跌。该地较为著名的律师只有两位。先是恒景(633—712),其人在上文已经述及,为天台宗传人,传载其"初就文纲律师隶业毗尼"。此事颇令人难以置信。《宋高僧传·文纲传》所载两人只是法侣,并无师从关系。这一点或许还可以客气来解释。问题是恒景比文纲年长两岁,其初隶业时,后者学业尚未有成。因此笔者推测,恒景之成为律师可能只是出于天台宗本身的传统。不过天台宗所倡为菩萨戒,恒景与文纲游,可能受到后者一些影响,故作传者竟以为其曾就后者隶业。如果这一推测成立,可以进一步探讨天台宗在荆州的存在状况。

恒景作为律师,其产生的影响颇为不小。禅宗史上地位卓著的怀让,早年曾到其门下服事[⑤]。而其律学传人则有真公(672—751)。真公在上述天台宗和禅宗的内容中已两度述及,其在律学方面也有相当影响。上述曾到玉泉就之从学的高僧中,守直、严峻二人后来均为律师,传列《宋高僧传·明律篇》。而该书卷5《一行传》中有一条记载:"往当阳,值僧真,纂成《律藏序》,深达毗尼。"由此可以想见真公

① 分别见于《续高僧传》卷15《慧眺传》、卷14《慧稜传》、卷16《慧意传》。

② 《宋高僧传》卷11《无业传》。

③ 《宋高僧传》卷14《文纲传》。

④ 《宋高僧传》卷16本传。

⑤ 《宋高僧传》卷9《怀让传》。

本人的律学造诣。

约与真公同时，荆州有昙胜律师，也居于当阳，昙一曾从之“学通《事钞》”[①]。所谓《事钞》即道宣所作《行事删补律仪》。稍后又有荆门法裔，与律师上恒游；后者也精《事钞》，讲《四分律》[②]。显然，昙胜和法裔都受到了律宗的强烈影响。

除上述三州外，隋州曾出有高僧净业（563—616）。他于受戒后“游刃河内，精研律部”，后来曾送舍利到安州[③]。但其在律学上的成绩不得而知，更看不出对乡邦有何影响。

5. 各宗综论

以上讨论的是四个宗派的分布变迁。对于它们之间的关系，文中已多所涉及，在此有必要作出进一步的阐明。

首先要强调的是，上述四个宗派是根据前述标准甄别出来的。与之同时，湖北省境还流行一些佛教义学，其师承授受并不具备宗法性质，故未能在宗派的层面上展开讨论。其中有些出于个人行为。如唐前期襄阳的辩章法师，“日讲《涅般经》”[④]，并未形成流派。类似情形自勿庸缕述。须要注意的是产生了一定影响的华严学派。依这一经典而形成的宗派在全国范围是成立的，对该经的研习在今湖北省境也相当发达。其分布集中于襄阳。上述的慧璿，其应卢总管之请在官舍开讲，规模相当浩大，所讲便是《华严经》。同时又有慧眺，上文也已述及，“每劝诸村年别四时讲《华严》等经”[⑤]。直到唐代该地

① 《宋高僧传》卷14《昙一传》。
② 《宋高僧传》卷14《上恒传》。
③ 《续高僧传》卷12本传。
④ 《宋高僧传》卷29《慧演传》。
⑤ 《续高僧传》卷15本传。

仍有僧人传习此经。圭峰宗密,世称华严宗五祖,传载其受经竟是“在汉上因病僧付《华严》句义”[①]。所谓“汉上”即指此地。但其间师友渊源缺乏脉络,显然不成其为宗派。

其次,宗派的发展有一个历史过程。时代愈后,宗派的形态便愈演愈烈。上述四个宗派,三论、天台两宗形成较早,其宗法性便不如后起的禅宗明显。前两宗在隋代荆州初兴的时候,史称“开皇中年,江陵寺大兴法席,群师云赴”,并可以共推法主[②]。其情形与南北朝时期较为类似。而禅宗在该地兴起以后,该宗僧人的行迹便表现迥异。神秀籍隶玉泉寺而离群索居,这还是与宗外僧人有所区别的;到后来竟至同宗之内又有派分。道悟在此弘化,上引碑文便标榜“石头之道殆盛于此”。

其三,正因为各宗的宗法性并不均等,彼此之间便不可能泾渭分明,而有其水乳交融的一面。例证上文已有不少,笔者愿在此再作申论。交融的趋势基本上是先起的宗派消融到后起的宗派当中。三论宗在省境兴起为最早,其宗法性最弱,被消解的可能性也最多。修习该宗的僧人后来有汇入天台宗的,如慧哲弟子智拔后改弘《法华》;也有与禅宗合流的,慧暠弟子法冲便是如此;还有兼弘《华严经》的,上述华严学派中两位知名者均系三论高僧。稍后之而起为天台宗,其宗法性稍强,被消解的向度也稍减。此宗所受到的融汇作用来自律宗和禅宗,天台宗高僧恒景和惠真均兼以戒律和禅观显。而尤以禅宗对它的影响为著。早在智者的时代,曾从其师学的法显便改从了道信。唐后期又有一位玄策,曾“赴天台山光明会”,到后来却继承了

① 《宋高僧传》卷6本传。

② 《续高僧传》卷3《慧頵传》。

大寂的衣钵。相对而言，禅、律二宗较为后起，故所受他宗影响最少。尤其禅宗，其兴起最晚，宗法性最强，尚未见此宗僧人后来改奉他宗的。

其四，唐代前期各宗派的地理分布一直较为有限，到唐代中叶以后，宗派的势力范围才渐趋扩展。但此时其他各宗都渐趋衰微，禅宗尤其南禅占据了垄断的局面。

其五，各宗的地理分布格局及变迁，很明显受到自然和人文两个方面的影响。前者主要表现为自然风光。我们可以注意到道信入住双峰山、神秀入住度门山都有出于对自然景观的感应，类似的情形在其他地方也所在多有。僻处鄂西北山区、交通不便的武当山能够不断吸引高僧前来更是因为其名山效应。而人文方面主要表现为交通和城市；上述已经清晰地展示，佛教发展规模与这两者呈正相关的关系。内中尤需强调的是，以荆、襄为重心的早期分布格局到唐代后期有改变的趋势，省境东部的地位有所提高，这显然与唐后期鄂州作为节镇兴起的历史背景有关。当然，对类似的问题作更深的阐述现在可能还为时过早，须区域性的个案研究积累到一定的程度才可望作出进一步的解释。

第三章　太岳朝香的习俗及其分布

太岳是武当山的尊号。在明清时期，它吸引周围的善信向它朝香，对区域的社会文化生活构成了相当重要的影响。自来有关研究者未及予以足够重视，本书现在对此进行初步考察。

一　武当山地位的历史变迁

作为一座道教名山，武当在南北朝时期已颇有名气。在《水经·沔水注》中，它有“太和”“參上”“仙室”三个异名。篇中引《荆州图副记》曰：“药食延年者萃焉。”

到了宋代，武当山的地位大为上涨。据《舆地纪胜》所引《图经》，它已有“太岳”之号。该书并引赵康凝《唐记》云：“斯山有嵩高之参佐，五岳之流辈。”随后的元代，亦有皇帝遣使以香币赐武当山之举①。

但宋元时期武当山所具的地位，与明代相比，实在是不足以同日而语。从永乐年间起，它陡然暴贵。成祖御赐“太岳”之名，此后历朝

① 《元史·顺帝纪》至元二年四月。

崇奉，“至肃皇复尊称‘玄岳’，欲以冠五岳云”[①]。这些举措引起了全社会的巨大反响。明人王世贞称：“今天下所最崇重者，太岳太和山真武及岱岳碧霞元君。”[②]他还在另文中记述：“神州之内，五岳者楚得其一，其视岳而加尊者楚又得其一。”[③]前者系指南岳衡山，而后者便指的是太岳武当山。

这样突如其来的地位变化，当然是出于神灵的缘故。早在南北朝时期，虽有陶弘景的《玉匮》声称：太和山“有神灵栖凭之者甚多”[④]。但它主要是一个学仙求道的场所，传说栖凭于此的神灵，不过是一些飞升的仙人。其著者如：尹喜，栖于武当山石门石室；阴长生，“入武当升仙”[⑤]。郭仲产《南雍州记》载该山中“学道者常百数，相继不绝”，而且山上还氤氲着一层神秘的面纱，“若有于此山学者心有隆替，辄为百兽所逐”[⑥]，但并未显露别的神通，其技盖如此而已。

及至宋代，该地的道士已经能够呼风唤雨。时人有题为《武当山张真人》的诗云：

> 张公披发下山来，欲为神州救旱灾。感召上天垂雨露，指挥平地起风雷。[⑦]

这种本领比起其南北朝时期的前辈已大有长进。与此同时，还出现了一个新的传说：

---

① 《五岳游草》卷 6《太和山游记》。
② 《弇州四部稿》卷 174《宛委余编》之十九。
③ 《弇州四部稿》卷 70《湖广乡试录序》。
④ 《太平寰宇记》卷 143 均州“武当山”引。
⑤ 《太平寰宇记》卷 143 均州“武当山”引。
⑥ 《太平御览》卷 43“武当山”引。
⑦ 《小亨集》卷 3。

> 真武,生于开皇元年三月三日。生而神灵,誓除妖孽,救护群品,舍家入道,居武当山四十二年,功成飞升,遂镇北方。及召而至,语以其故,妖气遂息,因谓曰:"尔后每遇庚申、甲子及三七日,当下人间断灭不祥。"今飞升台即飞升之地,五龙观即其隐处。[①]

这一传说对于武当山具有划时代的意义。所谓"真武",明人认为"盖北方玄武之神,以避宋宣祖讳故名真武"[②]。因此,武当山平添了巨量神通。这也正是它后来尊荣显贵的基础。早在当时,社会上就已经形成一定的影响。宋人张端义所撰《贵耳集》卷下载:"均州武当山,真武上升之地,其灵应如响。"但其地位似乎未及稳固,同书下文有曰:

> 均州未变之前,鞑至,圣降笔曰:"北方黑煞来,吾当避之。"继而真武在大松顶现身三日,民皆见之,次年有范用吉之变。鞑犯武当,宫殿皆为一空,有一百单五岁道人首杀之,则知神示人有去意矣。

不期到了后世,非但前人所谓的"去意"未能成为现实,相反真武附着武当的观念愈发深入人心。元代对此崇信有加,既"赐宫额曰'天一真庆万寿'",又"加神号'玄天元圣仁威上帝'",甚至还认为"武当"之得名便是"以玄武神居之"[③]。入明以后,真武的地位更是扶摇直上,武当山也因之而鸡犬升天。

---

① 《舆地纪胜》卷85均州"仙释"。《方舆胜览》卷33所引《图经》与此个别字稍异。

② 《弇州四部稿》卷174《宛委余编》之十九。按,真武信仰兴起的历史,疑团甚多,目前所见有关研究尚欠透彻,容异日详考。

③ 《雪楼集》卷5《均州武当山万寿宫碑》。

是明初独特的政治形势，赋予了真武以时来运转的契机。由北方起兵而入继大统的明成祖，视镇守北方的玄武为其护佑之神。据称在靖难之役中，该神有显相之功，并曾发兵甲助阵①。因此在其夺得天下之后，武当山便获得了千载一时的风云际会。“当永乐中，建真武庙于太和，几竭天子之府库”②，这是明人的普遍感觉。具体所费之赀，众说不一。《明史·张三丰传》记载征发“丁夫三十余万人”，“费以百万计”。而方志中则云“聚南五省之财，用人二十一万，作之十四年而成”③。其工程之浩大，不难想见。乃至于“规均州城而半之，则皆真武宫也”④，而山上的设施还不在此列。这不仅在当地前所未有，在当时也是独一无二的，“非神道设教，余山安望其俦匹”⑤？

修建庙宇还不过耗费于一时，更为难能的是，朝廷并赋予武当山以维持香火的制度保障。“岁供香火，月给衣廪之属”，并单设管理层，“特遣中官专司其事”⑥。这笔源源不断的开销是非常浩繁的，其支出起先归口于地方财政。为了培植当地赋税，政府又动迁了一些移民，“命民往居其傍者凡五百余家”⑦。政策既然如此，“贵客往来”又几“无虚日”⑧，真武神自不免“赫奕为世所慕趣”⑨。到后来，“四方之人闻风奔趋，捐输金帛日以益众”，其费用已无须从财政中开支，便

---

① 此点可参任继愈主编《中国道教史》，上海人民出版社1990年版，第598页。

② 《弇州四部稿》卷174《宛委余编》之十九。

③ 《五岳游草》卷6《太和山游记》。

④ 《弇州四部稿》卷73《自均州繇玉虚宿紫霞宫记》。《徐霞客游记·游太和山日记》亦云：“静乐宫当（均）州之中，踞城之半，规制宏整。”

⑤ 《五岳游草》卷6《太和山游记》。

⑥ 王澐《楚游纪略》。

⑦ 《泊庵集》卷5《送吴员外知均州序》。

⑧ 《家藏集》卷64《封詹事府少詹事兼翰林院侍读学士前光化县知县王公墓志铭》。

⑨ 《弇州四部稿》卷73《自均州繇玉虚宿紫霞宫记》。

改为“榷税以代民赋”[1]。

当时武当山的香钱收入,实可令人惊讶,篇什中的赞词有谓“堆箱越织重重锦,拄栋吴粳粒粒霜”者[2]。不仅当地的教团足以自给。这个教团庞大至“黄冠千数”,就连当时与之并重的岱宗也“所无也”[3]。而且还有相当的数量上交国库。时人记载:“武当、元君二祠,国家岁籍其香钱常数万缗,官人之以给诸司俸禄。”[4]较保守的估计亦称“二庙岁入香银亦以万计”[5],即此可以想见当时太岳香火的旺盛程度。

入清以后,时移世易,武当山不再享有最高领导层的青睐,其总体的文化地位大为下跌。但它对于周围社会产生影响则一如既往,这种影响便主要通过朝香活动而体现出来。

二 太岳朝香习俗的复原

所谓朝香,指的是善信亲诣宗教圣地朝拜、烧香的习俗。该习俗在全国各地的历史上分布十分普遍,具有明显的地域差异。这种差异是构成文化差异的重要内容。由于所祀神主的不同,其功能、神通及身世不一,各地朝香的习俗也各具特色。

往太岳朝香,其目的主要不外乎两类。其一为子嗣。据载有人“以求子岁祷玄岳”[6];而诗人转述的朝香心愿亦云:“有女求如南海

---

① 王澐《楚游纪略》。
② 《弇州四部稿》卷22《武当道上所见戏成短歌》。
③ 《五杂俎》卷3。
④ 《五杂俎》卷5。
⑤ 《弇州四部稿》卷174《宛委余编》之十九。
⑥ 《隐秀轩集》卷33《李母曾孺人墓志铭》。

相，生儿早作绣衣郎。”[①]其二则为父母。时人有曰，烧香者“咸来此山如省所亲”[②]，这当然是指为父母而来发愿或还愿的意思。有位目击者对此曾留下一段生动的描述：

> 昨过均州，不及重登豢岭，只闲行到净乐宫。与烧香人同入殿谒玄后座，欲留香钱，旁一童子呼曰：“为父母者置钱项下，为子息者置腰间。”亦不觉动念。[③]

彼童子无疑是相当于司仪的一类角色。从他的口中，不仅可以听出烧香人来此的主要目的，而且还可以了解到当时随喜香钱的一般情形。项下与腰间既有位置高低之别，以其作为香钱放置的处所，直观地展现了愿望中寓含的人伦关系。

基于农业社会的特点，朝香一般是有季节选择的。其时间，按明代的资料一般都在春季。“倾动郡邑”而来的是“每至春时”[④]；上述与烧香人同行的目击者也表露：“是时方清明，男妇鬓生柳枝，凄然有坟墓想。”[⑤]这一点很容易理解，上引资料已经表明，传说中真武的生日在三月三日，朝香时机显然与此有着必然联系。但到了清代，各地的记载则颇有参差。除了“三春”，秋季的资料也颇为不少。武当所在的均州，其俗“秋成后村民率熙熙相约谒武当山，建斋醮以答神庥”[⑥]。而应城县，也是在九月“相约朝山进香，以祈福佑”[⑦]。更有一些资料是春秋两季并存。乾隆《东湖县志》记载其朝山“每于元旦及七月”，

① 《弇州四部稿》卷22《武当道上所见戏成短歌》。
② 《谭元春集》卷20《游玄岳记》。
③ 《谭元春集》卷27《与舍弟五人书》。
④ 《弇州四部稿》卷174《宛委余编》之十九。
⑤ 《谭元春集》卷20《游玄岳记》。
⑥ 光绪《续辑均州志·风俗》。按，下文所引方志未注篇目者均出自其风俗专篇。
⑦ 光绪《应城县志》。

乾隆《原武县志》则称在“春祈秋报”时都有可能。由此可以发现,发生于秋季的朝香行为还包含有祈求财运的动机。此乃人之常情,估计其在明代就已存在。

既然有所求而来,香客一般都要进行一番特殊的打扮,以示其虔诚。比较规范的是着道人服。资料中自述其事的云:“荷衣鸠杖道民装。”[①]又:“枇杷门外足风尘,且办游装学道民。”[②]而旁人所见的则有:“南阳少妇道人装。”[③]这些都还说的是身上,此外头上也须妆饰。上述那位南阳少妇是“皂纱蒙纻白帢方”[④],还有一些香客则“各顶戴纸片于额”[⑤],想必这便是王士性所言“戴圣号”的模样[⑥]。同时,手上须“持瓣香”[⑦],即“以黄布结束纸马、香信”[⑧]。目击者描述道:“手赍玄帝一瓣香”;当然口里也不能闲着,须“口诵弥陀数声佛”[⑨]。这种诵佛并非随便对付几声,乃是“沿路宣‘南无’佛号”[⑩],而且还须兼之以拜,此即所谓“号拜而至”的意思[⑪]。这一点非常有趣。真武本来是道教的神祇,香客去给它朝香,号叫的竟然是“南无阿弥陀佛”。这反映了我国民间信仰的一个重要特点:只要其灵验就拜,不管是佛家还是道家。

---

① 《珂雪斋集》卷7《由樊城早发》。
② 《珂雪斋集》卷7《将往太和由草市发舟》。
③ 《弇州四部稿》卷22《武当道上所见戏成短歌》。
④ 《弇州四部稿》卷22《武当道上所见戏成短歌》。
⑤ 杨名时《自滇入都程记》。
⑥ 《五岳游草》卷6《太和山游记》。
⑦ 《五岳游草》卷6《太和山游记》。
⑧ 杨名时《自滇入都程记》。
⑨ 《弇州四部稿》卷22《武当道上所见戏成短歌》。
⑩ 光绪《应城县志》。
⑪ 《五岳游草》卷6《太和山游记》。

朝香须经过一定的旅程,单独行动多有不便,于是未免有结社之举。有些地方是"一村联为一社"[①],每个社团"多至数十人"[②]。结社前往的,一般都有标识。"每群各携锣",其用途之一是作为行动号令,"每日五更鸣以集众"[③];其二则是作为一种仪礼,"沿途鸣锣、号佛"[④]。此外还须"执旗"[⑤],其用作仪礼的意义更加明显。与此同时,香客家里也往往须有所标记。笔者所知是家人必须在每日清晨焚香,史料所载有些地方有在"门首贴'某处朝山'四字"的规矩[⑥]。而还有一些地方则在朝香结束之后有所表示,如乾隆《白水县志・风俗》所载:"归则醵金勒石。"联想到北方在南北朝时期曾广泛存在的佛教结社,并留下大量的造像碑刻,这一行为显然有其悠久的文化传统。

值得注意的是结社的会首。在当代的此类结社中,会首并不一定是实际的发起人,而是通过竞标而产生的。因为活动需要经费,这经费只能来自参与者的摊派,承担份额最大的当然成为名义上的会首;与此相等,会首也获得最多的荣誉以及神灵最多的关照。史料中所见是"推生监、殷户为会首"以"敛聚钱粟"[⑦]。这一点颇有意思。以"殷户"为会首,无疑是出于经济方面的原因,可能与当代的情形比较类似;但以"生监"为会首,则显然还有经济之外的考虑。这既可以反映乡绅对于社会生活所起的作用,又能表现儒、释、道三种文化在民间信仰中的合流情形。

---

① 乾隆《汜水县志》引《旧志》。

② 乾隆《东湖县志》。

③ 杨名时《自滇入都程记》。

④ 乾隆《东湖县志》。

⑤ 民国《封丘县续志》。

⑥ 乾隆《东湖县志》。

⑦ 乾隆《汜水县志》引《旧志》。

三 太岳朝香习俗的分布

在朝香习俗的研究当中,难度最大的当属复原其分布的地域范围。因为其他方面或许还可以通例推求,而地域分布只能凭借资料实证,理推的信度相对有限。

某些资料显示,明代的太岳香客具有全国性的地域分布。比较笼统的记载有:“天下人咸来此山,如省所亲,足足相蹑,目目相因。”[①]稍为具体一点的,则谓:

> 均州之太和山,万方士女,骈阗辐凑,不减泰山。然多闽浙、江右、岭蜀诸人,与元君雄视,无异南北朝矣。[②]

其所言范围也包括了南方各省。笔者认为,这些资料是需要加以分辨的,尤其后者。其中有个概念须要澄清。即,明代的朝山有两层涵义,其一是民俗意义上的朝山烧香,这是笔者现在所关注的;其二则是某些个人行旅游之实的所谓朝山。尽管这两者不可能截然分开,但尤不可以一视同仁。武当作为海内名山,招徕全国范围的旅客前来游览,而尤以南方居多,这是可以理解的;但若认为太岳朝香的地域分布也如此之广,则不足为训,也缺乏足够的史料支持。同样是描写其分布范围,王士性谓:“四方士女,持瓣香、戴圣号,不远千里号拜而至者,盖肩踵相属也。”[③]这就很难将它与全国性的空间尺度建立对应。

钩稽各种零星史料,可以发现太岳朝香的习俗主要分布于湖北、

---

① 《谭元春集》卷20《游玄岳记》。

② 《五杂俎》卷3。

③ 《五岳游草》卷6《太和山游记》。

河南两省。其中，最值得重视的无疑是湖北，其北、中、西部都有分布。北部如均州、应城，上文已作引述，虽然用的是清代的材料，但既成其为一种民俗，无疑从明代就已如此。例之西部地区，乾隆《东湖县志》谓其到武当等地朝山之俗“屡奉禁例，尚未尽革”，这就颇能说明其沿袭故习的情形。中部地区，资料相对稍多。袁中道曾以“荆郡游太和”而颇兴感慨[①]，说明该地往谒太岳者为数不少。而上述与烧香人同行，及“以求子岁祷玄岳”的资料，也都出现于江汉平原。其作者甚至自称“无岁不期，无言不及”[②]，可见其热情之高。较为奇特的只是省境东部，该地未见直接的朝香资料。但其对真武的信仰也相当普遍。乾隆《罗山县志》载其俗于三月三日“朝灵山岭真武庙”。同治《广济县志》则称：“横冈顶有真武殿，旁郡数千里咸来礼谒，四时不绝。”而民国《麻城县志前编》中也记有“三月三日醮真武”的一笔，加之上述那位“以求子岁祷玄岳”者其先即麻城人，笔者认为，省境东部可能也有太岳朝香习俗存在。

但相对而言，湖北似乎并不是太岳朝香习俗最为发达的所在，河南的资料更引人注目。据王世贞的观察：“每至春时，中国焚香者倾动郡邑。”[③]这句话也许可以理解为，是“中国”的香客构成了太岳朝香的主体。此处所谓“中国”，当然是指中原即河南一带，其人对于朝香非常积极是有充分的史料可资印证的。前人曾以朝香的“南阳少妇”形之于诗，上文已多所引述。这一习俗直到清代仍很兴盛。当时有人从南阳盆地路过，“连日见农民及妇女等乘驴坐车”，都是“在武当

---

① 《珂雪斋集·游居柿录》卷8。

② 《隐秀轩集》卷17《舟岳集自序》。

③ 《弇州四部稿》卷174《宛委余编》之十九。

山上香者”[①],而此前在湖北境内经行的时候,并没有类似的现象引起其注意。其地域的分布亦堪称广阔,仅以方志中所载,北沿已越过黄河一线。乾隆《原武县志》载,其“春祈秋报”时“间有成群结队走天坛、嵩岳、武当诸名山者”。民国《封丘县续志》亦称“更有结伴朝东顶与南顶者”。所言“南顶”,乃是周围数县对武当山的俗称,顾名思义,可以想见武当山在该地信仰观念中的位置。难怪汜水县此类活动“三春无虚日焉”[②]。除此之外,夏邑、虞城、正阳等地都有在三月三日致祀玄帝的风俗[③],颇疑其亦曾有过朝香的分布。

与河南相邻的省份,山东、陕西也有一些零星的资料。前者出现于济宁,在王士禛的《池北偶谈》中曾有一个如下的故事:

> 康熙丙寅岁,济宁南池侧居人王姓者,与众约会武当山进香,既再往矣,归为其妻述嵾岳奇丽之状,妻亦欲往,夫以道远艰费难之,妻恚而自经。……遂行,比至河南某邑,忽见其妻在路旁大树下坐憩。[④]

这是一条颇富价值的资料。从中不难看出,这一习俗在当地仍可谓是比较发达的。其夫与会众既已“再往”,其妻竟至以自经来泄愤,说明此事在该地绝非稀罕。陕西的资料出现于白水。乾隆《白水县志·风俗》记载:“乡民每隔数年率众同往武当山进香。”尤可见该地有此一种风俗存在。尽管如此,有理由相信这些地方已临近武当朝香习俗的分布边缘。因为其资料的分布密度已大为衰减,而且其习俗的发生频度较一年一度“倾动郡邑”的情形也有所不逮,这都是文

---

① 杨名时《自滇入都程记》。
② 乾隆《汜水县志》引《旧志》。
③ 嘉靖《夏邑县志》、光绪《虞城县志》、民国《重修正阳县志》。
④ 中华书局 1982 年版,第 620 页。

化特征渐趋稀释的显著表征。

四　讨论

由于在传世的明前史料中找不到武当朝香的有关记载，可以认为这一习俗兴起于明代。这与武当山宗教地位的升陟过程彼此吻合，也与明代的时尚有关。当时，社会上朝岳的风气很盛。袁宗道至认为：

> 丈夫有足不遍五岳，而效嫠妇彳亍爨突下，勿论子平、少文沾沾笑人，即桑弧谓何？①

这番议论正是当时流行观念的反映。自然，受到种种条件的限制，能够走遍五岳的人是有数的；但朝岳作为一种理想，已深深地扎根于时人的心中。

武当作为五岳之上的太岳，其对朝岳者的感召是毋庸赘言的。这种感召尤以乡邦人士领受最深。一方面，是出自空间距离的原因。当时“楚之岳曰衡、参”，但就湖北而言，“衡较远”②。另一方面则是一种文化上的认同。该资料作者钟惺称，由于其“与谭子皆楚人”，因而对于朝香太岳“无岁不期、无言不及”。所谓“谭子”，指的是谭元春，他还写道：

> 谭子自念其为楚人，忽与蔡先生言：“我且欲之岳。”于是遂之岳。③

---

① 《白苏斋类集》卷11《赠太湖知县王公墓志铭》。

② 《隐秀轩集》卷17《舟岳集自序》。

③ 《谭元春集》卷20《游南岳记》。

这个“岳”即指的是太岳。时人还曾有《楚二岳序》之作[①],江陵张居正径以“太岳”为号且名其集,这都是太岳对当时楚人文化观念的影响。这一影响渗透到民间,便必然酿成朝香的习俗。

一个值得讨论的问题是,尽管太岳朝香之俗在湖北分布相当广泛,但在中原一带似乎更其发达。这固然昭示了鄂北一带与中原之间的文化联系,但要求得一个完满的解释仍是非常困难的。其中的一个重要原因也许应该归结于交通。中原人往太岳朝香一般都是乘坐驴车,上引资料已经述过,这与南方大有易难之别。后者乘车本不方便,舟行偏偏又是上水,袁中道所谓“荆郡游太和者,决宜陆行水归为便”[②],便是深知甘苦之言。但仅仅以此为解恐未免浮于表面,更深层的原因,笔者认为还在于两者不同的生活方式。对此,民国《获嘉县志》曾有一番观察:

> 乡间善男信女,终年局处乡间,坐守深闺,几不知乡村之外更有何物。迨至中年以后,儿女成立,米盐琐计不甚关心,乃邀集伴侣,醵金结社,朝山烧香,以为娱乐。或朝南顶如武当山,或朝北顶如太行山,或朝石门口,或朝百家岩,计道途远近,约月余及十数日而归。归则追述游观所见,如白头宫女说明皇天宝开元故事,亦颇津津有味。此亦娱乐之一种也。

此言谅非虚语。在传统的农业社会中,朝香确实是乡间男女增长社会见识、扩大地理视野的重要且几乎唯一的方式。从上述济宁妇人不得见武当奇丽之状竟至“恚而自经”,可以概见朝香对于乡村封闭社会生活的穿透性的诱惑力。而且,香客确实能从朝香旅程中得到

① 见《谭元春集》卷28《与茅止生书》。
② 《珂雪斋集·游居杮录》卷8。

愉悦，笔者前此在对南岳朝香的研究中，注意到有一类特殊民歌即朝香歌由此而得以发育①。尽管获嘉的资料不足以涵盖普遍的情形，但它提供了有益的启示。由此笔者想到，中原与南方的生产方式是颇不相同的，后者以水稻为主，而前者以旱作为重。这种不同导致了对劳动量需求、时间分配的显著差异，因之深刻地影响着居民的生存状态。以前者而言，不仅每一年中有着较长的农暇季节，而且到中年以后还可以对"米盐琐计不甚关心"。但在后者，则远没有这等好过。其农忙季节相当之长，"春刈麦，秋获稻"，而当"春草生时"，还须"刈以肥其田"②，几乎是终岁勤动，劳动量不啻倍蓰。在这样的环境中，其朝香行为终归会有所差异。至少，不会有前者那样一种轻松的心情。

① 参拙著《湖南历史文化地理研究》，复旦大学出版社 1995 年版。
② 光绪《武昌县志》。

第四章　湖北历史时期的民居景观

作为一种载体，民居已成为人类文化的重要组成部分。它是人类在文化观念的驱动下，通过一定的技术手段而从自然环境中分隔出来的人文空间，直接显示出人类的一种艺术创造，并展现着人与自然、社会之间的联系。因而在文化地理的研究领域中，民居景观是一个重要的专题。近年以来，按省区对民居聚落文化景观进行探讨的工作已陆续展开①，但关于湖北区域尚未见论著发表，本书现在对此进行研究。

一　建筑材料

对建筑材料的选取，直观地反映了居民对于自然环境的认知态度，以及其开发利用资源的技术手段和水平。在湖北历史民居的各种用材当中，资料的份额畸轻畸重，故以下分两个部分进行论述。

---

① 司徒尚纪《广东文化地理》、拙著《湖南历史文化地理研究》以及张晓虹的博士学位论文《陕西历史文化地理研究》中都有专门研究民居聚落文化的篇章，康健也发表了一篇《明清时期云南民居地域差异的初步研究》，载《中国历史地理论丛》1997 年第 2 辑。

1. 覆盖用材

顶盖之于房屋，不啻女性妆束中的头饰，由于其空间位置突出，因而最为引人注目。历史上湖北民居的覆盖用材主要有如下三类。

(1)茅草。这是湖北古代民居用得最多的一种覆盖材料。史料中经常可见的“茅屋”或“茅舍”就是以其拥有这种质地的屋顶而作为识别特征的。唐人所谓“短檐苫稻草”[①]、宋人所谓“荫茅而宅”[②]、明人所谓“白茅覆屋”[③]，都说明了这种材料的使用情况。从中可见，既有野生的茅草，又有人工的稻草。由于材料的形状细长，覆盖时必须绵密并具有一定的厚度，否则难免透风漏雨。杜甫在其著名的《茅屋为秋风所破歌》中曾有云：“八月秋高风怒号，卷我屋上三重茅。”此诗虽然不是写作于湖北，但可以作为一种技术上的参照。宋人在此“冻沍袭重茅”的诗句也可以显示茅草乃是以多层覆盖[④]。而且为了加固起见，茅草往往还须经过一番编织，史料中的“苫”字本来就有这层含义。陆游在荆州一带看到道旁的民屋“苫茅皆厚尺余”，又都“整洁无一枝乱”；看来这项技术当时已经相当成熟，那些茅屋显得“尤精致可爱”[⑤]。

(2)竹瓦。这是湖北的历史上比较特出的一种覆盖材料，由于宋代名人的著录而艳称于世。以这种材料覆盖的建筑称为竹楼或竹屋。通常的做法是以大竹剖开，弄成陶瓦的那种模样。唐代元稹在

---

① 《全唐诗》卷 407 元稹《酬乐天东南行诗一百韵》。

② 《叶适集·水心文集》卷 9《李氏中洲记》，中华书局 1961 年版。

③ 《椒丘文集》卷 25《录襄邓民言》七首之四。

④ 《字溪集》卷 10《开庆元年二儿自白水之江陵闲作数语送行且劝归也》。

⑤ 《入蜀记》。

荆州写道:“仰竹藤缠屋。”其注中有曰:“南人以大竹为瓦。”[①]诗僧齐己也在该地有句云:“竹瓦雨声漂永日。”[②]具体的资料以宋人提供的最为详细:“黄冈之地多竹,大者如椽,竹工破之,刳去其节,用代陶瓦。”而且当时还已懂得如何延长其使用寿命:“竹之为瓦,仅十稔,若重覆之,得二十稔。”[③]这种做法显然受到了上述结茅技术的影响。

除了将竹剖开,还有一个将竹瓦编排起来的程序。如襄阳一带,其“居室多编竹以代陶瓦”[④]。这可能是为了起到固定的作用。

(3)陶瓦。这种材料在湖北民居的发展史上较为后起。盖有这种材料的房屋称为瓦屋。资料显示此项技术的应用是由于北方文化扩散的结果,时间已到了唐代以后。元稹曾在荆州感叹楚俗建造民居尚未使用陶瓦,从而呼吁以行政的手段大力推广[⑤]。欧阳修则明确记载,峡州直到北宋才有位太守来“教民为瓦屋”[⑥]。由于这种材料的制作工艺众所周知,在此不做过多的陈述。

从茅草到竹瓦再到陶瓦,材料离资源的原始形式越来越远,对加工技术的要求越来越高,其性能也越来越优越,因而从发展的眼光看来,这无疑构成了一个逻辑的序列。

2. 其他用材

除了上述的覆盖用材,其他用材的资料则相对较少,故而在此一并讨论。

---

① 《全唐诗》卷405《酬翰林白学士代书一百韵》。
② 《全唐诗》卷846《荆渚偶作》。
③ 《小畜集》卷17《黄州新建小竹楼记》。
④ 《大明一统志》襄阳府风俗引《郡志》。
⑤ 《全唐诗》卷398元稹《茅舍》。
⑥ 《欧阳修全集·居士集》卷39《夷陵县至喜堂记》。

(1)椽梁。作为承重结构,椽和梁的选材主要是竹木。史料中尤以竹质较为多见,如唐代尽管也有“栋梁存伐木”之类的诗句①,但比较普遍的情形还是“茅苫竹梁栋”②。这种资料在后世屡见不鲜,宋代的归州是“苫茅架竹井闾荒”③,江陵在元代也有些房屋以“大竹为椽”④。

(2)墙壁。相对于椽梁材质的单调,湖北历史民居的墙壁材料可谓丰富多彩。最简易的是平原水乡的渔家屋壁,明代的景陵有资料称“渔家苇作墙”⑤。其次则是一些穷山区的房子,“以竹条为墙壁”、或者“夹竹为墙”⑥。再好一些的是以木板为壁,通称板屋。如苏轼称峡江一带的民居“版屋温无瓦”⑦。

除了这些材质,当然还有土、石筑的墙以及砖墙。唐代元稹在江陵住的房子便既有“花砖”,又有“方础”⑧。元代汉阳府学的墙壁,“昔皆土筑”,湮圮以后“易以板屋”,后来又被毁坏,“乃议甓址而瓦覆之”,即改为砖墙⑨。

(3)门窗。与墙壁的情形类似,门的资料也可谓不少。最粗陋的房屋是根本没有门的设置,如唐诗中有“茅屋往来久,山深不置门”之

---

① 《全唐诗》卷408元稹《江边四十韵》。

② 《全唐诗》卷398元稹《茅舍》。

③ 《剑南诗稿》卷2《憩归州光孝寺寺后有冢近岁或发之得宝玉剑佩》。

④ 《滋溪文稿》卷13《元故翰林直学士赠国子祭酒谥文安谢公神道碑铭并序》。

⑤ 《椒丘文集》卷21《景陵书事》。按,原书“墙”字作“樯”,但“樯”乃船上桅杆,以“苇”为“樯”不可解,故笔者认为“樯”字系传抄之误,实当作“墙”。

⑥ 顾彩《容美纪游》。

⑦ 《苏东坡全集·续集》卷2《入峡》。

⑧ 《全唐诗》卷408元稹《江边四十韵》。

⑨ 《至正集》卷41《汉阳府学新筑宫墙记》。

句[①],上述那所“以竹条为墙壁”的房子也“无复门限”。稍微讲究一点的则是挂上一块草席之类的东西,宋代的景陵城中,“编芦办门巷,具体亦何数”[②]。比较正规的门大都以竹木做就。以竹的是“剖竹密编门”[③];而木质门更为常见,如史料中有“一犬护柴门”[④],“竹里柴扉往往关”[⑤],以及“山中白板扉”之类[⑥]。

相比之下,有关窗的资料非常有限。史料中只能偶尔见到以纸糊窗的记载,如齐己所谓“纸窗灯焰照残更”[⑦]。这一现象后世长期未能改变,明人仍有“风欺窗纸薄”之叹[⑧]。

(4)藩篱。这一类的用材较为单一,工艺也很简单,大多是以竹木编织而成。唐人就曾写下“竹篱江畔宅”的诗句[⑨],明清时期还时常可以看到“竹篱茅舍”之类的景象[⑩]。比这种更简单的是以荻芦为原料,元稹留意过荆州一带“苫茅荻补篱”,即“用荻为篱也”[⑪],陆游也在蕲州一带看到“芦藩旁舍”[⑫]。

通过上述可以发现,湖北历史时期的民居建材以植物纤维质地最为多见,尤其是竹质材料,从藩篱到屋顶、到椽梁、墙壁、门板,其使用非常广泛。而且其加工的工艺非常简单,一般都是直接利用。那

---

① 《全唐诗》卷310于鹄《南溪书斋》。
② 《北山集》卷21《荆州之川……即古章台也》。
③ 《陶学士集》卷4《甲辰守黄州初至作》。
④ 《阆风集》卷4《渚宫秋思》。
⑤ 《傅与砺诗集》卷8《黄冈晓发四首》之二(共只二首)。
⑥ 《白苏斋类集》卷4《初晴即事其三》。
⑦ 《全唐诗》卷846《荆渚偶作》。
⑧ 《陶学士集》卷4《旅寄》。
⑨ 《全唐诗》卷271窦巩《忝职武昌初至夏口书事献府主相公》。
⑩ 《容美纪游》。
⑪ 《全唐诗》卷405元稹《酬翰林白学士代书一百韵》。
⑫ 《入蜀记》。

些技术含量较高、工艺较为复杂的材料如陶瓦、陶砖，其应用一直比较有限。

二　空间形态

空间的造型是民居景观中文化附着最为集中的所在。以下从三个方面展开分析。

1. 结构模式

根据史料的记载，湖北历史民居的结构模式主要有如下三种。

（1）阁栏式。这是南方古代分布非常广泛的一种民居类型，或谓之杆栏式，有着非常悠久的历史。这种结构可以施加于低洼湿以及崎岖逼仄等各种恶劣的下垫面，因而具有很强的适应性。湖北省境最早引起广泛关注的是西部的峡江一带。杜甫曾写道："殊俗状巢居，曾台俯风渚。"[①]咏的就是峡中之俗。他还在另一首诗中有"峡人鸟兽居"之句[②]，与前条资料颇可以参看。元稹也曾写过："平地才应一顷余，阁栏都大似巢居。"明确地记载了所谓"巢居"就是"阁栏"式建筑的同义语；其注中还解释过："巴人多在山坡架木为居，自号阁栏头也。"[③]

这种结构在峡江的历史上长期得以继承。直到明代，诗人在归州看到的还是"市廛架屋依岩岳"的景象[④]。所谓"架屋"，当然是阁栏

① 《全唐诗》卷 221 杜甫《雨》二首之一。

② 《全唐诗》卷 221 杜甫《赠李十五丈别》。

③ 《全唐诗》卷 416 元稹《酬乐天得微之诗知通州事因成四首》之二。

④ 《西庵集》卷 4《次归州》。

式结构的典型特点。而钟惺则明确写到“岭半一人家,如鸟巢阿阁”[①]。除这一地区之外,沿江一带的山地也有其分布。如石首县,宋代还有“里人半巢居,出入随乌鸢”的资料[②]。

也许是阁栏式建筑须有独特的内部空间分配模式的缘故,省境的其他地方缺乏这一类型的史料。但与此近似的,则有一种楼居的模式。

(2)楼房。这应该是从上述的阁栏式结构发展而来,也许有些资料中的楼房其实就是阁栏式建筑。考虑到后者概念的独特,笔者觉得还是分开讨论为宜。

楼房建筑在省境的历史上分布相当广泛,主要集中在江、汉沿岸的城市及交通要津。早在唐代,这类建筑就大量进入诗人的篇什。如江陵有“十里津楼压大堤”[③],襄阳有“堤下连樯堤上楼”[④],汉阳有“飞楼映湘渚”[⑤],其对岸也可以“晓色辨楼台”[⑥]。此后史料更多,如黄州“郡中多半竹为楼”[⑦],汉口“人家楼阁枕江烟”[⑧],江陵“不知多少王孙第,万户楼台一半红”之类[⑨],不胜枚举。

相对而言,阁栏式建筑也罢,楼房也罢,都不是湖北历史民居最为普遍的结构形式,真正数量最多、分布最广的民居形式是平房结构。

---

① 《隐秀轩集》卷2《雨发九湾至归州》。
② 《公是集》卷7《石首县》。
③ 《全唐诗》卷300王建《江陵即事》。
④ 《全唐诗》卷563李善夷《大堤曲》。
⑤ 《全唐诗》卷568李群玉《汉阳春晚》。
⑥ 《全唐诗》卷701王贞白《晓泊汉阳渡》。
⑦ 《凤池吟稿》卷8《过黄州有感》。
⑧ 《敬轩文集》卷4《出汉口五首》之五。
⑨ 《华泉集》卷7《观城歌七首》之四。

(3)平房。这种结构的房屋是以近地面起居作为特征的。其栋宇大都比较低矮,“刈茅低缚屋”[①]的诗句形象地说明了它的高度特点。因此其构造非常简单。很多都是以立柱直接承重,“一竹便撑拄”[②],或者是“苇屋数楹”[③]。其椽也显得非常突出,杜甫在峡中所住的便是“茅斋八九椽”[④]。这样的房子当然不可能牢固,很容易失衡,往往可以看到“茅屋欹斜竹径荒”的景象[⑤]。

2. 室内空间

湖北历史民居内部空间的功能分配,比较清楚的是峡州的阁栏式建筑。据欧阳修的描述,这种民居主要是分为上下两层,“上父子而下畜豕”;即楼上住人而楼下关家畜。至于楼上住人的空间里面,就很少再有进一步的功能分割,“民之列处,灶廪匽井,无异位一室之间”[⑥];就是说,其室内空间宏敞单一,分隔很少,以“灶廪”即火塘为全家的起居中心,可能与西南地区干栏式民居的高敞型比较类似[⑦]。

到该地居民被教化“为瓦屋”之后,其房屋的空间分配模式也随之有所改变。其中比较重要的有两点,一是“异人畜”,即在居室之外另盖家畜栏;这样显然有益于卫生,既可以改善居室中的空气质量,又可以减少由家畜而传染疾病的可能性。另一点是“别灶廪”[⑧],即将厨房与住室分开,这样可以保障安全,降低火灾发生的概率。

---

① 《陶学士集》卷4《甲辰守黄州初至作》。

② 《北山集》卷21。

③ 《水心文集》卷15《高永州墓志铭》。

④ 《全唐诗》卷230杜甫《秋日夔府咏怀奉寄郑监李宾客一百韵》。

⑤ 《陵川集》卷15《宿黄陂县南》。

⑥ 《欧阳修全集·居士集》卷39《夷陵县至喜堂记》。

⑦ 后者可参李先逵《西南地区干栏式民居形态特征与文脉机制》一文,载《中国传统民居与文化》第二辑,中国建筑工业出版社1992年版。

⑧ 《欧阳修全集·居士集》卷39《夷陵县至喜堂记》。

而对于那些分布非常普遍的平房来说,基本上也就没有内部的空间分配:这种房子的平面规模非常狭小。杜甫有云:“茅栋盖一床。”①因此其活动的空间非常有限,“缚柴门窄窄”②,简直是“鸡栖草屋同”③。这是山区的景象。地势稍低的,苏轼也在黄州有曰:“小屋如渔舟,蒙蒙水云里。”④也与前者情形一致。如此袖珍的房子,显然其内部不宜再有过多的间隔。当然,居室与厨房还是分离的,元稹曾有“曲突翻成沼,行廊却代庖”的诗句⑤,如果其“曲突”是与居室混在一起的话也就不可能以行廊来“代庖”了。

宋人陆九渊还曾经描述过平房民居仓储空间配置的大致情况。他写道:“同官出入村坞者,皆谓未尝见囷仓。”就是说,这些建筑的专项功能都是附加在居室之内的。然而“其室庐不能深奥”,因此其室内几乎可以一览无余,“大率可窥其有者乃担石之储耳”⑥,可见其仓储设施不甚完备。这是所谓“乡民素无盖藏”的后一半内涵,应该具有代表性的意义。

随着历史的发展,湖北民居的平面规模有所扩大。如江汉平原上,清代有人看到“长堤市房都多平屋,尚高敞”⑦。但以近代的眼光看来,这些民居仍然属于“矮屋”⑧,其空间布局模式并没有根本的改变。

---

① 《全唐诗》卷221《柴门》。
② 《全唐诗》卷230《秋日夔府咏怀奉寄郑监李宾客一百韵》。
③ 《全唐诗》卷230《向夕》。
④ 《苏东坡全集·前集》卷12《黄州寒食诗》其二。
⑤ 《全唐诗》卷408《江边四十韵》。
⑥ 《象山集》卷16《与章德茂书》其五。
⑦ 包家吉《滇游日记》。
⑧ 参美代清彦《游历鄂省西北部记》,朱承庆译,湖北农务学堂光绪廿八年刊本。

3. 庭院布置

由于其室内的空间比较局促,因而湖北的历史民居非常注意其庭院的布置。其庭院一般是以一道藩篱围成,如"荻篱茅屋柯山下"之类[①]。不仅独家散居是如此,村落聚居时亦复如此,清人王昶在潜江就看到"人家率槿樊"[②]。有时庭院周围没有人工的建筑,那就是有一些植物可以形成天然的界限,如"茅屋数家依竹苇"[③],或者有"密树隐茅屋"[④],也有一个独立的空间。

由于要强调空间的作用,庭院往往布置得很大。张耒尝状鄂东云:"朝日满檐鸡犬静,荻篱深处有炊烟。"[⑤]而江汉平原上的有些史料只写到"人语竹篱深"[⑥],显然是篱后的房子已看不大见。这种情形在湖北的历史上带有相当的普遍性。

院落中可以放置一些用具,最显眼的是近水的人家通常将渔网搭在篱笆上晾晒。这样篱笆就需要做得较矮。陆游就曾在《入蜀记》中描绘江汉平原上的"短篱晒罾"。有些院落中还连通饮用水源或备有水井,如元结所吟咏的"山竹绕茅舍,庭中有寒泉"[⑦],以及元稹所说的"栏干防汲井"[⑧]。

藩篱的设置大多不甚坚固。《入蜀记》虽然记载江汉平原上有些人家"藩篱坚壮",但在"颇众"的居民中只有"一二家",况且再"坚壮"

---

① 《张耒集》卷32《冬至赠潘郎》二首。
② 《滇行日录》。
③ 《苏东坡全集·前集》卷2《送任伋通判黄州》。
④ 《敬轩文集》卷6《晚至云梦》。
⑤ 《张耒集》卷32《柯山杂咏》四首之二。
⑥ 《自堂存稿》卷2《景陵湖中宿人村》。
⑦ 《全唐诗》卷241《樊上漫作》。
⑧ 《全唐诗》卷408《江边四十韵》。

也不过“藩篱”而已,这样的措施显然不足恃以防卫。但多少可以阻挡一些野兽的入侵,从“篱外獐窥吏”的诗句不难看出这一作用[1],元稹甚至流露过“总无篱缴绕,尤怕虎咆哮”的担忧[2],可见藩篱可以提供一种稳定心理的价值,居民由此能够得到一种安全感。而“短篱深闭两三家”的诗句则表明,居民由此还能够得到一种强烈的家园感[3]。因此这些庭院完全可以视为其狭小居室的空间补偿。

三 地域分布

讨论民居的地域分布,本来应该着眼于建筑的结构,但因景观资料中强调得较多的往往是建筑的覆盖用材,故本书以此作为讨论的依据。用地理学的眼光看来,这样或许有其特殊意义,因为这样能更直接地反映对自然资源的认知和利用,可以揭示出一种人地关系。况且,由于各种材料有着不同的物理特征和工艺要求,事实上建筑用材与其结构之间也有着一定的相关关系。

1. 茅屋分布

在湖北省境的历史上,茅屋是数量最多、分布最为广泛的一种民居形式。在唐代的时候,元稹甚至认为楚地“居人尽茅舍”[4]。具体的例证很多。峡中,郑谷在此寓止时曾自称“小县结茅茨”[5],这一情形

---

① 《陶学士集》卷4《寓所》。

② 《全唐诗》卷408《江边四十韵》。

③ 《东塘集》卷7《峡路山行即事十首》其二。

④ 《全唐诗》卷398《茅舍》。

⑤ 《全唐诗》卷674郑谷《峡中寓止二首》。

到宋代仍然如此。有“荒凉”之称的归州一带固然“满目皆茅茨”[①]，连荆门一带也是“民居多茅茨”[②]，甚至有人称其“乡民素无盖藏”，已是“风俗所自来非一日”[③]。安陆一带，既有“老去容身一茅屋”的题咏[④]，又有“已见茅檐压酒尝”的诗情[⑤]。鄂东，诗人触目所见是“萧萧茅屋土山前”[⑥]。而鄂西北，则令人有“投宿恍世外、青灯耿茅茨”的感喟[⑦]。

直到明清时期，这一民居形式分布仍很广泛，而且在省境的民居数量中仍然占有相当的比重。鄂东一带，明人写过“树边茅屋时时见”的诗句[⑧]，甚至于有“处处多栽竹、家家尽结茅”的记载[⑨]；而在荆州，清人还有“缭塘茅屋闭孤城”的见闻[⑩]。甚至到清代中期，江汉平原上仍是“人家率槿樊茅屋”[⑪]。

2. 竹屋分布

省境的这种民居形式在唐代的资料中仅见于荆州。除上述建材的内容中所引资料之外，齐己在此地还有句云：“江村雷雨发，竹屋梦魂惊。”[⑫]元稹言以竹为瓦乃“南人”之俗，可见其分布本不止此一地。

---

① 《吴船录》卷下。

② 《攻媿集》卷59《荆门军义勇甲仗库记》。

③ 《象山集》卷16《与章德茂书》其五。

④ 《张耒集》卷16《题安州张全翁大夫溪图》。

⑤ 《倚松诗集》卷2《过汉东》。

⑥ 《张耒集》卷32《柯山杂咏》四首之二。

⑦ 《增广笺注简斋诗集》卷17《正月十二日自房州城遇虏至奔入南山十五日抵回谷张家》。

⑧ 《傅与砺诗集》卷8《黄冈晓发四首》之二。按，集中此诗共只二首。

⑨ 《陶学士集》卷4《郊外》。

⑩ 《敬业堂诗集》卷1《雪后》。

⑪ 王昶《滇行日录》。

⑫ 《全唐诗》卷841《春居寄友生》。

五代时的《玉堂闲话》载江淮州郡“多竹屋”[①],显然今鄂东一带也在其所言范围之内,而且应该自唐代已然如此。如果将视野再稍放宽,则今湖北省境之外,湖南沅澧流域之有竹屋自不用说[②],江西中部也多如此,时人有资料称庐陵“其环堵所栖者率用竹以结”[③]。

到了宋代,竹屋在今省境的分布已相当广泛。沙市是“十里人烟半竹庐”[④],附近的民居形式也大体如此,时人有句云:“兰江路尽接荆江、竹屋萧条草树荒。”[⑤]陆游在《入蜀记》中则写道:“民居多茅竹”。所谓“茅”,当然是指上述的茅屋。这样的资料鄂西也有,欧阳修称峡州民居“其覆皆用茅竹”[⑥]。鄂东、鄂北的分布也相当普遍。黄州“比屋皆然”的情形赖有王小畜的《黄冈竹楼记》而令人印象深刻,时人在鄂东还有“晴旸竹瓦鸣”的诗句[⑦]。襄阳在南宋初重修州学,“屋皆因俗以竹为瓦”[⑧],可知这一带居民对于竹屋习以为常。而房州,时人所见也有“竹屋高低正复斜”的景象[⑨]。鄂东南的咸宁,黄山谷曾在此写过“思君眠竹屋”[⑩],显然也不乏竹屋的分布。

及至明代,竹屋的分布范围已有所变化。此时其分布区域主要是在鄂东和鄂北。鄂北襄阳府的风俗资料中有“居室编竹代瓦”的记

---

① 《太平广记》卷 219“高骈”条引。
② 参拙著《湖南历史文化地理研究》。
③ 《全唐文》卷 760 房千里《庐陵所居竹室记》。
④ 《东塘集》卷 4《泊沙市》。
⑤ 《大隐居士诗集》卷下《重九宿王孙铺》。
⑥ 《欧阳修全集·居士集》卷 39《夷陵县至喜堂记》。
⑦ 《庆湖遗老诗集》卷 5《江夏寓兴二首》之二。
⑧ 《紫微集》卷 32《襄阳府重修州学记》。
⑨ 《江湖长翁集》卷 19《房陵十首》之四。
⑩ 《山谷集》卷 10《次韵答高子勉》十首之五。

载[①]。而鄂东的资料相当丰富。黄州是"郡中多半竹为楼"[②]，武昌有"酒旗临江开竹屋"[③]，连这一带沿江看到的也是"家家竹瓦代诛茅"[④]。

从竹屋分布地域的变迁，似乎可以看出这一民居形式是以荆州为中心向外扩散的：唐代的资料很早出现于该地，五代以后向周围扩展，宋代遍布今湖北全境[⑤]；到明代鄂东、鄂北仍有留存，而该地已少有资料记载。这正是文化区演变的一般规律。

3.瓦屋分布

这种建筑形式在湖北历史上出现的时代并不算晚，唐代张九龄的《江上遇疾风》诗中就有"瓦飞屋且发"之句[⑥]。这首诗的具体写作地点不明，估计是在荆州一带。而鄂州则建有一些瓦盖的军营，据舒元舆的《鄂政记》载，该地在唐后期"创新营凡一十五所合三千间"，都是"瓦鳞鳞、檐盈盈"；相对于其"先时营宇皆曲陋低下"[⑦]，固然是建筑上的一大改进，但在该地似乎已算不上技术革命。尽管如此，瓦屋技术在当时普通民居中应用得很少是显而易见的，上述茅屋和竹屋的分布已清楚地说明了这一点。

可能也就是从唐后期开始，省境的城市民居中已逐步推广瓦屋技术。《麈史》卷下曾有条记载：

郑屯田建中，其先本雍人，五季时徙家安陆，赀镪钜万，城中

---

① 《图书编》卷39《湖广各府州县烦简》。

② 《凤池吟稿》卷8《过黄州有感》。

③ 《西庵集》卷4《次武昌》。

④ 《隐秀轩集》卷10《江行俳体》。

⑤ 当时属于荆湖北路的澧州也有所分布，参拙著《湖南历史文化地理研究》。

⑥ 《全唐诗》卷47。

⑦ 《全唐文》卷727。

居人多舍客也。每大雨过则载瓦以行,间有屋漏则补之,若舍客自为之屋,亦为缮补。

这大概是瓦屋成为湖北普通民居的最早的明确资料。从中可以看出,安陆城的民居中瓦屋已占有一定的比重。而且,郑氏作为北方移民,资产又富厚,很可能就是该地民居技术进步的有力推动者。

其实当时其他城市中的民居也有不少已是瓦屋。江陵的情形,据史料记载,靖康之难后“荆南屡为盗残”,地方政府极力恢复元气,“陶瓦为民室庐,辟市区如承平时”[①],说明瓦屋民居在该地早已比较常见。而襄阳城的民居在北宋时已主要是瓦屋,时人曾有“城中十万家、碧瓦生烟雾”的印象[②]。

然而在相当长的历史时期内,瓦屋在省境的推广程度都比较有限。如上述峡州在北宋曾有位太守“教民为瓦屋”以变其俗[③],但范成大看到的却是“惟州宅”才“有盖瓦”[④]。这是相当普遍的情形。即,瓦屋在开始只是作为官式建筑而出现,后来才稍稍成为城市民居;而从城市民居进一步成为乡村民居,则迟迟未能得到普及。因而此后有关瓦屋的资料虽越来越多,但大多密集于城镇及其附近。如“鳞鳞万室瓦,以山增奇艳”[⑤],咏的是汉阳;“千家颓瓦乱山阿”[⑥],状的是鄂城。而荆州城南也有人筑有“瓦屋三楹”[⑦]。

---

① 《建炎以来系年要录》卷102。
② 《汉滨集》卷1《赠襄阳帅吴彦猷》。
③ 《欧阳修全集·居士集》卷39《夷陵县至喜堂记》。
④ 《吴船录》卷下。
⑤ 《袁宏道集笺校》卷26《汉阳萧仲子参知山亭清话》。
⑥ 《学余堂诗集》卷47《鄂城》。
⑦ 《敬业堂诗集》卷1《从监利至荆州途中作》。

4. 特殊民居

以上所述茅、竹、瓦屋都是正常定居的民居形式，除此之外，省境在历史时期还有一些非定居的以及其他的特殊民居形式，在此一并讨论。

(1)水居。湖北省境在历史时期拥有非常宽阔的水面，不仅有江、汉等大小河流，而且还有为数众多的内陆湖泊①，因此在省境的历史上存在着一些随波逐流的水上居民。他们有着与岸上居民不同的居住形式，其中主要有两类，一类是舟船，另一种是排筏。

以舟船为居的主要分布在省境的中部。这样一种水居的形式有着非常悠久的历史，早在南朝时期，乐府中便有一首写道：

> 大艑载三千，渐水丈五余。水高不得渡，与欢合生居。

这首诗出自《石城乐》②。石城在竟陵(今钟祥)，这应该反映的是当时的江汉之间存在着一些水居的形式，而且用以为居的是舟船一类。迨至唐代，张九龄便在荆州有句称："邑人半舻舰。"③而《唐国史补》卷下也明确记载：

> 洪、鄂之水居颇多，与邑殆相半。凡大船必为富商所有，奏商声乐，从婢仆以据拖楼之下。

这两条资料彼此相得，既可以说明水居的形式在当时江、汉之间的民居中非常重要，又显示其所居住的主要都是船只，其中有些大船已非常富丽堂皇。

---

① 参张修桂先生《长江宜昌至城陵矶段河床历史演变及其影响》一文，载《历史地理研究》第二辑，复旦大学出版社 1990 年版。

② 逯钦立《先秦汉魏晋南北朝诗·宋诗》卷 11《石城乐》五首之四，中华书局 1983 年版。

③ 《全唐诗》卷 47 张九龄《登郡城南楼》。

这样的居住形式在该地后世长期得以保留。明代有人在以《景陵书事》为题的诗中还有句云“水国舟为市”[①],这显然不会是景陵(今天门)一地独有的景象。而清代还有资料谓:

> 宜昌府城下其地多坐船巨舰,高篷不事载货,为往来舟子聚会之所。[②]

这显然是该地古代水居文化的赓续。

以排筏为居的则主要见于省境的东部,这方面的资料到宋代以后才大显于世。最为著名的是陆游在《入蜀记》中的一段描写:

> 遇一木筏,广十余丈,长五十余丈,上有三四十家,妻子、鸡犬、臼碓皆具,中为阡陌相往来,亦有神祠,素所未睹也。舟人云,此尚其小者耳,大者于筏上铺土作蔬圃,或作酒肆,皆不复能入夹,但行大江而已。

这一景观出现的地点是在当时的蕲州界。木筏规模如此之大,承载居民如此之多,已完全是一个不小的聚落。具体的居室样式从中看不清楚,苏轼在黄州有诗曰:

> 江淮水为田,舟楫为室居……异哉鱼蛮子,本非左衽徒。连排入江住,竹瓦三尺庐。于焉长子孙,戚施且侏儒……[③]

这与上引史料可以相互参照。诗中对鱼蛮子的居住情形描写得比较细致,他们先是以排筏相连,然后在上面建有居室,非常低矮,盖的是陆上民居中习见的竹瓦。这就与上述江汉之间的水居情形大异其

---

① 《椒丘文集》卷21。
② 黄勤业《蜀游日记》。
③ 《苏东坡全集·前集》卷13《鱼蛮子》。

趣。两相比较，显然是这种水居与陆上的民居更为接近。

这一民居景观直到明代依然存在，王世贞曾在其《江行纪事》中写道：

忽睹竹木筏连数十家，妇稚鸡犬相望，亦有豆棚瓜蔓之属，宛然务观所记也。①

这条资料的地理背景在黄州，看起来与上述宋代的情形确实没有多少变化。

(2)其他民居。水居是因为其下垫面为水体从而其民居形式比较特别，下垫面同为陆地的，也有一些特殊的民居。在鄂西的少数民族聚居地区，有以洞穴和砦楼为居的形式。

由于该地处于典型的岩溶高原，从而存在不少天然的岩洞。例如《容美纪游》便记载，"有岩洞名燕喜，深十余里"，而且其空间是"外窄内宽"，这样的形状显然具有一定的军事价值，因此"土人避寇常聚居其中"。除了躲入洞穴，该地居民在可能受到攻击时还可以避居山上。该地奇峰林立，往往山体陡峭而峰头平坦，这种地形当然易守而难攻，因而该地不少山上建有具备防卫性质的砦楼。如有座山峰的"最高处有砦楼"，四周"梯悬十仞"，平常"砦上亦有人居"②。

洞穴和砦楼都是在人际关系比较紧张的情况下出现的民居，在省境的分布又不广泛，固然可以目之为特别；此外还有一种版屋的形式，在此也附带一述。宋代苏轼描写峡江一带的民居"版屋温无瓦，岩居窄似庵"③，后者无疑与上述洞穴民居属于同类，而前者则颇为费

① 《弇州四部稿》卷78《江行纪事》。

② 《容美纪游》。

③ 《苏东坡全集·续集》卷2《入峡》。

解。很有可能就是“板屋”,即以木板覆顶之屋。唐代王维曾写道:“商山包楚邓,积翠蔼沉沉。……板屋春多雨,山城昼多阴。”①他本来描述的是商州,但似乎表明其时鄂北也有板屋这一民居形式的分布。

四 文化生态

以上分析了湖北历史时期民居景观的构成及分布。从中不难得出这样一个结论:湖北历史时期的民居文化并不发达。其对资源的加工利用比较粗放,植物纤维质地的材料占有相当比重。建筑的品质又相当低劣,直到清代,连省会武昌都让人感到“沿江房屋甚陋”②,其余自然是每下愈况。而且其空间规模非常矮小,宋人讲汉阳居民“皆逼仄无所容居”③。不仅平房是这样,就连楼房也往往如此。如名闻遐迩的黄州竹楼,陆游目睹以后对其“规模甚陋”大发感慨,以致有“不知当王元之时亦止此邪”的疑惑④。

这样的一种民居景观,显然与其环境之间有着独特的生态关系。就是说,这种民居景观是其独特的环境因素参与作用的结果,而民居景观形成以后,又对其环境产生影响。生生不息,形成一个文化的生态系统。本书从两个环节进行分析。

1. 环境对于民居的制约

环境有自然的和人文的两个方面,这两个方面对于民居的影响都相当明显。

---

① 《全唐诗》卷127《送李太守赴上洛》。

② 《滇游日记》。

③ 《勉斋集》卷7《与綦总郎书》。

④ 《入蜀记》。

（1）自然环境。民居所受这方面的影响是多方位的，内中比较明显的是气候和地貌。它们共同形成了非常潮湿的下垫面，对于民居的发育非常不利。唐代元稹就曾注意到，由于南方“万里尽泽国，居人皆垫濡”，其民居才建造得非常简陋，“富者不容盖，贫者不庇躯”[①]。这一层影响非常深刻。例如在江汉平原上有人写过如下的诗：

苇屋人家绝可怜，欲没未没三四尺。倚树为巢葑作床，剥菱炊菰自朝夕。[②]

这就形象地揭示了下垫面对于民居的制约作用。

也许光是下垫面潮湿并不足以限制民居文化的发育，杆栏式和楼房建筑就是对于自然条件的一个超越，因而显得更关键的是这里的自然条件变率极大，很容易酿成灾害。以降水而言，这里的年降水量相当之大，季节分布却极度不均。在降水量小的季节，空气非常干燥，很可能导致火灾；而一旦降水的高峰来临，降水量和强度非常大，又未免造成水灾。这一点，张耒在黄州有强烈的感受，不下雨的时候是“老鸦衔火烧竹屋”[③]，而厌雨的时候则“朝雨没田夜崩屋”[④]，这当然是省境的普遍规律。

降水还只是一个因子，事实上有时水灾发生并不一定要当地的降水量很大。由于省境的地形总体上为一盆地，江、汉以及湖南众水所汇聚，受到整个流域的影响，水灾发生的频率更高。只要上游的水情异常，此地便难免潴水成灾。“十月南湖水拍天，屋庐漂尽少人烟”

---

① 《全唐诗》卷 398 元稹《后湖》。

② 《烛湖集》卷 15《沌中即事》。

③ 《张耒集》卷 16《不雨》。

④ 《张耒集》卷 16《厌雨》四首之三。

的惨状[①],在省境的历史上可以说是司空见惯。甚至连城市中的民居也难以幸免,尽管已经有城墙的庇护。如宋代的时候有资料称:

> 汉阳地势,其北倚山,其南瞰江,东西有湖,皆自然之天堑,无湖无江之处十之二三耳。……城居之民常懔然有为鱼之患。[②]

这种情况在历史时期一直没有多少改善,清代荆州还曾因"北门被水"而"居民荒落"[③]。

这样一种灾害频仍的自然环境,给居民的营建观念造成了非常深刻的影响。宋代曾有一条如下的资料:

> 松滋之为邑,僻在大江之滨。自兵戈以来,其乡庐邑居固不能以复旧;而又重以水潦为患,沦垫迁徙之余,庶事大抵苟且。[④]

这就一语道破了天机。"苟且"心态是居民对于"水潦为患"留有余悸的必然反应,长此以往形成一种模式,无疑会阻碍民居的进步。这是该地自然环境作用于民居文化的机理。

(2)人文环境。这方面包括社会、经济和文化传统。非常明显,民居的建筑形式与居民的经济状况几乎是一种线性的关系。茅、竹、瓦屋对于经济实力的要求各有不同,尤以后者比前两者提高较大,因而其分布也就随经济水平而形成差异。这在上文其实已经穿插讲得相当清楚,兹不再赘述。

笔者想要在此强调的是,经济的发展仰赖于安定的社会环境。然而这一点在湖北的历史上却往往未能得到满足。湖北地介六省之

---

① 《凭几集续编》卷1《垂泪一首》。

② 《勉斋集》卷28《汉阳申朝省筑城事》。

③ 王昶《使楚丛谭》。

④ 《南轩集》卷9《江陵府松滋县学记》。

交，境内纵横都有全国性的交通干道，“九省通衢”的口碑高度概括了这一特点。这为它的经济发展提供了得天独厚的条件，但也为它的社会动荡提供了便利。由于位居天下腰膂，地形又不能封固，因而历史上每次大规模的战乱这里都要首当其冲。每次兵荒马乱之后，社会经济都遭到极大的破坏，等恢复、发展到一定的程度，又遭遇一场新的战乱。周而复始，生死轮回。反映到民居景观上，就是不断地重复从茅屋到竹屋或瓦屋的转换，浑如生态群落的演替。

上文已述，早在唐朝后期鄂州的军营就已经发展到用瓦盖，但靖康之乱以后，该地的军营回到了茅屋。等到南宋逐渐安定，又得以恢复成瓦屋。范成大记述了这一经过：“鄂营昔皆茅舍，今始易以瓦屋。”而当时尚未完成，“方毕四分之一”[①]。普通民居当时也有类似的变化。襄阳在北宋承平时本来已如上述“城中十万家，碧瓦生烟雾”，但在靖康之乱中，“茅茨变闾阎，旧屋无一柱”[②]。荆州一带也与此相仿，陆游判断“楚国繁华非昔时”，其依据便是“茅屋雨漏秋风吹”的民居景观[③]。

蕲州甚至在靖康之乱后半个多世纪都未能复旧，及至重新发展到个别楼台“如在吴越绮丽之乡”[④]，明初其民居再次退回到草舍。有人状其景云：“草舍聚成新市井，桃蹊引入旧园林。”[⑤]在此之前该地的民居应多为竹屋，这样的转换在该期间或许已经不止一次。

显然茅屋是民居形式发生演替的起点。明代中叶鄂北的流民安

① 《吴船录》。

② 《汉滨集》卷1《赠襄阳帅吴彦猷》。

③ 《剑南诗稿》卷2《石首县雨中系舟戏作短歌》。

④ 《水心文集》卷9《烟霏楼记》。

⑤ 《陶学士集》卷7《过蕲州》。

定之后所建造的民居便是茅屋,时人有诗写道:

> 白茅覆屋竹编篱,斫得生柴给晓炊。妇子熙熙还感叹,于今始得免流移。[①]

后来该地的社会经济发展到一定程度,茅屋就被更高级的形式如瓦屋所取代。这当然是民居进步的必由之路。

但这样的结果也不尽然。在历史时期,省境不少地方长期未能推行瓦屋而停留在以茅竹覆屋的阶段,并非纯粹出于财力不逮。就是说,即使其经济发展到了一定的程度,也未必就导致民居的进步。如陆游在公安感觉其"井邑亦颇繁富",但就是未能发展瓦屋,还是"民居多茅竹"[②]。因此这里须要考虑历史文化的影响。

古代的楚地居民确实有一种不讲究居室的文化传统,早在《史记·货殖列传》和《汉书·地理志》中,该地居民的生活就曾被称作"偷生"。自来论者以为这不过是"无积聚"的同义语,其实民居又何尝不如是?元稹的"楚俗不理居"的论断,为之作出了真切的注解:楚人对于以茅覆屋的居住形式非常执着,"旧架已新焚,新茅又初架"[③],根本不作技术革新的设想。宋代黄州民居采用竹瓦,"比屋皆然",也是"以其价廉而工省也"[④]。这种得过且过的心态,无疑是其深厚文化传统的延续。峡州的资料甚至有些可笑,该地承楚故习,"俗信鬼神",因此也就为其民居找到了一个合乎文化传统的解释:"其相传曰,作瓦屋者不利。"[⑤]这莫名其妙的一个说法,当然为其民居停留在

---

① 《椒丘文集》卷25《录襄邓民言》七首之四。
② 《入蜀记》。
③ 《全唐诗》卷398《茅舍》。
④ 《小畜集》卷17《黄州新建小竹楼记》。
⑤ 《欧阳修全集·居士集》卷39《夷陵县至喜堂记》。

茅竹阶段提供了强大的精神维系。

上文已经分析了省境自然环境变化之大可以导致居民的“苟且”心理，在此还须注意的是，这一心态同时也有其自然条件过于优越的因素。这是一柄双刃之剑。由于该地的水热资源比较丰富，在历史时期也基本上如此，因而其自然生态系统中生产力相当之高，茅、竹等资源随处皆是，居民在建造房屋的时候采用这些材料非常方便，同时造价又非常低廉，即使遭遇变故，弃之亦不可惜。这样一来，也就提供了居民“苟且”心态的有力保障。

自然和人文环境交互作用，共同制约了民居文化的进步。然而这仅仅是文化生态过程的一半，另一半是民居对其环境的影响。个中本来也有对于自然和人文的两个方面，但这样一种并不发达的民居文化，对自然环境的改造作用微乎其微，而对于人文环境则影响甚著，因此现在只讨论后一方面。

2. 民居对于社会文化的影响

这一方面，主要是通过灾害而表现出来的。

湖北历史民居的建筑质量比较窳陋，因而其对自然环境的适应性非常差。不要说非常严重的自然灾害，就连较大的天气变化往往都难以抵御。尤其是冬天，不时令人有“密室待持胶”的感想①，而一旦遇上风雨，则更未免引发“风欺窗纸薄，雨透屋茅疏”的遗憾②。当然更为可怕的还是大雪。唐人记载道：“竹屋夜倒不知数，但闻走下雷霆车。”③显然此类事件是经常发生的。

---

① 《全唐诗》卷408元稹《江边四十韵》。

② 《陶学士集》卷4《旅寄》。

③ 《郧溪集》卷25《荆江大雪》。

不是冬天的时候也未必好过。宋代的郢州有一条资料描绘得非常生动:

> 州城北百步许,尉会在焉。老屋十余间,腐黑挠折,遇雨水行堂室中,冠巾皆湿。蛙蛤爬沙,出没阃间,与人为忤。每大风至,其上索索有声,坌入如扬筛,眯人目不得开,屋下之人,疑将压焉。[①]

这简直是非岌岌可危不足以喻之。至于降水集中的夏秋季节,极易暴发雨水成灾,那就更加人心惶惶。平原低洼之处尤为难过,如宋人记载汉阳:

> 城南俯瞰大江,堤岸低薄,夏月水涨,居民昼夜为之不宁。[②]

这种群体性的"昼夜不宁"已经构成不小的社会公害,其中当然包含有民居不甚牢固的因素。

气候反常造成的危害在某种程度上也许还能得到及时的防范,相比之下,更令人头痛的是火灾。由于湖北历史时期的民居建材长期多用植物纤维,特别容易引起火灾,往往猝不及防,"或不慎之,动则千百间立成煨烬"[③]。因而在省境的历史上,火灾的记录史不绝书,其中又大多与民居有关系。如宋代峡州有资料表明,由于其民居覆盖"皆用茅竹,故岁常火灾"[④]。荆门军在南宋也有过"军城大火"的记载[⑤]。有时火灾还为害甚烈,如唐龙朔中"荆楚大火",就"延烧数万

① 《东堂集》卷9《郢州新修县尉司记》。
② 《勉斋集》卷7《与蓁总郎书》。
③ 《太平广记》卷219"高骈"条引《玉堂闲话》。
④ 《欧阳修全集·居士集》卷39《夷陵县至喜堂记》。
⑤ 《汉滨集》卷14《蒙泉龙堂小记》。

家，荡无孑遗”[①]。近世极为著名的是嘉庆年间的汉口镇大火：

> 嘉庆十五年四月十日，镇上又失火，延烧三日三夜，约计商民店户八万余家，不能扑灭，凡老幼妇女躲避大屋如会馆、寺庙，亦皆荡然无余，死者枕藉。[②]

这种情景在湖北的历史上屡见不鲜。

多发的火灾造成了极为严重的社会问题。除了直接导致惨重的生命和财产损失，它使得全社会形成了一种对火的紧张情绪。早在唐代，元稹就曾注意到，楚地居民为了对付火灾，每逢“时雨不来下”的时候便“防虞集邻里、巡警劳昼夜”，否则“遗烬一星然”，难免“连延祸相嫁”[③]。这很可能出于民间的自发组织。而地方政府也不得不为此采取一些适当的措施，上述“多竹屋”的江淮州郡都是“火令最严”，以致“犯者无赦”[④]。某些非常的时期甚而牵动中央政府，如南宋初：

> 朝廷以沿江州郡近多火灾，虑有奸细作过，累降指挥，严行禁戢。……仍禁止民间自今不得以茅竹盖屋，已盖造者渐行修换，严保伍巡逻之法，谨防虞器具之备，以绝回禄之患。[⑤]

这实在可谓是风声鹤唳了。

与此同时，形成了发达的火灾文化。比较显著的是与火相关的民间信仰非常丰富。上引张耒“老鸦衔火烧竹屋”的诗句中，“老鸦”显然就是当地传说中火神的化身。而各种各样的火神祠祀遍及全

---

① 《太平广记》卷 328“陈导”条引《集异记》。

② 《履园丛话》卷 14“汉口镇火”。

③ 《全唐诗》卷 398 元稹《茅舍》。

④ 《太平广记》卷 219“高骈”条引《玉堂闲话》。

⑤ 《梁溪集》卷 93《乞用瓦木盖置营房札子》。

境,就连一些在外地本来只有其他功能的神祀在此地也被赋予防火的职责。如武昌的观世音菩萨:

> 沙羡为郡,地洼风悍,居者不免水火患,水防矣,犹厄于火。至元二十七年长民者以父老之言构重屋于市中,祀白衣大士而禁焉。①

即此可以想见火神在当地民间信仰中的地位。须要提请注意的是建议的乃是"父老之言",这当然是出于"心诚则灵"的动机。更有甚者,有人还认为火灾的发生与地脉有关。如范锴的《汉口丛谈》谓黑山乃是汉口的气脉所在,"民赖以安",只因有匠人在此"打凿石块",以致"崖崩地裂,火灾频闻",从而认定"皆由火库打破,遂致贻害之惨酷"②。由此可以窥见当地火灾文化内涵之丰富。

既然"苟且"的民居易致灾害,它对于居民为生的"苟且"心态未免就有一种强化的作用。叶适曾描写南宋初期蕲州的状况说:

> 州无城堞,市无廛肆,屋无楼观,佳卉良木不殖,公私一切简陋,四方之集徙者,以欺诞苟且为生,促具衣食则止。其于绝埃烦、近清凉、理榛荒、致茂好,居高览远,以遂其生之乐,非惟不能,亦未之知也。③

这虽然只是以一时一地的情况为言,但不难想见反映的其实是一个普遍的情形。

---

① 《雪楼集》卷13《武昌路观音阁记》。

② 《汉口丛谈校释》卷1,湖北人民出版社1990年版。

③ 《水心文集》卷9《烟霏楼记》。

第五章　湖北历史时期的聚落景观

聚落是民居的集合形式。关于湖北的民居景观，笔者已另文专门讨论，现在对其聚落景观进行分析。

在此一专题研究开始之前，有关的学术基础非常薄弱。湖北省境的历史聚落景观尚无人在论著中涉及，其他区域的类似研究，目前所见仅广东、湖南、陕西以及西南四区域。司徒尚纪先生对广东聚落景观的探讨[①]，旨在揭示其现时的面貌。笔者对于湖南区域，研究的虽是历史时期[②]，但着眼点在于民居，对聚落的分析很不充分，且尚未作为单独的问题提出来讨论。在近出的张晓虹、蓝勇分别就陕西、西南所作的研究中[③]，这一思路仍未得以突破。

历史时期的聚落研究未能展开，主要原因当然是出于资料的限制。有关的记载大多散见于各种文献，搜求荟集已不易为功，更遑论爬梳稽考。本文的分析主要从外部环境、空间形态以及地理分布三个方面入手，兹叙之如次。

---

① 见所著《广东文化地理》，广东人民出版社 1993 年版。

② 见拙著《湖南历史文化地理研究》，复旦大学出版社 1995 年版。

③ 张晓虹：《文化区域的分异与整合：陕西历史文化地理研究》，上海书店出版社 2004 年版。蓝勇：《西南历史文化地理》，西南师范大学出版社 1997 年版。

一　聚落的外部环境

1. 地貌环境

湖北历史聚落所依存的地貌环境，一般有如下两个特点。

(1)依山。这本来是南方丘陵地区聚落分布的一个普遍规律。唐人在描述南方地理景观的时候曾经写道："客路寻常随竹影，人家大底傍山岚。"[①]湖北历史时期的聚落布局大多亦遵循这一原则，丘陵山区的村落选址一般都是在山间或山前的冲积地带。

首先请看山区的情况。这一类的文献资料较早出现在鄂西的峡江一带。白居易曾在此有句云："巴人类猿狖，矍铄满山野。"[②]这反映了该地的聚落分布。所谓"山野"，显然指的是山间谷地或台地、坡地。由于该地区的绝对高程和相对高程都很大，聚落的布局不仅依山，而且其垂直分布的上限很高。杜甫在峡中居住的时候，曾有"山腰宅"之况[③]，他还作出了"峡人鸟兽居，其室附层颠"的概括[④]。这一特点在后世也有不少资料，如明人钟惺在归州有"岭半一人家，如鸟巢阿阁"的诗句[⑤]。

较之于峡江，鄂北的地势起伏已不算十分剧烈。宋人有诗状其景曰：

---

① 《全唐诗》卷248郎士元《盖少府新除江南尉问风俗》。按，此诗卷294又收作崔峒诗，题为《送王侍御佐婺州》。

② 《全唐诗》卷434白居易《自江州至忠州》。

③ 《全唐诗》卷221杜甫《催宗文树鸡栅》。

④ 《全唐诗》卷221杜甫《赠李十五丈别》。

⑤ 《隐秀轩集》卷2《雨发九湾至归州》。

青山忽断开平陆，鸡犬人烟太古风。野老诛茅宁有意，一生身在翠微中。①

所谓“人烟”，当然指的是村落。诗中反映了该地的聚落亦位于“平陆”与“翠微”之间，即山麓地带。下面一首诗对此表述得更加清楚：

十里髻鬟谁绾结？半天苍翠自嶙峋。教儿莫惮依山住，阔领裁衣召土人。②

这就昭示近世志乘所谓的“依山而居”③，有其悠久的历史渊源。由于该地的地势起伏仍有相当的程度，因而其聚落也有比较明显的垂直分布。明代有人在此地时常见到“悬崖有茅屋”，即所处的位置相当高，还以为“尽是赍粮户”④。

相对而言，鄂东的地势更较和缓，该地的聚落选址原则也是“结茅先对山”⑤。宋人张耒在此吟咏“萧萧茅屋土山前”⑥，而后人则有诗写道：

石磴崎岖出万山，平冈稍复慰愁颜。树边茅屋时时见，竹里柴扉往往关。⑦

这些树边的茅屋显然也与“平冈”有着密切的联系。

在省境的中部，坐落着地势平坦的江汉平原。平原上河汉纵横，湖泊众多，但在其边缘有山之处，聚落仍然对山产生依附。荆门的状

① 《紫微集》卷 9《竹山道中》。
② 《江湖长翁集》卷 19《复次韵四首》之三。
③ 同治《郧阳志·舆地·风俗》引竹溪县《旧志》。
④ 《凭几集续编》卷 1《山行绝句十三首》其五。
⑤ 《陶学士集》卷 4《郡寓偶成》。
⑥ 《张耒集》卷 32《柯山杂咏》四首之二。
⑦ 《傅与砺诗集》卷 8《黄冈晓发四首》之二。按，集中此诗共只二首。

况无须多言,有的村落甚至“围绕皆山”[①]。江陵的情形也大体如此,唐代元稹在此住过一所“江边宅”,其周围便“天生地势坳”[②]。宋代陆游来到该地一处“三家市”,经过了“黄茅十里冈”[③]。此后有位诗人写得更清楚:“数家山下起炊烟。”[④]看来此地只是山体本身与上述各处有所差异而已,聚落之依山则息息相通。这一点就连城市都未免如此,如武昌就曾呈现出“千家颓瓦乱山阿”的景象[⑤]。

(2)傍水。这也是湖北历史时期聚落选址的重要原则,在省境的应用相当普遍,不特平原水乡为然。

史料中湖北很多地方的村落有过“江村”或“水村”之号,当然它们都是以濒临水体而有此称的。孟浩然在襄阳有“沙路向江村”之句[⑥],大概可以与岑参所谓“卜筑汉江边”相互参看[⑦]。鄂东也有人写过:“过得水村闻笑语。”[⑧]就连峡江一带都有“江村乱水中”的景象[⑨],江汉平原上的此类资料无疑更加丰富。唐代王建在江陵有曰:“江村水落平地出,溪畔渔船青草中。”[⑩]汉阳则宋代有人称“本军境内尽为水乡”[⑪]。

称作“水村”固然是因为其与水的关系,同时还有一些被称作“沙

① 《使滇日记》。
② 《全唐诗》卷408元稹《江边四十韵》。
③ 《剑南诗稿》卷2《题江陵村店壁》。
④ 《大复集》卷24《长安驿》。
⑤ 《学余堂诗集》卷47《鄂城》。
⑥ 《全唐诗》卷159孟浩然《夜归鹿门山歌》。
⑦ 《全唐诗》卷200岑参《汉上题韦氏庄》。
⑧ 《相山集》卷14《和徐季功舒蕲道中二十首》之十四。
⑨ 《全唐诗》卷230杜甫《向夕》。
⑩ 《全唐诗》卷301王建《江陵道中》。
⑪ 《昌谷集》卷16《汉阳安民榜》。

村”的，显然其位置也与水体相去不远。刘禹锡曾在江汉平原上写道：

月夜歌谣有渔父，风天气色属商人。沙村好处多逢寺，山叶红时觉胜春。[①]

所谓“沙村”，应该是村落位于沙滩或沙洲上的意思，其与水体之间的关系毋庸赘言。与此同类的是有些史料并不如此抽象，如写武昌的有云：

吹面风来杜若香，离离烟柳拂鸥长。人家鹦鹉洲边住，一向开门对汉阳。[②]

这就把聚落的位置描述得非常清楚。其实这些人家还只是临江而居，水中的洲上当然也不乏聚落，题为《鹦鹉洲阻风》的诗中有“洲上人家昼掩扃”的句子可以为证[③]。

村落临水而聚，个中的原因主要有二，其一是出于经济的考虑，以渔业为生的人口势必居住在近水的环境。史料中出现的“渔人生计占沙洲”“渔艇家烟浦”之类的记载已经对此有所反映[④]，尤以江汉平原上最为典型，行人所见长期都是“蒙蒙烟雨中，两岸渔人屋”的景象[⑤]。其二则是基于生活的需要。水乃人体生命维系所必需，聚落绝不应该布置在缺水的环境中。如鄂东一带所见的“井邑联亘长，横斜

① 《全唐诗》卷361刘禹锡《自江陵沿流道中》。

② 《眉庵集》卷11《望武昌》。

③ 《独醉亭集》卷上。

④ 《梅溪后集》卷11《晚过沙滩有渔举网得鳊鱼二百余头橙橘正青黄以百钱买橘得十六颗比乡里小差而味酸》其一，《十日解舟晓泊江口望鄂渚汉阳》。

⑤ 《梅溪后集》卷11《早至鲁家洑复入大江见石首山》。

缠水浒”[①],公安一带所见的“疏篱多傍水边栽”的景象[②],都暗示了水在居民生活中所起的作用。这一点就连多山的峡江地区都表现得非常明显。杜甫曾描述该地的村落“下临不测江”[③],欧阳修也注意到峡中“邑屋临江俗善泅”[④]。这是因为其居民的生活对于江水有很大的依赖性,“市廛架屋依岩岳,妇女提罂汲江水”的观察[⑤],明白地揭示了这一关系。

2. 植被环境

由于水热资源比较丰富,湖北历史时期的植被相当发育,居民对于植物有着一种很深的依恋,因而该地的村落拥有非常突出的植被环境。

一般而言,湖北的历史聚落都是掩映在植被之中的,周围往往耸立着高大的乔木。唐代齐己在荆门有曰:“野店丛蒿短,烟村簇树齐。”[⑥]就是说,野店四周丛生着低矮的蒿草,而村落则簇拥着与民居等高的树木。所谓野店,显然是散落的,恐怕未必是正式的居民点。而那些有定居意向的聚落,其环境之有树则与其规模之大小无关,如:“白兆有居民,烟萝蔽乔木。”[⑦]显然所见的也是散居。颇有意味的是作者用了一个“蔽”字,这一形态把握得相当深刻,揭示了居民的一种心境。唐人也有过类似的描写:

> 村寺虽深已暗知,幡竿残日迥依依。沙头有庙青林合,驿步

① 《陵川集》卷3《青山矶市》。
② 《敬轩文集》卷4《公安咏古》。
③ 《全唐诗》卷221杜甫《赠李十五丈别》。
④ 《居士集》卷11《夷陵书事寄谢三舍人》。
⑤ 《西庵集》卷4《次归州》
⑥ 《全唐诗》卷838齐己《过荆门》。
⑦ 《陵川集》卷3《白兆山》。

无人白鸟飞。[①]

这首诗直接描写的虽然是寺庙，但村落的景观无疑也得以有所反映。房屋被树林紧密围合，以此染着大片的绿意，在空中白鸟的点缀下，景观的色彩特别绚丽。这一点给人的印象非常强烈，“初入黄州市，萧然绿树村”[②]，表述的正是这种感觉。

在聚落周围的植物当中，分布最为普遍的是竹。唐人称“楚寺多连竹”[③]，其实民居亦大多如此。上引“竹里柴扉往往关”状的是鄂东北，鄂东南也是“倚山修竹有人家”[④]。鄂北在唐代被描绘有“万竿高庙竹，三月徐亭树”[⑤]，当然其民居所在与此类同，孟浩然有“水竹数家连”之句[⑥]；后世该地仍有一派“人家水竹暗孤城”的景象[⑦]。归州的村舍，有“犬吠竹林罅”[⑧]。江汉平原上的聚落，或“茂竹高林”，或“竹树郁然”[⑨]，连“阛咽沙头市”都是“玲珑竹岸窗”[⑩]，煞是可爱。

与竹具有同等地位的是杨柳，尤其在近水的环境。唐代杜牧在黄州有云：

柳岸风来影渐疏，使君家似野人居。云容水态还堪赏，啸志歌怀亦自如。[⑪]

---

① 《全唐诗》卷 681 韩偓《汉江行次》。
② 《陶学士集》卷 4《甲辰守黄州初至作》。
③ 《全唐诗》卷 292 司空曙《送郎使君赴郢州》。
④ 《苏东坡全集・前集》卷 13《自兴国往筠宿石田驿南二十五里野人舍》。
⑤ 《全唐诗》卷 403 元稹《酬乐天赴江州路上见寄三首》之二。
⑥ 《全唐诗》卷 160 孟浩然《冬至后过吴张二子檀溪别业》。
⑦ 《怀清堂集》卷 6《襄阳怀古》。
⑧ 《石湖居士诗集》卷 15《虎牙滩》。
⑨ 《入蜀记》。
⑩ 《全唐诗》卷 406 元稹《泛江玩月十二韵》。
⑪ 《全唐诗》卷 522 杜牧《齐安郡晚秋》。

这就说明该地“野人”所居颇近“柳岸”。类似的资料后世很多,如“水南水北重重柳”[①],如“江绕山城柳暗村”[②]。甚至有些离房屋更近:“蒹葭连水白,杨柳荫门清。”[③]

江汉平原上聚落周围的杨柳更其高耸,如“高柳何人舍,孤灯此夜舟”之句所咏即是[④]。陆游在《入蜀记》中亦多处描绘了“有庄居数家,门外皆古柳侵云”,以及“有二十余家在夕阳高柳中”之类的景象。这些杨柳有时单独形成树林,如“一川杨柳阴”之状[⑤];有时则与竹共同组成生态群落,清代潜江的上官湖垸便是“竹林相望、杨柳萧疏”[⑥]。

除了竹和杨柳之外,还有一些其他的植物。在平原水滨,主要是芦荻。这以沌中最为明显,其“两岸皆芦荻”,而“时时有人家”[⑦]。其中有些聚落的周围不复栽种乔木,而有些则“多桑柘榆柳”[⑧]。乔木的品种在近山的环境更为多样,上引“水南水北重重柳”的下句便是“山后山前处处梅”;唐人甚至还吟道:“买得幽山属汉阳,槿篱疏处种桄榔。”[⑨]足以概见该地植物品种之丰富。

3. 人文环境

本着一定的文化观念,人类对其周围的自然环境施加了大量而深刻的影响,以此而形成聚落的人文环境。

(1)地块。从中可以看出居民对土地的利用方式,由此也就决定

---

① 《临川集》卷29《庚申正月游齐安》。

② 《梅溪后集》卷15《游东坡十一绝》其五。

③ 《范德机诗集》卷3《黄州道中》。

④ 《梅溪后集》卷11《宿紫微(在监利县界)》。

⑤ 《自堂存稿》卷2《景陵湖中宿人村》。

⑥ 王昶《滇行日录》。

⑦ 《吴船录》。

⑧ 《入蜀记》。

⑨ 《全唐诗》卷310于鹄《买山吟》。

了其附近聚落的性质。它受到自然环境的强烈影响，在丘陵山区和平原水乡是大异其趣的。

丘陵山区的地块比较单调。张耒在黄州有诗写道：

萧萧茅屋土山前，翁媪关门去获田。朝日满檐鸡犬静，荻篱深处有炊烟。①

不难看出，其土地利用是以耕作业为主的，地块中稻田的比例相当突出，以致到了收获季节所有的人都要以此为中心而忙碌。这一特征愈近山区而愈发明显。鄂北曾有诗云："山田渐广猿时到，村舍新添燕亦多。"②这就确切地道出了新添村舍与渐广山田之间的关系。显然，其他利用方式的地块是无足轻重的。既称之为山田，当然是田地垦殖于山坡的意思，其形状不可能整齐划一，而且必然有高度的分布。这种地块在西部的峡江一带尤为典型。"荒烟几家聚，瘦野一刀田"③，反映了该地的地块很小。"短篱深闭两三家，门外低畦长豆麻"④，则反映了土地利用的垂直差异。即，在聚落近旁有一些比较精细的地块，其高度分布较聚落为低。而那些比较粗放的地块其高程愈下，"家家芜田山下犁，倒枯大树烧作泥"⑤，末句还暗示了地块开发的技术手段。

平原地区，地块的色彩则非常丰富。由于自然环境的感应，该地的土地利用方式仍然以耕作为主，尤其是稻作。"处处路傍千顷稻"，足见其耕种规模之大；但地块已不再如丘陵山区那样单一，"家家门

① 《张耒集》卷32《柯山杂咏》四首之二。

② 《全唐诗》卷632司空图《淅上》。

③ 《欧阳修全集·居士集》卷10《劳亭驿》。

④ 《东塘集》卷7《峡路山行即事十首》之二。

⑤ 《西庵集》卷4《次归州》。

外一渠莲”[1],这就在聚落的附近添着了鲜艳的人文色彩,“朱荷江女院,青稻楚人田”[2],对比非常强烈。在耕作之外,平原上有着多种经营。语云“两岸桑麻地”[3],取的是近景,而“湖田漠漠隐桑麻”则是远眺所得的结果[4]。所谓桑麻,只是一个象征而已,表明地块中有不少的经济作物。当然还有一些果园,《入蜀记》载沌中有些人家“舍傍有果园甚盛”。

即以耕作的品种而言,水稻也远不是地块中的唯一,有时麦类也占有一定的比重。唐代杜甫有句云:“白屋花开里,孤城麦秀边。”[5]明人亦有诗云:

> 古堰迢迢枕郭门,城南城北万家村。行人共指丰年兆,雪里青青见麦痕。[6]

这两处诗写的都是江陵一带。钟惺也有一首诗曰:

> 江乡涨后指荒郊,木杪鱼罾俯雀巢。处处莳田催种麦,家家竹瓦代诛茅。[7]

其地可能到了省境东部。清人来到滠口后写道:

> 荞麦青葱,村庄稠叠,丹枫黄叶掩映山腰墙角,风景绝胜。[8]

这就充分地反映了地块开发在人文景观中的重要性,而其时地块中

---

① 《全唐诗》卷 613 皮日休《送从弟皮崇归复州》。
② 《全唐诗》卷 245 韩翃《家兄自山南罢归献诗叙事》。
③ 《自堂存稿》卷 2《景陵湖中宿人村》。
④ 《华泉集》卷 7《观城歌七首》之三。
⑤ 《全唐诗》卷 232 杜甫《行次古城店泛江作不揆鄙拙奉呈江陵幕府诸公》。
⑥ 《华泉集》卷 7《观城歌七首》之五。
⑦ 《隐秀轩集》卷 10《江行俳体》。
⑧ 王昶《使楚丛谭》。

正好是麦类。

由于地势低平，平原上的地块不可能产生垂直的分异，但其形状的设置则往往比较规整。“茅屋攲斜竹径荒，稻畦残水入方塘”[①]，其塘之称方盖以畦为方形所致。而清代潜江的上官湖垸，“麦畦蔬圃若方卦然”[②]，这在山区是难以想象的。

（2）渔业。地块表现的是对植物的获取，而对动物的捕捉则主要是通过渔业，这一经济方式也构成了聚落的人文环境。

从很早的历史时期开始，湖北省境的居民便发展了渔业。这当然是受惠于该地广阔的水体面积。《汉书·王莽传下》记载：“荆扬之民率依阻山泽，以渔采为业。”说明渔业在当地的经济生活中还占有相当的比重。这种经济生活给聚落景观带上了非常明显的标记，在靠近水体的聚落附近，往往可以看到一些渔具，如网罟、罾、艇之类。上引钟惺的诗中已有“木杪鱼罾俯雀巢”之句，《入蜀记》亦描绘有一个聚落：

> 在夕阳高柳中，短篱晒罾，小艇往来，正如画图所见沌中之最佳处也。

这种景象在江汉平原上非常普遍。

最可注意的是西部的峡江一带。该地本为山区，只有一些河川泾流，又江湍水急，渔业发展的条件并不十分有利；然而其聚落景观仍有着显著的渔业因素，“户户悬网罩”[③]，可见这一现象之普及。偏偏该地很多聚落的位置很高，因此渔具也随之而有一定的高度分布，

---

① 《陵川集》卷15《宿黄陂县南》。

② 王昶《滇行日录》。

③ 《苏东坡全集·续集》卷1《留题峡州甘泉寺》。

所谓“渔父云端晒缯网”[①],突出的正是这一特点。

(3)养畜。这一方面也未可忽视。在山区,由于狩猎的需要而有犬类的饲养。归州曾有云:“居人养犬获山鹿,稚子缚柴圈野鸡。”[②]其中后一句也颇有意思,这种圈野鸡的办法大概为该地所特有。但这些都不是最重要的,最重要的家畜无疑是牛。范成大曾在峡江写道:

> 惊心度石林,破眼见村舍。牛眠草色里,犬吠竹林罅。[③]

对犬和牛有所注意,对特点所在则咏得并不清楚,似乎是无人照看的。陆游在鄂东有曰:

> 沙际水牛至多,往往数十为群,吴中所无也。[④]

难怪上述的牛会引起范石湖的兴趣,因为范氏正是一个道地的吴人,这种情景显然他以前见得有限。这些牛既成群于沙际,多半也是自由放养。看来这一现象在湖北的历史上比较普遍。荆门也有诗谓:

> 江畔纤纤细麦,树头冉冉晴晖。败垣鸡犬相逐,古道牛羊自归。[⑤]

这里就讲得至为明确。这种养牛方式固然比较粗放,但却是社会环境比较宽松的必然产物。值得注意的是,该地养猪的方式也与此有点类似。清代有人在武昌写道:

> 人家豢猪不养猪圈而牧诸途,任其沿途屎溺;臭气薰蒸,行

① 《西庵集》卷4《次归州》。
② 《西庵集》卷4《次归州》。
③ 《石湖居士诗集》卷15《虎牙滩》。
④ 《入蜀记》。
⑤ 《傅与砺诗集》卷8。

> 人掩鼻，暑夏更甚焉。[①]

这就为该地的聚落景观营造了一种特殊的气氛。

以上都是就各个方面所进行的分析，其综合的情形，清人王昶有如下的记载：

> 山色四面，冈岭回合，竹树分布如画，而留岭景尤胜。其间土田衍沃，陂塘澹沱，又有长溪互之，家家背山临流，安徽、湖北风景多如此，洵可卜居也。[②]

这就把聚落环境各种因子的组合状态描绘得相当亲切有味。其写作的地点本来是在鄂东一带，但与上述的分析进行对照，不难发现这种情形在省境其实很具有普遍的意义。

二　聚落的空间形态

1.聚居类型

聚落的分类按所取指标的不同而有许多不同的系统。本文所谓的类型主要是着眼于聚落定居的稳固性，这是刻画聚落空间形态的前提。根据这一程度的差异，湖北历史时期的聚落除通常的定居聚落之外，还有如下三种类型：

(1)游移性聚落。这主要指的是舟船排筏之类水居的组合。在湖北的历史上，这是相当重要的一种聚落类型。由于境内拥有非常宽阔的水面，近水的居民有很多就聚居于水面之上，随波逐流，形成

---

① 包家吉《滇游日记》。

② 王昶《使楚丛谭》。

具有一定游移性、外形难以固定的聚落,尤以中部江汉平原最为发育。早在南朝,乐府《石城乐》中有曰“大艑载三千”而欲“与欢合生居”,这便透露出该地存在不少水居的消息。唐代张九龄在江陵曾留下“邑人半舻舰,津树多枫橘”的诗句[①];宋人也记载,在城内居民不过“千余家”的汉阳军[②],就另有“船居四百只”[③]。由此可以概见当时这一带游移性聚落所占的比重之大。后来或许是因为该地水体面积的萎缩[④],其水居聚落有所减少,反映在史料中,记载的频度大为降低。明人所谓“水国舟为市”[⑤],其聚落功能已经与往昔有所变化。而光绪《荆州府志·地理志·风俗》称:“傍江居者多为网户。”其与前此的船居情形似乎也难以同日而语。

在鄂东一带的江湖水面,历史上的水居聚落也有不少。《唐国史补》卷下记载:“洪、鄂之水居颇多,与邑殆相半。”此文颇可与上引张九龄诗相参看,只不知其中有几许夸张成分。宋代以后,此地引人注目的水居都聚集于长江水面。苏轼曾赋诗描写江淮的“鱼蛮子”们“连排入江住”,而以“舟楫为室居”[⑥],实际上所咏的便在此地。陆游的《入蜀记》则提供了一个具体的实例:

---

① 《全唐诗》卷47张九龄《登郡城南楼》。

② 《勉斋集》卷28《申制司乞援鄂州给米》。按,该文作者对于汉阳军城户口的记载颇为不一。此篇原文作“城之内外千余家耳”,同书卷30《申京湖制置司办汉阳军籴米事》中则云“本军城内外户口不下三千家”。这些资料的时效相去不远,显然不可能是户口本身的变化有如此之巨。考同书卷10《与李侍郎梦闻书》有“郭内之民仅千家”“郭外沿江之民几二千家”之语,可见此文的“千余家”殆仅指“城之内”而不含城之“外”。

③ 《勉斋集》卷30《申京湖制置司办汉阳军籴米事》。

④ 这一方面,张修桂先生在《长江宜昌至城陵矶段河床历史演变及其影响》一文中有专门的研究,载《历史地理研究》第2辑,复旦大学出版社1990年版。

⑤ 《椒丘文集》卷21《景陵书事》。

⑥ 《苏东坡全集·前集》卷13《鱼蛮子》。

遇一木筏，广十余丈，长五十余丈，上有三四十家，妻子、鸡犬、臼碓皆具，中为阡陌相往来，亦有神祠，素所未睹也。舟人云，此尚其小者耳，大者于筏上铺土作蔬圃，或作酒肆，皆不复能入夹，但行大江而已。

这一景观显然与苏轼所云可以相互印证。较之上述由船居组成的游移性聚落，这种连排而成的游移性聚落形态颇有差异。姑置其居室形态的差异无论，船居聚落内部的空间关系无疑较为松散，作时分开，息时聚集，外形不可能恒定；而连排上的各家相对位置基本上稳固，一个连排就是一个成型的聚落。再则，船居者显然只是以其所居的船只作为交通工具，生计无疑要靠渔业或运输业来解决，而连排上的生计看来主要是通过农耕。可以说，后者与定居聚落十分接近，几乎是陆居生活的拷贝。由此而肇基，这两者之间的社会组织方式及人际关系显然也大相径庭。以苏轼的资料例之，似乎连排而居的“鱼蛮子”是些不纳赋租的化外之民[①]；而江汉平原上的荒政必须考虑船户[②]，显然其与政府的关系要密切得多。

与上述江汉平原上的情景类似，鄂东一带的水居聚落也处在逐渐的变化当中。到明代，虽然有钟惺“日日移家处处邻，吴头楚尾半波臣”的诗句[③]，表明游移性聚落在该地仍相当重要，但这些“波臣”似乎主要都是船居，连排的形式已很少见。王世贞曰：

余以癸酉之楚，江行过黄州，睹有浮而编竹木筏者，连十余

① 诗中有曰：“异哉鱼蛮子，本非左衽徒。”这大概是讲他们本来不是异族。但诗的后半云：“人间行路难，踏地出赋租，不如鱼蛮子，驾浪浮空虚。空虚未可知，会当算舟车，蛮子叩头泣，勿语桑大夫。”

② 上引《勉斋集》中的资料都是荒政文件。

③ 《隐秀轩集》卷 10《江行俳体》。

> 家，鸡犬相望，亦有豆棚瓜架之属。取陆务观《江行记》考之，当时筏犹大，铺以土可种菜，今不尔也。[①]

可见连排的规模已大为缩小。况且，此类资料已犹凤毛麟角，不可多得。

(2)候鸟式聚落。此类聚落主要也是分布于水滨，尤其是平原水乡。由于水情洪枯的变化，此地的水陆面积在不同的季节呈现出周期性的消长，从而使得聚落的位置在一定的范围内来回振荡。如宋代有人记载汉阳：

> 郭外沿江之民几二千家，皆浮居草屋，视水之进退以为去住，夏则迁于城之南，冬则移于城之北，若鸿雁之去来。[②]

这种资料虽然出现的频率并不很高，但在广大的江湖水滨应该具有相当的代表性，至少在江汉平原上非常普遍。当时还有诗篇描写沌中的情形云：

> 苇屋人家绝可怜，欲没未没三四尺。倚树为巢葑作床，剥菱炊菰自朝夕。青裙皂髻长儿女，城市繁华岂曾识。屋头一艇是生涯，丁算未必逃官籍。[③]

诗人的笔触相当细致。所谓“苇屋”，当然是属于“草屋”中的一种。其高仅“三四尺”，或许不无夸饰，但这种房屋的简陋、居民心态的“苟且”已跃然纸上。笔者认为，这就是上条史料中“浮居草屋”的具体注解。这种候鸟式的迁移一直延续到明代。《大明一统志》载汉阳府风俗：

---

① 《弇州四部稿》卷161《宛委余编》之六。所谓《江行记》，殆《入蜀记》之异名。

② 《勉斋集》卷10《与李侍郎梦闻书》。

③ 《烛湖集》卷15《沌中即事》。

当春水泛涨，农民迁近原隰耕垦；秋冬涸时，还移居就下近湖泊网罗以自给。

其移动显然有一定的平面距离。而归州则有所不同：

归州四里之城在高山之上，临大江之涯，居民半居水涯，谓之下河，四月水长，徙居崖上。①

几乎纯是一种垂直的升降。

环境的周期性交替诚然是导致聚落呈候鸟式迁居的重要因素，由于其原因不可抗拒，这种情况可谓是被动的适应。与此同时，也有一些聚落呈候鸟状态则是出于居民主动的选择。此中又有三种情形，最典型的是分布在湖泺区。由于水情的季节变化很大，这种地区在夏秋汛季时往往连成茫茫一片，使人类无法安居；到秋冬水落则又退而成为湖汊，并蕴含有丰富的鱼类资源，从而吸引大量的渔民来此作季节性的居留。宋人以荆湖北路为言：

本路州县多有湖泺，其中渔船等户逐时宁无栽递，水陆隐伏。②

指的就是这一现象。与此异曲同工的是，一般分布于丘陵山区的工矿所在地往往也聚居着为数不少的此类居民。前人谓：

所在坊场去处，工作之家聚百牟利，皆四方来集，旧未属保伍，往来自如。③

这种聚落虽然没有前一情形那样规则的周期性，但其逐时兴衰的特

① 《松窗梦语》卷 2《西游纪》。
② 《省斋集》卷 5《(论保伍札子)又小帖子》。
③ 《省斋集》卷 5《(论保伍札子)又小帖子》。

点也是比较明显的。还有一种则是因战乱而引起的。如归州在清代“遭白莲教之乱”后,“城垣房舍尽已焚毁”,居民大多属临时性质,“庐而处此者皆流移雁户”[①]。这种情形与前述两种表面上差异很大,似乎难以相提并论,但考虑到很多地区的开发或再开发并不是一开始就吸引移民进来落户扎根,而是使得移民在新老两个环境之间作时间上的分割,到后来新环境占用的时间越来越长,移民的过程才得以逐步实现。空间距离不长的开发型移民大多如此。

(3)防御型聚落。上述两种类型都是非定居的,而这一种则属定居比较极端的。为了抵御外来的攻击,维护对土地的占有,聚落中添置了一些军事设施,表现出一种独特的形态。南朝时,沔北有赤系邬、破邬见于《宋书·沈庆之传》。所谓“坞”,乃是一种类似于“堡”的防御性建筑,五胡十六国时曾广泛地存在于北方,前贤论之已详,兹不赘述[②]。联想到襄沔一线乃是南北之间的重要通道,永嘉丧乱后这一带曾接受相当数量的北方移民,笔者认为这种聚落当是北方文化传播的结果。到唐宋时期,襄沔及其以南的江汉平原上“坞”的分布仍很普遍。唐人张籍在《寄汉阳故人》诗中有“同时买江坞”之句[③],杜牧也曾描写过“春半南阳西,柔桑过村坞”之景[④],宋人在荆门则有“村坞”之称[⑤],这些资料从时代和地域上都比较接近。但此后有关记载趋于稀见,仅清人在襄阳仍留有“樵牧烟中坞”的吟咏[⑥]。

---

① 《履园丛话》卷5。

② 参陈寅恪《桃花源记旁证》、唐长孺《读〈桃花源记旁证〉质疑》、程应镠《四世纪初至五世纪末中国北方坞壁略论》诸文。

③ 《全唐诗》卷384。

④ 《全唐诗》卷520杜牧《村行》。

⑤ 《象山集》卷16《与章德茂书》其五。

⑥ 《怀清堂集》卷6《临凤皇滩望鹿门诸山》。

元明以降，引人注目的则为“寨”，或作“砦”。清人吴德芝有《黄州四十八寨记》云：

> 明正德间，河北盗刘六、刘七、齐彦名等蹂躏吴、楚，蕲、黄濒江之民皆入山依险结垒以相保聚，而寨以名焉。迨张献忠、罗汝才诸贼猖獗，城郭破坏，残民逃入山野，立寨者益多。自黄冈马家潭次弟入山，为寨者四十有八。今知名者四十有四，界黄冈、麻城、罗田三邑之地。……黄冈民尚有孑遗者，亦诸寨力也。①

严格说来，这种寨已经不是一般的聚落，它是许多聚落的临时集合。当非常时期，在省境的分布非常普遍。据载元季之乱时，安陆“民匿山砦，仅数十家”②。清中叶鄂、陕、川交界社会比较动荡时，人称鄂西北“山内之民耐劳习险，其结寨并村能以自守”③。检之《天下郡国利病书》，含有“寨”的地名遍及今湖北全省。而同治《竹溪县志・风俗》记载，该地“村落以寨为名”。在人际关系一直比较紧张的地区，有些居民径以此作为聚落的常态。清初顾彩来到少数民族聚居的清江流域，时常看到一些山体的“最高处有砦楼”，由于地处岩溶高原，山体非常陡峭，甚至于“梯悬十仞”，而“砦上亦有人居”④。

“坞”和“寨”兴盛于不同的历史时期，其中似乎也有分布区域的差异。前者的形态周高而中低，坐落的地势相对比较平坦；而后者则强调居高而临下，往往建立在地势非常险峻的山头。这样的差异当然与军事技术不无关系，但笔者更感觉到其中似乎有一种文化渊源的分野。即，“坞”当是地势坦夷的北方的发明，随移民的南下而播迁

---

① 见《汉口丛谈校释》卷 4，湖北人民出版社 1990 年版。

② 道光《安陆县志・风俗》引陈士元记。

③ 严如煜《三省边防形势录》。

④ 《容美纪游》。

于此;而“寨”则当是习于险阻的南方的智慧,为该地土著的文化延伸。

除“坞”“寨”之外,鄂西南还有一种特殊的防御性聚落,即岩洞。该地的石灰岩溶洞有些规模非常之大。有个“岩洞名燕喜”,竟至“深十余里”,而且其形状“外窄内宽”,因此“土人避寇常聚居其中”①,显然有万夫莫开之奇效。

2. 组织方式

湖北历史聚落最常见的组织方式是聚族而居。这也是全国性的普遍规律,具有非常悠久的传统。宋代苏轼曾在《荆州十首》之二中有曰:“废城犹带井,古姓聚成村。”②其末句的意思,当然已用不着再作解释。时人还以鄂西北的竹山写道:

> 介居阻险而号剧邑,多巨姓强家,连地千顷,其间桀黠者往往雄张一乡。③

由此可以看出该地家族文化的发达情形。如果缺乏聚族的支撑,这种“巨姓强家”是难以形成的。明人袁宗道称:“吾族数百家聚村内。”④乃弟中郎也曾将“一湾茶枣市,合族木云村”的题材形诸诗歌⑤。清初有人从其乡土公安经过,还留下了“居民八九家,其下自名村”的吟咏⑥。所谓“自名村”,当然是聚族而居之义。《大明一统志》

① 《容美纪游》。
② 《苏东坡全集·续集》卷2。
③ 《紫微集》卷31《岁寒堂记》。
④ 《白苏斋类集》卷9《唐医序》。
⑤ 《袁宏道集笺校》卷29《又九日偕诸叔及诸季昆散木陈正夫王回登高孟溪剧饮》。
⑥ 《敬业堂诗集》卷1《白杨堤晚泊》。

称汉阳"多存仁义,有历世不分者"[①]。毫无疑问,以血缘为纽带组成聚落是省境相当普遍的现象。

在血缘之外,有时地缘也是组建聚落的重要方式。如上述为避难而兴建的寨:

> 天堂山者,元末徐寿辉僭号地也,后并于陈友谅,实为天险,明兴,其地废。明末复立寨,聚十余万人固守,贼不能攻。[②]

如此巨大的规模,显然不可能是按血缘聚集的。尽管它也是建立在血缘的基础之上,但最终肯定是通过地缘来实现的。从这个意义上讲,后者乃是前者的扩张。

3. 平面布局

受资料所限,这方面一般只能以正常的定居聚落为言。

(1)外形。湖北历史聚落的外形颇为多样,其中最有特征的是呈长条状。这是该地聚落成长的共同模式,稍具规模的聚落便往往如此,很多城市和集镇都是以此为骨架而发展起来的。这主要是受到河湖水体的影响所致。上文已述,湖北历史聚落分布的一大环境因子是水。聚落沿水体边缘伸展,自然而然便形成长条状的布局。一方面,出于地貌条件的制约;另一方面,则因为水道是古代最重要的交通线路,聚落如此延伸,可以最大限度地分享区位优势。早在南朝时期,襄沔一带的大堤就艳称于世,表明该地已发展有一些傍水的长条状聚落。宋代而后,很多史料对此进行了具体的描述。《吴船录》称峡江"两岸多居民",鄂渚有"沿江数万家"。《入蜀记》则估计了后者的空间尺度:"民居市肆数里不绝。"元人有诗云:

---

① 《大明一统志》汉阳府风俗引《宋志》。

② 见《汉口丛谈校释》卷4,湖北人民出版社1990年版。

羊罗到武昌,相望两舍许。井邑联亘长,横斜缠水浒。[①]

这种资料可谓细致入微了。明代袁宏道的《村居杂题其二》中有曰:

一村垂大带,十里望丹旂。小榜依蛮市,枯杨卧水祠。[②]

时人在公安还写道:

古砌长衢满绿苔,疏篱多傍水边栽。欲知何处怀平仲,老竹荒祠风雨来。[③]

都反映出在该地的环境中聚落布局受水影响的深刻程度:无论街衢还是村落都可能呈现出"长""带"状的特点。那些贸易兴旺的著名市镇便更其如此。如"沙市为三楚名区,阛阓十里有奇"[④],新堤也是"鱼米积聚之地,沿江绵亘十五里"[⑤]。

长条状是在水道单一的状况下发育起来的,遇有水道交汇,其沿岸的聚落形状则未免出现一些变化。宋代的富池镇便是一个三叉形,时人有"古镇三叉截路隅"的诗句[⑥]。其形成机制与上述条状是完全一样的。

对于那些远离水道的依山聚落,它们的外形便缺乏了共同的一定之规。孟浩然曾描绘襄阳的景象:

卜筑因自然,檀溪不更穿。园庐二友接,水竹数家连。[⑦]

---

① 《陵川集》卷3《青山矶市》。
② 《袁宏道集笺校》卷30《村居杂题其二》。
③ 《敬轩文集》卷4《公安咏古》。
④ 黄勤业《蜀游日记》。
⑤ 许瓒曾《东还纪程续抄》。
⑥ 《庐山集》卷4《富池镇上感怀》。
⑦ 《全唐诗》卷160孟浩然《冬至后过吴张二子檀溪别业》。

这种聚落形态在全省的丘陵山区具有广泛的代表性。即，聚落的布局因自然的地势而变化，往往三三两两呈星散状态，有些甚至是独家独院。如“僻巷邻家少，茅檐喜并居”[①]，或“青山一聚落，中道势幽阻”[②]，都反映了这一特点。即使聚落规模稍大，也不过是作斑点状，显现出“人居疏密，竹篱茅舍”的风韵[③]。

若依山的聚落发展到足够的程度，也有一个必然的趋向，即随地势高程的变化而展现出层次。这一点以依山的城市表现最为典型。唐人杜审言在襄阳谓：“旅客三秋至，层城四望开。”[④]这就已经做了提示。对于一般的依山聚落而言，只不过没有如此醒目而已。

(2)边界。在湖北的历史上，聚落边界一般有三种形态。

其一是以藩篱构成。这在全省相当普遍，也许可算是最为常见的一种形态。由于湖北的历史民居非常注意庭院的布置，而庭院又大多是以藩篱围成，这些藩篱及其组合也就构成了聚落的边界。陆游赞赏的“数家夕阳中，芦藩茅舍”[⑤]，明人吟唱的“鹭拳沙碛远，人语竹篱深”[⑥]，对此都有所反映。

其二则是以树木、植物为标志。苏东坡所咏“茅屋数家依竹苇”[⑦]，陆放翁所谓“有庄居数家。门外皆古柳侵云”[⑧]，皆其显例。这也许可以看作是前一种的变相，但在形态上两者其实不尽相同。前

① 《全唐诗》卷 310 于鹄《题邻居》。
② 《陵川集》卷 3《青山矾市》。
③ 顾彩《容美纪游》。
④ 《全唐诗》卷 62 杜审言《登襄阳城》。
⑤ 《入蜀记》。
⑥ 《自堂存稿》卷 2《景陵湖中宿人村》。
⑦ 《苏东坡全集·前集》卷 2《送任伋通判黄州兼寄其兄孜》。
⑧ 《入蜀记》。

者显然是闭合的,而后者则未必。因此,这种树木与其说是聚落的边界,还不如说是一个“村头”,完整的边界也许须要通过意念才能串连起来。

另一种是地势低洼的平原河谷地区的特产。这些地区普遍筑有汛季防洪的堤岸,往往成为聚落布局的依靠。最早引起注意的是南朝襄沔的大堤。到宋代《麈史》则载:“竟陵、荆渚间缭汉、江堤以障泛水,彼人谓堤曰提。”后世的堤防不断发展,清人王昶在潜江一带记录:“沿江皆高堤,楚人称堤为垸。”[①]所谓“垸”已经是一个比较特殊的概念,不知宋代以前该地的大堤在实质上与它有几许相似。但有很多聚落沿堤展布则是自来就甚为彰明的事实。汉水中游“襄阳大堤绕,我向堤前住”之类的史料已无须胪列[②],其他地方的大堤也多附着于聚落。荆州一带,宋人称“千年堤岸围沙市”[③],形容其堤岸由来久远。而时人在公安所见“蒙城一市万人聚,一堤如虹作遮护”[④],也是以堤构成聚落的边界。其状“如虹”,不知是诗人未见全豹还是大堤首尾尚未相接,但不难看出有包围的趋势,与上引两条资料中的形态小异而大同。不仅规模较大的城市有堤围护,一般性的聚落也多如此。《入蜀记》记载沌中有处村豪园庐便“堤净如扫”。而有些聚落则干脆直接布局在堤上,绵延成一条长龙。如清人在沔阳看到的“长堤市屋”,其长“自西而东约三里许”[⑤]。

三种边界是可以相互叠加的。陆游眼中的扬罗洑是“大堤高柳,

① 王昶《滇行日录》。
② 《全唐诗》卷403元稹《酬乐天赴江州路上见寄三首》之二。
③ 《东塘集》卷4《泊沙市》。
④ 《双溪类稿》卷3《宿公安二圣寺》。
⑤ 包家吉《滇游日记》。

居民稠众”[①]，即有堤、有树。而唐人有谓：“柳弱湖堤曲，篱疏水巷深。”[②]其中树、堤、篱三者都有。

(3)用地。湖北历史聚落的用地，有乡村与市镇两种模式。

市镇模式的聚落用地，估计在一定程度上是有所规划的。因为在大大小小的市镇中，房屋的排列大多呈现出一定的规则。唐代的鄂州民居虽为“陋屋”，但排列并不杂乱，人称“骈联”[③]，到宋代其城外“廛闬甚盛”的鹦鹉洲前南市则“列肆如栉”[④]。上述沿江绵亘十五里的新堤是“井陌成行”[⑤]，而清代鄂西南有“一村如巨镇”，也“街衢平直”[⑥]。

这种用地模式最突出的特点是对公共用地特别节省。在湖北历史时期的市镇资料中，街道无一例外都是非常狭窄的。元稹称楚地“篱落不蔽肩，街衢不容驾”[⑦]，估计是以荆州为言。当时的鄂州则有资料明确指出，其“闾井城隍有陋狭不快人心者”，城中“土地隘塞，若人胸次不开”[⑧]，到宋代仍有人称该地“省罗门巷不容车”[⑨]。而黄州则“门狭不能行两马”[⑩]，显然这是与其道路宽度相匹配的。峡州城规模一向很狭小，“通衢不能容车马”，直到宋代才“作市门市区”[⑪]，在此

---

① 《入蜀记》。
② 《全唐诗》卷 582 温庭筠《寄渚宫遗民弘里生》。
③ 《全唐文》卷 727 舒元舆《鄂政记》。
④ 《吴船录》。
⑤ 许瓒曾《东还纪程续抄》。
⑥ 《容美纪游》。
⑦ 《全唐诗》卷 398 元稹《茅舍》。
⑧ 《全唐文》卷 727 舒元舆《鄂政记》。
⑨ 《庆湖遗老诗集》卷 9《和吴达夫见过留题》。
⑩ 《张耒集》卷 4《齐安行》。
⑪ 《欧阳修全集・居士集》卷 39《夷陵县至喜堂记》。

之前是明显没有职能分区的。陆游曾写过“晚泊巴河市,小陌闻屐声”的诗句①,反映的其实是省境历史上市镇用地的普遍风情。

公共用地不仅很省,而且管理水平很低,卫生设施往往跟不上。宋代的峡州城人称其市为“鲍鱼之市”,臭不可当,“虽邦君之过市,必常下乘掩鼻以疾趋”②。而清代的武昌省城也大抵如此,“人家豢猪不养猪圈而牧诸途,任其沿途屎溺”,其结果自然免不了“臭气薰蒸、行人掩鼻”了③。

乡村聚落的用地模式则大异其趣。显然是由于地价低廉,这种模式的用地相对显得比较粗放。土地类型的安排缺少统一规划,房舍的布置也一般比较随意。

令人印象深刻的是居民对于私人空间的高度重视。最能反映这一点的是各家的庭院。史料中湖北居民一般都拥有一个由短篱分隔出来的庭院,而且面积往往很大。这当然是以乡村尤为突出,笔者在民居的内容中论之已详,在此不赘。须指出的是,这一点其实在市镇中也有不同程度的表现。如宋代的归州,范成大有“竹篱茅舍作晚市”之叹④。这种情形与乡间估计只有庭院面积大小的差别。

除了庭院,民居的近旁一般还多有大小不等的菜畦、果园。严格说来,这也许应属于上述地块的内容,但值得在此再加强调,因为这些用地并非总围绕在聚落的四周,而往往穿插于聚落的内部。如《入蜀记》所载江汉平原上的一个聚落:

居民颇众。有一二家,虽茅荻结庐,而窗户整洁,藩篱坚壮,

---

① 《剑南诗稿》卷10《发黄州泊巴河游马祈寺》。

② 《欧阳修全集·居士集》卷39《夷陵县至喜堂记》。

③ 包家吉《滇游日记》。

④ 《石湖居士诗集》卷16《归州竹枝歌二首》。

舍旁有果园甚盛。

而另一个聚落则：

鸡犬闲暇，凫鸭浮没，人往来林樾间，亦有临渡唤渡船者，使人怡然如造异境，舟人云皆村豪园庐云。

其土地类型更加复杂，很难区分究竟算聚落的内部用地，还是其依存的外部环境。

与私有空间形成对照的，是乡村内部公共活动空间的相对模糊。由于长期未能普及井饮的习俗，生活、饮用水源一直主要取资于河川径流，湖北的乡村很少像有些地方那样以井台作为公共活动的中心。其最显著的公共活动中心位于居住区的外头，即那些遍布省境的各色神庙。由于信鬼好巫的一贯民风，这些神庙在省境极为发达，绝大多数依违于聚落的附近。杜甫对"村依野庙壖"的洞察[①]，生动地揭示了这一分布特点。其观感虽然是从夔州得出，但在南方其实具有广泛的意义。"不知何处村，时击祭神鼓"[②]，乃是湖北历史时期极为普遍的文化景观。从中不难发现，祭神地点与村落之间的空间关系是非常密切的。而且，作者以祭神与村并论，对神庙作为公共活动中心的作用给予了充分的肯定。宋人有首诗中写道：

石树表独立，瓦蛩相与言。双鸥定渔社，一犬护柴门。[③]

其中并未直白地流露人的踪影，但通过鸥和犬的姿态，已经暗示了居民与"渔社"之间的密切联系。

---

① 《全唐诗》卷230杜甫《秋日夔府咏怀奉寄郑监李宾客一百韵》。

② 《北山集》卷21。

③ 《阆风集》卷4《渚宫秋思》。

三　聚落的地理分布

1.唐代及以前

早在《史记·货殖列传》和《汉书·地理志》中,都有“楚越之地,地广人稀”之类的记载。据此不难推知,湖北省境的聚落分布在当时是非常稀疏的,而且其聚落规模一般不可能很大。

这种情形直到唐代仍未得到改观。相反由于传世史料的增加,这一特点可以被看得更加清楚。时人曾在省境留下不少诸如“微明汉水极,摇落楚人稀”[①],以及“孤城尽日空花落,三户无人自鸟啼”之类的诗句[②]。而那些称“江转数程淹驿骑,楚曾三户少人烟”的[③],也不过是在借古以喻今而已。

具体的例证当然更多。中部地区,《江行无题一百首》中多处描写了该地的聚落。如其第十七首有谓“柳拂斜开路,篱边数户村”;第廿六首云“月下江流静,村荒人语稀”;第四十三首则称“兵火有余烬,贫村才数家”[④]。西部,杜甫曾在峡中发出“山荒人民少”的感慨[⑤]。其触目所见的村落即“溪边四五家”[⑥]。东部,刘长卿曾写过“寥落几家人,犹依数株柳”[⑦]。而北部,上文已征引过孟浩然的“园庐二友接,

---

① 《全唐诗》卷147刘长卿《步登夏口古城作》。
② 《全唐诗》卷151刘长卿《使次安陆寄友人》。
③ 《全唐诗》卷271窦常《之任武陵寒食日途次松滋渡先寄刘员外禹锡》。
④ 其作者有异议有钱起、钱珝二说,《全唐诗》卷239,卷712重出。
⑤ 《全唐诗》卷221杜甫《柴门》。
⑥ 《全唐诗》卷229杜甫《溪上》。
⑦ 《全唐诗》卷149刘长卿《孙权故城下怀古兼送友人归建业》。

水竹数家连”①。

这些资料所记载的村落，竟没有一个是在十家以上的，想必《史》《汉》所谓的“地广人稀”也不过如此。其中虽不排除有些可能是处在社会动荡时期，但其一般性的面貌已约略可见。

2.宋元时期

宋元时期，湖北的聚落景观较前已有一定的发展。资料中逐渐可以见到一些较大的聚落，总体的分布密度也明显有所增大。

目前所见大多为靖康南渡以后的情形，北宋的资料比较稀少。虽然遭遇过十分严重的战乱破坏，但在南宋渐趋稳定之后，湖北省境的社会经济恢复得仍较可观。据时人记载，湖北州军“经兵火之后土旷人稀”，安定既久，“户口浸盛，事亦向繁”②。其例如汉阳，人称“两邑一郡共二十万家”③，其人口密度之大、较前代增长之多可以想见④。这虽然不是对聚落状况的直接记载，但其变迁无疑也可以得到体现。

地域的差异是十分显著的，首先请看中部的江汉平原。此地在南宋初年倒退十分严重。以荆门为例：

> 疆土虽稍广阔，然山疃田芜，人踵稀少，户口不能当江浙小县。⑤

① 《全唐诗》卷160孟浩然《冬至后过吴张二子檀溪别业》。

② 《止堂集》卷6《乞复湖北主簿省罢税官疏》。

③ 《勉斋集》卷12《复吴胜之湖北运判(柔胜)》。

④ 此处“二十万家”的数字是在筹措荒政时提出的，可能不无夸张之嫌。同书卷30《申京湖制置司办汉阳军籴米事》所言，除上引“本军城内外户口不下三千家，又有船居四百只”之外，“乡村共二万户”，口径出入甚大。考虑到此前历代该地的户口水平，纵取后说匡算也无妨于本文的结论。

⑤ 《象山集》卷17《与丰叔贾》。

证之以其他史料,此言殆非虚语。时人有诗云:

> 去年曾问荆门途,鸡鸣狗吠民耕锄。摇鞭重来意惨淡,前日井邑今丘墟。云昏雨涩草堆碧,田野荒芜人迹疏。深山扶携皆露处,骨肉荡没况室庐?[①]

这就形象地说明了该地聚落景观的变化。安定之后,不少地方照旧维持着一幅地旷人稀的模样。如《入蜀记》载公安"县有五乡,然共不及二千户",连作者当时都有"地旷民寡"之慨。但聚落的发展仍有迹可寻。在江汉平原上,尽管给人留下过人烟稀少的一些观感,如有诗句称"竟日舟行无一家,无边眼界只芦花"[②],还有"沮洳蒹葭远,村墟烟火稀"[③],以及"芦荻洲中一两家"之类[④]。但以之与《吴船录》和《入蜀记》的记载相对照,不难发现其中存在着一些显著的变化。前者所记在入沌之后,"两岸皆芦荻,时时有人家"。而后者蕴含的资料更多,经常有"庄居数家"或"渔家相映",如一个名叫"子保"的村庄"有十余家",景致"正如画图所见沌中之最佳处"的所在"有二十余家",而百里洲等地则"民居相望"。这些,显然不再是前代的"地旷人稀"一词所能概括得了的。

省境东部,其发展的痕迹也比较明显。此地在两宋之际受到的冲击也非常厉害:

> 湖右之田屡经兵火,荡为瓦砾之场,鞠为草莱荆棘之墟,狐狸所居、豺狼所嗥,人烟几绝。

① 《野谷诗稿》卷2《荆门行》。
② 《梅溪后集》卷11《舟中作》。
③ 《双溪类稿》卷3《复州道中二首》之一。
④ 《梅溪后集》卷15《泊潜江甲》。

这段文字便是在东部写的。作者以崇阳县为例："闻之土人，曩者人烟断绝，荆棘弥望。"[1]此乃鄂东南。鄂东北所受的冲击更为强烈，自离兵革四十来年，仍有人形容其"市井之间居民未复，郊野之外人迹犹稀"[2]。经过"州县招诱"，又有"四方之流移者稍稍聚集"，鄂东也出现了"疆畎渐修"的局面[3]。

恢复之后，此地聚落的规模一般仍较有限。有位地方官以鄂东北一带奏称：

> 市井号为繁富者一二郡，大概如江浙一中下县尔。县邑至为萧条，仅有四五十家，大概如江浙一小小聚落尔。[4]

鄂东南的情形也相去不远，大冶县有诗云"吏民俱困市廛小"[5]。城镇规模如此，乡村就更是"一蟹不如一蟹"。《入蜀记》中所载"蕲州界"的村落是"数家夕阳中"，黄州境内有人写过"意象全然似村落，又添茅屋两三家"的诗句[6]，鄂东南的夜景则"人家数点火，风物一川云"[7]，凡此都可以反映其聚落规模的大致水平。

尽管如此，若与此前进行纵向对比，仍不难看出有进步的迹象。北宋时苏轼曾有云："黄州小郡隔溪谷，茅屋数家依竹苇。"[8]张耒也曾在此写道：

> 黄州楚国分三户，葛蔓为城当楼橹。江边市井数十家，城中

---

① 《双溪类稿》卷19《上林鄂州》。

② 《浮山集》卷5《蕲州到任谢表》。

③ 《双溪类稿》卷19《上林鄂州》。

④ 《浮山集》卷4《蕲州任满陛对札子》。

⑤ 《北山集》卷23《过大冶县》。

⑥ 《石屏诗集》卷6《题黄州谢深道国正山庵》。

⑦ 《梅溪后集》卷10《宿大冶县》。

⑧ 《苏东坡全集·前集》卷2《送任伋通判黄州兼寄其兄孜》。

平田无一步。[①]

后先相较,可以发现上引南宋史料未免过分渲染之嫌。究其故,一来与发达的长江下游横向对比,此地的水平无疑有所不逮;二来社会动荡给人留下的心理创伤尚未痊愈,意念中此地有理由发展得更好。其实,该地的当时比起北宋已是有过之而无不及了。况且聚落的分布空间也在不断地扩张之中,元人有"树边茅屋时时见"之句可以为证[②]。

由于地理条件的差异,各地的发展速率极不均一。由于这一速率的不同,也就形成了聚落的功能体系。发展最快的是交通便捷的沿江一带,在此地突现了全省境、两湖乃至于整个长江中游的中心城市——鄂州(今武昌)。这一点是非常引人注目的。在此之前,长江中游虽然存在一些规模较大的城市,但从经济意义来讲,能够称得上中心城市的其实很难看得出它的存在。曾经作为楚国都城、此后又长期充当两湖政治中心的江陵,从汉末以后屹为一方雄镇的襄阳,尽管它们也曾有过非常繁荣的经济活动,然而就吸引范围而言,尚不足以覆盖全省乃至两湖。它们与鄂东以及湘水流域的经济交往,就很难称得上密切。鄂州在汉末以来的分裂时期都曾受到其区位的刺激而急速繁荣,其总体地位则一直不足与荆、襄相匹敌。然而从南宋开始,鄂州的地位开始凌驾于荆、襄之上,元代以后,更是稳定地充当了两湖区域政治、经济和文化中心的角色。

从《入蜀记》和《吴船录》中,不难看出当时鄂州的盛况。其城外南市的居民已有数万家,廛肆之大,贸易之繁,堪与钱塘、建康相媲

① 《张耒集》卷4《齐安行》。
② 《傅与砺诗集》卷8《黄冈晓发四首》之二,共只二首。

美；而货物流通地域之广，远及于今两湖范围之外。稍次于鄂州的则有沙市。该地在前代已经著名，但不过是政治中心江陵的附属港口，发达程度比较有限；至此其规模空前扩展，同样可以从上述二书中看得非常清楚，兹不赘述。陆游还曾写下“沙头巷陌三千家”的诗句[①]，显然数量庞大的流动人口不在此列。这表明江陵作为经济中心的功能已经剥离，而由沙头取而代之。

比沙头更低一级的，是一些地方性的市镇。这些市镇规模在数百户不等。其中有些是基层政区的治所，如陆游所见公安县城“井邑亦颇繁富”。而更多的则是一些所谓的草市。《入蜀记》所载有“蕲口镇居民繁错”，扬罗洑“居民稠众”，白杨夹口“居民及泊舟甚多”，金鸡洑中也“有聚落如小县”。其他比较著名的还有青山矶市和富池镇，前者的资料上文已有所引述，后者亦有诗云：

流民土著两纷纷，朝暮惟知射利勤。隔县小家多钓弋，近沙虚地少耕耘。[②]

这种市镇在沿江一带多有分布[③]。

在沿江飞速发展的同时，鄂东南丘陵地区也发育了一些市镇。如武昌县的金牛镇，其“人烟近四百户，市井比之本县大段翕集”[④]。这些市镇多在长江的支流沿岸，交通也比较发达，其密度较之沿江则大大地不如。

省境西部地区，仍旧是一幅地旷人稀的模样，与前代相比没有多少改变。此地的城市规模都很小。欧阳修笔下的峡州是：“青山四顾

① 《剑南诗稿》卷19《荆州歌》。

② 《庐山集》卷4《富池镇上感怀》。

③ 当时的市镇名录，可参傅宗文所著《宋代草市镇研究》，福建人民出版社1989年版。

④ 《浪语集》卷26《上诸司论金牛置尉札子》。

乱无涯,鸡犬萧条数百家。"[①]范石湖状归州也有"城郭如村莫相笑"之语[②]。其乡村自然就更加细小。"荒烟几家聚"[③],"短篱深闭两三家"[④],可以说明其村落规模。而"樵户人家随处见"[⑤],以及"峡行五程无聚落"[⑥],则可以反映其分布状况。这种地理图景一直东延至江陵的近郊。陆游状之曰:出江陵城往西,即"黄茅弥望,每十余里有村疃数家而已"[⑦]。他为此发出了"青旆三家市,黄茅十里冈"的感喟[⑧]。

北部地区,其在南宋所受的战争创伤最为惨酷。南宋初年有人写道:

> 自敌人南下,破陷兴沔、蹂躏均房,汎荡枣随,攻掠光信,二三千之地,昼无炊烟,野多暴骨。[⑨]

这是以今陕、鄂、豫三省毗邻的大片地区而言的,稍嫌笼统。魏鹤山在经过考察之后上奏:自襄汉扰乱以后,"城郭荒残,室庐焚荡",以致"京湖管郡一十有八,残破者七,被兵者三,仅存者八"[⑩]。显然是愈靠北其情形就愈糟,这可以比较准确地反映出鄂北地区所受的破坏。

其中,襄阳无疑是最具代表性的。南宋初年有人上奏道:

> 襄阳新复之地,以十五、六年狐狸所嗥,日月几何,粗立官

---

① 《欧阳修全集·居士集》卷11《寄梅圣俞》。
② 《石湖居士诗集》卷16《归州竹枝歌二首》。
③ 《欧阳修全集·居士集》卷10《劳亭驿》。
④ 《东塘集》卷7《峡路山行即事十首》其二。
⑤ 《清献集》卷3《初入峡》。
⑥ 《石湖居士诗集》卷15《大丫隘》。
⑦ 《入蜀记》。
⑧ 《剑南诗稿》卷2《题江陵村店壁》。
⑨ 《清献集》卷7《乞招用边头土豪札子》。
⑩ 《鹤山集》卷30《缴奏奉使复命十事》。

府，池城虽修浚，田野未加辟，室庐虽草创，市井未阜通，敌人常有闯伺之心，民旅犹存顾虑之意。[①]

而当地有位诗人曾大发感慨：

我今还故乡，陵谷亦易处。荆榛荒旧蹊，溪壑改新路。城中十万家，碧瓦生烟雾。茅茨变闾阎，旧屋无一柱。相逢访亲旧，十百不一遇。岂无新人民？往往皆旅寓。[②]

经过这些对比，不难想见其聚落景观与北宋承平时差异之霄壤。在北宋，襄阳的属县有“山川秀洁、井邑丰富”之令誉[③]。而在南宋，人称“今襄阳汉水之外即是敌境”，自然是“灌莽千里，久无人烟”[④]。

这一反差在整个鄂北相当普遍。鄂西北的均州有诗云：

闻道均阳郡，平时百万家。客行休访古，世异定兴嗟。逐逐才为市，通通亦掺拦。仅成新聚落，那复旧豪奢？[⑤]

其开头所谓“百万家”，当然不可能是写实，乃是诗人出于极致的抒情而有意地夸张。这一数字无须深究，但作者的意旨则明白晓畅。与此相邻的房州，时人也留下了一首脍炙人口的诗篇：

衰草连云鸦乱飞，荒城寂历淡寒曦。屋庐烧尽民居少，只有青山似昔时。[⑥]

其末两句实虚相映，聚落景观的变化跃然纸上。

---

① 《可斋杂稿》卷19《奏襄樊经久五事》。

② 《汉滨集》卷1《赠襄阳帅吴彦猷》。

③ 《济南集》卷7《襄州光化县重修县学记》。

④ 《可斋杂稿》卷19《奏襄樊经久五事》。

⑤ 《江湖长翁集》卷11《均州增应守沈倅》。

⑥ 《紫微集》卷9《再到竹山》。

鄂北东南部的随、郢二州,岳飞曾在奏疏中有言:

臣收复到襄阳、随、郢三州,即时逐急权行差官葺治州事,实以此三州止有空城,公吏军民自缘久罹兵火,或被驱掳,或遭杀戮,甚为荒残。①

如此,其聚落景观可想而知。虽然岳飞在后文中有“今来葺治渐成次第”之语,但这不过是军人矜功邀赏之惯技,至少聚落方面的史实并非如此。诗人对随州曾有过描述:

当时不受攻,例与安陆溃。居人尽室去,涵养尽一败。荒空二十年,繁伙日芜秽。白垩余屋壁,狐狸窟庭内。②

即此可见上引所谓“渐成次第”其实现过程是何等的漫长。

终南宋一代,鄂北的聚落景观一直未得到有效的恢复,更不要说有所发展了。元初曾有人记叙其见闻:

自邓南入新野,蹈宋北鄙,渡泌河及湖阳入于舂陵,陂塘联络,畎浍萦属,村墟蓊蘙,荒空不可行。佳木修竹,奇花异卉,栉比林莽间,怵然有感于中。③

这昭然是一幅经历过社会经济大倒退的样子。从此鄂北地区元气大伤,成为省境乃至全国的落后地区。

3. 明清时期

明清时期,湖北聚落景观的发展上升到一个更高的水平。虽然中间也曾因为战乱的破坏而有若干次倒退,但正如不断涌涨的波涛

① 《金佗稡编》卷10《条具荆襄相度移治及差官奏》。
② 《陵川集》卷3《随州》。
③ 《陵川集》卷3《渡江书所见》诗序。

一样，波峰的高度一浪高过一浪。

地处中部的江汉平原，其发展的程度当属省境之最。尽管其内部并不同步。在平原边缘的丘陵地带，发展的程度一直比较有限。从明到清，其聚落规模较小的记载不绝如缕。如明人有曰："暮雨萧萧云黯然，数家山下起炊烟。"①清初人所见荆门州的一个聚落不过"居民数家"②，公安境内也有"居民八九家"的村庄③。但在平原的腹心地区，其发展速度则一日千里，村落之繁庶，为以前历古所不能梦见。明人咏荆州有云："古堰迢迢枕郭门，城南城北万家村。"④称以万家，殆非虚语。清初仍有人写道：

> 戎马壬申逮甲申，万家烟火几家存？人如刲豕屠羊惨，事异黄巾青犊论。⑤

此诗本旨乃是感叹清初该地所受破坏之惨，但正好可以为上引诗句提供一个反面印证。这种数量级是以前地旷人稀时代无可比拟的。到清代后期，虽然有些地方因社会动荡而未免出现短期的"阛阓寥落"⑥，但仍有不少地方未受冲击。如：

> 粤匪之乱，沙市以有备独完，大堤上廛肆如栉，人烟茂密，歌楼酒舍昼夜喧阗，前临江岸，吴盐蜀麻市舶如云。⑦

不难看出，此地较之前代还有相当显著的进步。

---

① 《大复集》24《长安驿》。

② 《使滇日记》。

③ 《敬业堂诗集》卷1《白杨堤晚泊》。

④ 《华泉集》卷7《观(江陵)城歌七首》之五。

⑤ 《怀清堂集》卷6《荆州》其二。

⑥ 王士禛《蜀道驿程记》。

⑦ 洪良品《巴船纪程》。

荆州以东,其进步更为迅速。明人在为沔阳倡议修筑堤垸时曾写过:“鳞鳞烟火居,化为鱼鳖池。”[①]这也可以从反面提供一个证据。从上述宋代的情形来看,是很难以“鳞鳞”二字来加以形容的。到清代,该地的市镇飞速发展,上述所言绵延很长的长堤和新堤就位于此地。后者尤著,“上下洪湖及沔阳、仙桃、荆州、安陆诸路商旅云集,井陌成行”[②]。这是以前历代所不及见的。普通村落的规模也大为扩展。清初还有人在洪湖称:“滨湖几点暮烟起,晒网者渔三五家。”[③]清后期则迥然不同。道光《天门县志·风土》称其“村落依高阜而居,或百余家或数十家”,整个数量级别就有所提高。

省境东部,也不断在发展。尽管清初有人在嘉鱼留下过如下的诗作:

> 旧时沙羡号嘉鱼,邑小人家星散居。官舍高低丛异木,大江环绕合重湖。[④]

但其人咏蕲州的诗句已是“千家犹带郭”[⑤]。到清代中后期,有人自安徽经行鄂东北后感觉其“村庄稠叠”[⑥]。这种景观较前代水平又有所提高。

但相比之下,省境东部的发展并不算十分突出,因为其在南宋时的基础就已经相当雄厚。更足以引人注目的是省境的西部。此地在明代的水平还比较有限,钟惺在归州附近曾看到“岭半一人家,如鸟

---

① 《凭几集续编》卷1《议修沔阳堤垸览童司成士畤河防志示官吏》。

② 许瓒曾《东还纪程续抄》。

③ 《敬业堂诗集》卷1《洪湖》。

④ 《敬轩文集》卷8《嘉鱼寓目》。

⑤ 《敬业堂诗集》卷1《蕲州道中》。

⑥ 王昶《使楚丛谭》。

巢阿阁”[①]。但清人游记中登录的聚落其规模已急剧扩大，“人家百余”之类已屡见不鲜，昭君故里香溪之上竟至“民居数百家”[②]。而西南的清江流域在清初也有“一村如巨镇”，其“人烟颇盛”[③]。

在清代后期的方志中，此地保留了系统完整的居室风俗资料，据此可以看到其聚落景观的全貌。同治《建始县志·风俗》在叙其居室风俗之前强调：“户口较前奚啻十倍。”由此可以想见其聚落的发展幅度。其下文有曰：

> 住居星散，比屋连甍群萃而处者，已不多见。如城外市肆之草纸街，不过数十家，而乡间各场之最著者如板桥子、红岩子、高店子等处俱不过数十家。

这种情形应该与巴东相去不远。巴东“于山麓水浒为治所，民皆比屋而居”，但在其乡间，则“户皆独居”，以致“其邻舍远者至四五里，相语犹谓之隔壁”[④]。兴山也完全一样：

> 在邑者聚庐而处。居乡者户不相比，高原、下麓散若晨星，村邻远至四五里，犹云隔壁。[⑤]

其毗邻的归州，则与兴、巴稍有不同：

> 归州于山腹为城，居民不过三百户，城中广厦甚少。乡间室庐亦隘，惟滨江一带如旧州、香溪、新滩等处人烟凑集，檐牙相

---

① 《隐秀轩集》卷2《雨发九湾至归州》。
② 王士禛《蜀道驿程记》。
③ 顾彩《容美纪游》。
④ 同治《巴东县志·风土志》。
⑤ 同治《宜昌府志·风俗》。

接,黝垩兼施,为一州胜地。①

此乃治所反不如境内一般集镇。长乐亦是如此:

县城狭隘,民居寥寥,乡间中亦各自为户。……惟渔洋关不下千余户,上栋下宇,相望相属,洵一邑之菁华也。②

集镇竟至“千余户”,其总体水平之进步不能不谓之惊人。尽管这样的集镇并不多见。比较寂寥的可能当属鹤峰:

城中居民仅百余户,南门外至西门教场,坝居屋鳞次相接,颇多华厦,缘其地庀材甚易也。乡间若太坪镇、五里坪、白果坪、走马坪市,民皆比邻聚处,室亦宽敞,余皆零星散居。③

其乡间的集镇只能称之“比邻聚处”而已。而最为发达的,当然是宜昌府附郭的东湖县。“郡城内外多高楼大厦,华屋连云”,固已为各邑之望,而东湖四乡“平壤间比屋连居,大村落颇不乏”,其繁庶“诚七属之最也”④。

与鄂西南同样引人注目的,是鄂西北一隅。该地连接三省,山深林密,由于大量流民的涌入,在明中叶得到了强劲的开发。榛莽初辟,其社会经济水平固未免有限。明有人认为:

郧阳,古一聚落也,强名之曰县,而至成化中强进之曰郡,又强以一都御史居之。⑤

---

① 同治《宜昌府志·风俗》。
② 同治《宜昌府志·风俗》。
③ 同治《宜昌府志·风俗》。
④ 同治《宜昌府志·风俗》。
⑤ 《弇州四部稿》卷77《郧阳藏书记》。

因而其聚落规模很小。堂堂府城竟至被形容为“晚得一城斗大”[①]，其余自是等而下之。这种状况维持了比较长的一段时间。在乾隆《竹山县志·风俗》中，仍有山民“所托非高阜即深谷、比屋稀疏、列若晨星”之语。但在清代后期，这种状况得到了迅速的改观。同治《竹山县志·风俗》记载：“近则烟户稠密，平原水次，列为坊市。”这一变化在鄂西北地区相当普遍。同治《郧阳志·舆地·风俗》还记载：“其往来而贾者，秦人居多，百数十家缘山傍溪列屋为肆。”这种规模较之省境中部、东部固然逊色，但与鄂西南已颇可颉颃了。

鄂北的其他地区，其进步亦颇为明显。襄阳一带，明中叶还有“剪齐十万树，墨布两三家”之句[②]，一派聚落稀疏的样子。但到清初已有所改观，时人称赞樊城“民庐稠密”[③]。此后其发展更快，“盛时为吴楚大贾辐辏之所，酒楼歌馆鳞次十余里”，即使在经历乱离之后，“居人尚数千家”[④]，宜乎其为鄂北一大巨镇。而安陆一带的也未见滞后，其“府城北门内外市廛鳞比，亘七八里许”[⑤]，其周围之殷繁可想而知。

四　余论

聚落景观是文化观念的物化表现，它受到自然环境以及社会经济发展水平的制约。上文的研究显示，这种制约是普遍而深刻的。

---

① 《弇州四部稿》卷46《郧中杂言八首》其六。

② 《珂雪斋集》卷4《襄阳道中》。

③ 《使滇日记》。

④ 王士禛《蜀道驿程记》。

⑤ 王昶《使楚丛谭》。

这固然表现在时间上面,不同的历史时期聚落发展的速率不尽一致;同样它也表现在空间上,不同的下垫面发育的聚居类型大相径庭。而最耐人寻味的是,这两方面的影响是同时发生、互相渗透的。其综合的结果便呈现出:在历史的早期,丘陵地带发展较快;而平原水乡直到宋代以后才开始大规模开发;明清时期平原丘陵地区已趋于成熟,开发的重点又转而趋向鄂西北、鄂西南的深山老林。这是聚落景观演替的轨迹,也是社会经济发展的次第。

有一点在上文未及剖析的,在此需要指出。那就是由于地貌的演变,聚落的分布往往会因之而有所变化。这在河谷平原地区本来是司空见惯的现象,资料中尤以公安一带为著。南宋陆游在此曾有"地旷江天接,沙溃市井移"之句[①]。他还在《入蜀记》中做过解释:

> 周令说,县本在近,北枕汉水,沙虚岸摧,渐徙而南,今江流乃昔市邑也。

所谓"北枕汉水"未得其解[②],但其后文的意思则至为明白。更为生动的是明代公安人袁宗道的记述:

> 余邑为江水啮,变迁日甚,每一出游,则江上屋庐故态十易其四五。犹记少时随大人往儒学,便道谒二圣寺及武侯祠,出城尚七八里,今江流割城而行,往日游观之地,皆为蛟龙窟宅。[③]

这种地貌变迁应该说在整个江汉平原上都比较普遍,只不过一来其他地方记载很少,二来可能此地因聚落向来发达而受损特多。与此类似的还有宋代襄阳和黄州的资料。前者有曰:"沙随秋涨漫川原,

① 《剑南诗稿》卷2《公安》。
② 公安县与汉水地域悬隔,"北枕汉水"似无可能,然现行各本均如此。
③ 《白苏斋类集》卷14《江上游记》。

沙外人家尽毁垣。”[①]而后者则有人称：“径转山仍掩，沙移圃自成。”[②]

表面看来，这种变迁只改变某些聚落的分布，对于整体的景观类型不致构成影响。但这样的环境无疑将给居民的心态产生巨大的撞击，并终至及于景观的类型。《史》《汉》所谓楚地之人“民无盖藏”“呰窳偷生”，这一特点在后世得以长期留存，其自然环境实深有关系。而且，愈在历史早期，这种影响愈其深刻。唐人所谓：

东郭蓬蒿宅，荒凉今属谁？故知多零落，闾井亦迁移。[③]

这种情形显然是曾经十分普遍的。到后世技术手段提高，经济能力增强，聚落的稳定性便逐步得以加固。

依存在环境中，聚落无疑是生态环境的产物，但聚落的发展对于生态系统也产生着反馈。这方面，最显著的便是聚落的分布范围与珍稀动物的活动空间相消长。唐宋时期，豺虎之类的猛兽经常出没于聚落附近。吟咏其事的如峡江一带“虎穴连里闾，堤防旧风俗”[④]，“野迥无居人，荒村但豺虎”[⑤]；石首县“舟中无日不沙尘，岸上空村尽豺虎”[⑥]；黄州“傍村林有虎，带郭县无官”[⑦]。此类记载自明清以降便急剧减少，以至销声匿迹，而与此相伴而来的，则是日益增添的哀叹人多地少、聚落膨胀的历史资料。

---

① 《江湖长翁集》卷19《（襄阳）汉江岸两首》之二。

② 《范德机诗集》卷3《黄州道中》。

③ 《全唐诗》卷433白居易《再到襄阳访问旧居》。

④ 《全唐诗》卷221杜甫《课伐木》

⑤ 《紫微集》卷2《夷陵》。

⑥ 《全唐诗》卷223杜甫《发刘郎浦》。

⑦ 《全唐诗》卷650方干《过黄州作》。

第六章 “江汉好游”:女性形成的文化景观

作为一种生理特征,性别对人类的社会生活产生着极为深刻的影响。反映到文化地理学的研究视野,由性别差异而形成的文化景观,其重要性当可与土地利用方式相提并论。个中的道理毋庸赘言,后者影响的是人类的“食”,而前者关系到人类的“色”,两者都是人类最基本的欲望。

本书所谓的江汉地区,并不是地貌意义上的江汉平原。它指的是汉水中游及其以南的江汉平原一带。之所以如此称呼,主要是沿袭传统的习惯。此地的女性景观,较为著名的是该地女子在历史时期有“好游”的习俗。其分布以襄阳为中心,波及其以南的江汉平原。最初提出这一特点的当属宋代的朱子。他在《诗集传》中写道:“江汉之俗,其女好游,汉魏以后犹然。”[①]此后明代的《图书编》以及《大明一统志》在描写襄阳府风俗的时候,都有“其俗江汉好游”之类的记载。

关于“好游”的解释,金代有位李俊民曾提出:“楚俗以嬉游为事。”他在文集中征引《襄沔记》所云“岁以正月二十一日、二十二日谓之天地穿日,移市于城北津弄珠滩”,还有《襄阳志》所谓“楚俗三月游

① 卷1《汉广》篇。

南山诸寺,移市于山寿寺,四月八日罢游,谓之辞山”[①],以说明该地嬉游机会之繁夥。但若以为这就是“好游”一词的确切含义,则显然没有求得正解。因为这种节令意义上的“好游”之俗,历史上不光此地存在,其他地方也所在多有,远处不说,长沙就曾诞育出“丽人春游相百十,此风长沙云旧习”的诗句,描述的是该地“每岁二月妇女纷然出城扫墓”的风俗[②],令人想起明人张岱在《陶庵梦忆》中对于越俗的类似记载。然而别的地方都没有获得其俗“好游”的定评,可知其中另有底蕴。

由于以往对该地区历史文化的研究很少展开,这一问题迄未引起论者的注意。其涉及的时间很长,自先秦至明清,史籍文集中代不绝书。牵连的方面又甚广,与该地区乃至整个长江中游的社会、文化及经济史的研究都深有关系。苟欲关注该区域的研究,对此实不可漠然视之。

一　游女:先秦至汉代

有关该地“游女”的历史记载,最早可以上溯到《诗经》。其《汉广》篇有云:

> 南有乔木,不可休思;汉有游女,不可求思。汉之广矣,不可泳思;江之永矣,不可方思。

这是一首“男女相悦之诗”[③],所言具体地点不详,从其中江、汉二水并

① 《庄靖集》卷6《弄珠滩》。
② 邓深《大隐居士诗集》卷上《观游女次韵并引》。
③ 陈子展《诗经直解》卷1,复旦大学出版社1983年版。

举,可知当在汉水中下游一带[①]。虽然从诗中看不到“游女”的任何实际行动,即使吟诗者有之也不可得而求,但由于“游”的字义在古代有点特别[②],因而在后人的眼里,该地“游女”的存在本身便有一层桃色的氤氲。又由于《诗经》作为儒家经典的特殊地位,后世的文人在审视该地女性的时候未免都要多看一眼,而且用的是一种异样的眼神。

对后世影响很大的还有如下一个传说:

> 郑交甫常游汉江,见二女,皆丽服华装,佩两明珠,大如鸡卵。交甫见而悦之,不知其神人也,谓其仆曰:“我欲下请其佩。”仆曰:“此间之人皆习于辞,不得,恐罹悔焉。”交甫不听,遂下与之言,曰:“……愿请子佩。”二女……手解佩以与交甫,交甫受而怀之。既趋而去,行数十步,视怀空无珠,二女忽不见。

这一传说目前比较完整的出处为《列仙传》[③]。张衡写《南都赋》时已用作一个典故,称“游女弄珠于汉皋之曲”[④],李善在其注中交代出自《韩诗外传》[⑤]。从其煞末比附上述《诗经》而发感慨,可知当以后者为是。本来文中的地点也不具体,自从张衡定位于“汉皋”之后,传说也就成了襄阳的专利,地志中先后出现了有关的地名如“汉皋山”“弄珠滩”之类。

尽管这只是一个美丽的传说,但从后世的资料来看,应该在现实中有所依据。上文所言的李俊民曾在襄阳写下一首题为《弄珠滩》的诗:

---

① 黎少岑《武汉今昔谈》谓此诗“所描写的应是武汉的风景文物”,似嫌过于穿凿,湖北人民出版社1957年版,第5页。

② 它兼含有“淫”字之意,有关记载甚多。这一点可参吴郁芳《神女游女辩》一文所作考证,载《江汉论坛》1983年第12期。

③ 《太平广记》卷59“江妃”条引。《江汉丛谈》卷2所引与此字句稍异。

④ 《文选》卷4。

⑤ 《四库全书总目》谓,此文今本无之。

江沙一日蚌胎虚，游女争夸掌上珠。美化不将风俗禁，他年恐作媚川都。

咏的是在“天地穿”之日当地女子都到弄珠滩出游的习俗。在自注中他引《襄阳志》道：“楚女于弄珠滩等水窍石穿簪于钗上带归。”[1]这就是说，该地女子在这次出游中都要寻一块天然有窍的石头，用东西穿起来佩在身上。这个窍是值得注意的。它既是“天地”自然形成的，又要能“穿”，也许正是“天地穿”这一名称的隐喻。

这样，上述传说就在该习俗中找到了对应。既然是出游，少不了要着意打扮一番，因而那两位女子“皆丽服华装”。既然那石头要能穿起来佩在身上，那么它就不可能太小也不可能太大，完全可能“大如鸡卵”。再有，那石头既然是在水边寻到的，免不了经过自然的磨圆，因而它完全可能状如“鸡卵”并被误会为“明珠”。就连郑交甫在得到佩珠之后“视怀空无珠”也不值得大惊小怪，因为它本来就不过是一块卵石而已。明乎此，可无怪传说中看不出任何特征的两位女子，张衡竟直接称之为“游女”。

该习俗背后是否还蕴藏有深层的内涵，笔者不得而知。从资料中也不太能读出“游”字的上述特定含义，尽管有研究表明本来江汉一带的两性交游是相当自由的[2]。除非如假道学所理解，授受之亲即表示二女对郑交甫芳心已许；或者正是当时冶游的情形非常普遍，如上述这种没有结果的事例实属罕见，所以才被记录下来。

---

① 《庄靖集》卷6《弄珠滩》。

② 卢云在其所著《汉晋文化地理》中探讨了先秦时期江汉一带男女交游的情形，其中也引证了游女资料，陕西人民教育出版社1991年版。

二 大堤夜会与江汉春游:南朝时期

永嘉南渡后,由于荆襄政治地位的上升,加之接受了不少来自北方的移民,荆、郢、樊、邓之间经济文化发展很快,该地的民歌大量进入乐府,成为西曲歌的主体[①]。这些著名的乐府歌曲兴盛于宋、齐、梁之间,较之长江下游的吴声略为后起[②];歌词非常香艳,被《宋书·乐志》斥为"多淫哇不典正"。如果抛开当时的价值判断勿论,应该承认是女性为该地的文化景观添着了非常鲜明的色彩。

最引人注目的是襄沔一带。在流传至今的篇什当中,源于此地的占了相当比重。从中可以看到一些独特的景观,带有标识性的是沿汉江两岸修建的大堤,它与当地的妇女生活结下不解之缘,从而具备了一种特殊的文化意义。

本来作为一种防汛的措施,大堤不可能是这里的特产,许多河流的沿岸尤其下游都有。就是在江汉平原上,历史上有大堤的也不只襄沔一地。据《麈史》所载:"竟陵、荆渚间缭汉江堤以障泛水,彼人谓堤曰提。"[③]例如陆游的"日晚大堤行,莽然千里平"两句诗,描写的就是荆州(今江陵)的景象[④]。但大堤成为一种文化景观则以襄沔一带为最早并且著名,因而也就被当作该地独有的标识。

大堤的景观是以其中的女性因素而特出的。当时乐府中有一首

---

① 当时乐府发达的原因,可参萧涤非《汉魏六朝乐府文学史》,人民文学出版社 1984 年版。

② 参王运熙《乐府诗述论》,上海古籍出版社 1996 年版。

③ 该书卷 2。

④ 《剑南诗稿》卷 10《大堤》。

点睛式的诗道:

朝发襄阳城,暮至大堤宿。大堤诸女儿,花艳惊郎目。

这首诗出自《襄阳乐》[①]。其中的“大堤”位置在今宜城,所以与襄阳城有一天的路程。这些女儿显然都还没有成婚,其如何花艳诗中含而不露。据《古今乐录》记载:

《襄阳乐》者,宋随王诞之所作也。诞始为襄阳郡,元嘉二十六年(449),仍为雍州刺史,夜闻诸女歌谣,因而作之。所以歌和中有“襄阳来夜乐”之语也。

可知当地的姑娘有一种在夜晚聚会的习俗,该乐府就是这一习俗的产物。但聚会的情形除了唱歌之外不得其详,因而看不出上述乐府歌词与此有何具体联系。幸而后来有刘禹锡所作的《踏歌词四首》,可借以对此稍事复原。其辞曰:

春江月出大堤平,堤上女郎连袂行。唱尽新词欢不见,红霞映树鹧鸪鸣。

桃蹊柳陌好经过,灯下妆成月下歌。为是襄王故宫地,至今犹自细腰多。

新词宛转递相传,振袖倾鬟风露前。月落乌啼云雨散,游童陌上拾花钿。

日暮江头闻竹枝,南人行乐北人悲。自从雪里唱新曲,直到三春花尽时。[②]

---

① 以下所引乐府及拟乐府资料,均依据逯钦立辑校的《先秦汉魏晋南北朝诗》,中华书局1983年版,不复逐一赘注。

② 《全唐诗》卷365。

这一组诗的写作地点,应该是在江陵[①],但其中所吟咏的风情,与上述襄阳附近有异曲同工之妙,而叙事稍加细密。由此可以看到一些关键的景致:聚会的时机多安排在夜晚,季候从入春持续到花尽,每次从上灯一直到月落乌啼;地点多确定在江边大堤,也有一些选择桃蹊柳陌。场景的不同当然反映了节目内容的差异,大堤上是女郎连袂而行,歌唱新词,而桃柳下则未免发生些风流韵事。尽管诗人的眼睛始终只盯着景观中的女郎,但透过其眼角的余光也不难窥见场景中还有另外一类角色,因而女郎们得意的固然可以为其“欢”而花钿遗地,而失意的则只好倾听鹧鸪的鸣叫。

了解到这一风俗,才能领会上述《襄阳乐》中的“夜乐”情形。尽管这两种资料的时间和地点都不一致,但襄沔与江陵地域密迩,自然条件非常接近,历史文化传统也基本上相同,完全有理由认为这两种资料的内容之间具有先后的继承性。这一文化景观的发育,除了其悠久的历史因素,笔者认为还离不开当地的自然环境。该地处于河流中下游,主要有河谷与丘陵两种地貌类型。大堤位于河谷中央,地势低平,树木稀疏,空气清爽,视野开阔,月光下的集体聚会只有此地最为理想,试想在起伏稍大、植被较为茂密的丘陵冈地,开展个别活动才别有情趣。也正是这种低平的环境,才可能酝酿出悠扬婉转、极尽风致的情歌,恰似上述资料中的格调;而那些从山区环境飞出的歌

---

① 卞孝萱的《刘禹锡年谱》第125页以为是在夔州,其根据是第四首的“日暮江头(一作江南)闻《竹枝》”一句,中华书局1963年版。这显然失于武断。《竹枝》词虽源出三巴,但唐代就在其他地区有所流传;《旧唐书·刘禹锡传》还以为《竹枝》词是沅水下游的土产,至少可以反映在该地的兴盛情形。因而仅仅以此就判定这四首诗作于夔州,很难令人信服,况且也与诗中的地理背景不合。这些诗所描绘的是一种江阔堤平的景象,又直接言明了是“襄王旧宫地”;加之第四首中所谓的“雪里唱新曲”云云,系点化《阳春》《白雪》的典故而来,正是郢中的故实。因此笔者认为若非江陵,恐不足以当之。

声,照例多半只会高亢激越。

可以说,具有这种习俗并不值得奇怪。人类学的资料表明,未婚男女在月夜聚会、踏歌、择偶的习俗历史上分布相当广泛,晚近还在一些少数民族地区盛行。但有意思的是这一习俗的表现形式。在不同的环境中,同一文化形态所形成的景观必然出现一定的差异。南朝时襄沔一带的女儿夜会发生于该地的大堤环境,因而也就有了一种文化生态学上的意义。

这一习俗的存在,说明当时该地女子享有充分自由的情感生活。这方面还有不少材料可资印证。如乐府《估客乐》中有一首谓:

郎作十里行,侬作九里送。拔侬头上钗,与郎资路用。

无须惊异,这首诗竟然出自一位和尚宝月之手。据《古今乐录》记载,《估客乐》为齐武帝所作,“帝布衣时,尝游樊、邓,登祚以后,追忆往事而作歌”。因而萧涤非先生认为武帝所感忆的就是“宝月所咏之事”,实为有见。由此可以想见该地女子对于情爱的态度。

既然情感方面没有受到过多的束缚,该地女性在生活中便显得非常自在。梁简文帝拟作的乐府《北渚》诗有句称:

岸阴垂柳叶,平江含粉堞。好值城旁人,多逢荡舟妾。

这些女子在做什么难以言说,但无疑为当地平添了一道奇特的风景。

女性的生活甚至还影响到当地的经济成分,以此也有一些景观出现。梁简文帝曾在其《大堤》诗中有所描述:

宜城断中道,行旅亟留连。出妻工织素,妖姬惯数钱。炊雕留上客,贳酒逐神仙。

从中不难看出,由于汉水一线交通运输业的发展,大堤附近兴起了一定的商业和服务业。较之于“出妻”所工的织素,这些行当显然更具时代特点。从业之“姬”不仅因为其“妖”而使行旅为之留连,并且还以此而有钱可数。这当然是大堤的又一种景观,不必在“春江花月夜”就能看到的景观,在后世文人的心中,这才是大堤景观的主题所在。如上述乐府中所咏“花艳惊郎目”的大堤诸女儿,也经常被理解为操持这一行当的典型。

以上所述为襄沔一带。与此毗邻的江汉平原上,当时也有一些类似的景观。想必不是载籍的疏忽,这里看不到大堤女儿的夜会情景,也没有大堤“妖姬”的商业气象,有的只是与大堤息息相通的情感世界。由于自然环境的细微差异,从而表现为不同的习俗。

这里的女性在春天也有她们自己的活动,但不是在夜晚聚会唱歌,而是到野外出游。乐府《江陵乐》有一首写道:

> 阳春二三月,相将踏百草。逢人驻步看,扬声皆言好。

这就说明了该地春游习俗的存在。但是春游的旨趣显然不可能只是为了满足女性喜欢被人赞美的天性,《石城乐》中有一首就写得主题较为明确:

> 阳春百花生,摘插环髻前。腕指蹋忘愁,相与及盛年。

尽管诗中仍说得比较委婉,但已不难看出末句“相与”的实在含义。石城在竟陵(今钟祥市)。据《旧唐书·音乐志》记载,《石城乐》为刘宋臧质所作,“质尝为竟陵郡,于城上眺瞩,见群少年歌谣通畅,因作此曲”。由此看来,《石城乐》产生的背景与上述的《襄阳乐》有点类似,它们都是采自当地的民歌,所不同的是襄阳为“诸女”歌谣,而此地则出自“少年”之口。不过这一点无关紧要,反正都是青春年少,想说的无非同样的话题;而且此类习俗正是由“诸女”和“少年”共同参与的,将两地的资料相互参照还可以收到益彰的效果。倒是另一点值得注意,襄阳的“诸女歌谣”是在夜晚被闻到的,而此地的“群少年”唱歌则是被人在“眺瞩”时看见的,这就说明此地的春游时间是在白天而不是晚上。这一点从歌词本身也可以得到验证,如果光线不够充裕,也就无所谓“逢人驻步看”了。

既然出游是在光天化日,也就不可能选择那种视野开阔、一览无余的场地。于是平原上那些花枝掩映的树林,便有了一种特殊的人文价值。乐府《西乌夜飞》中有一首道:

阳春二三月,诸花尽芳盛。持底唤欢来?花笑莺歌咏。

诗中没有道破相会的地点,但既有花笑莺歌,其在树林可知。《西乌夜飞》起源于荆州一带,应该可以说明江汉平原上的情形。

这样的一种场所,显然不便于安置稠人广众,而较有利于个别活动,因而从此地的资料中,看不到如大堤女儿那样的聚会形式,一般都是单独的幽会。而且,众目睽睽之下去树林里进进出出多少会有点不好意思,尤其是女性,于是便有不少女郎出去时要趁着一些其他的名目。最通常的是采桑。乐府中有一种曲子就叫《采桑度》,其中有如下一首:

冶游采桑女,尽有芳春色。姿容应春媚,粉黛不加饰。

这里虽然揭示了采桑的一个内容是冶游,但还只写到采桑女的姿色。而另外有一首则直白地叙述:“春月采桑时,林下与郎俱。”这种歌曲源出于《三洲曲》,按照《古今乐录》的记载,它是“商客数游巴陵、三江口,往还因共作此歌”;以此笔者认为《采桑度》应该描写的是江汉平原一带的景象。

如此的一种文化形态,在当地已有悠久的历史。《墨子·明鬼下》称:“燕之有祖,当齐之社稷、宋之有桑林、楚之有云梦也,此男女之所属而观也。”说明在先秦时期楚地的云梦就是一个男女聚会的场所。谭其骧先生根据《子虚赋》推断,云梦的范围东起大别山麓、西迄鄂西山地,北自大洪山区、南至平原湖沼①。也就是说,包括了整个的江汉平原。因此可以肯定地说,南朝时江汉平原上的春游之俗,完全是先秦楚地云梦之俗的延续。

三 大堤行乐:唐代

进入唐代,由于传世文献的增多,关于江汉地区妇女生活的史料大为丰富。尽管这些史料比较零星,但是它们所关注的景观却惊人的一致。这些景观高度集中于襄阳附近,主要包括两个部分,一些是女性的春游,更多的则是大堤的行乐。

以唐人的眼光看来,襄沔一带女性的春游习俗非常发达。很多人一说起此地,都要弹一回“游女”的老调。如写作以襄阳为题的诗篇,便是“春生岘首东”的季节、便会发生“渚边游汉女”的故事②;来到此地题咏,便有“调笑提筐妇,春来蚕几眠”的诗句③;就连在附近有所郁闷,化出的也往往是“汉上有游女,求思安可得”,或者“汉水访游女,解佩欲谁与”之类的意象④。

这一点不能不让人有所疑惑。上文已经表明,汉代以前此地虽然缺乏春游的记载,但从郑交甫的艳遇中可以隐约地感到有此习俗;

---

① 《云梦与云梦泽》,见《长水集》下册,人民出版社 1987 年版。

② 《全唐诗》卷 262 郑锡诗。

③ 《全唐诗》卷 270 戎昱《汉上题韦氏庄》。

④ 《全唐诗》卷 47 张九龄《感遇十二首》之十、《杂诗五首》之四。

南朝时期关于该地的资料不可谓少,却不见有关春游的只言片语,当时的春游资料都位于其南面的江汉平原。唐代在此地冒出这样一些言辞,难道是这一习俗在中断了一段时间之后又重新兴起了吗?当然不是。该地的春游习俗其实一直是存在的,南朝时期的大堤夜会实际上便是其春游习俗的组成部分,当时缺乏春游的记载,主要是大堤景观更有吸引力的缘故。因为是其“诗眼”所在,时人也就攻其一点不及其余了。这一点从下文的论述中可以看得更清楚。在此须要提醒的是,唐人所言此地的春游可能不无渲染之嫌,因为当时的此类记载大多不是据实的叙述,不过抒发思古之幽情而已。如李白笔下“弄珠见游女”的句子,便出自其《岘山怀古》的篇章①,很难说是纪实还是幻想。职是之故,唐人的资料并没有比前人更多地提供这一景观的细节。

不过总体来说,唐人为春游景观所费的笔墨尚属有限,当时人更加津津乐道的仍是襄阳的大堤。此类的诗题几乎成了时髦的癖好。

在唐人的篇什中,襄阳实在不啻是一块乐土。不仅有人曾表达“襄阳大堤绕,我向堤前住”的向往②;就连送人去游蜀地,不过从此地经过而已,也未免流露出“江汉风流地,游人何岁归”的担心③。之所以如此,崔国辅的《襄阳曲》对该地的景观曾提纲挈领:

> 蕙草娇红萼,时光舞碧鸡。城中美少年,相见白铜蹄。
> 少年襄阳地,来往襄阳城。城中轻薄子,知妾解秦筝。④

前一首用南朝乐府《襄阳蹋铜蹄》的本事,说明该地生活之逸豫;而后

---

① 《全唐诗》卷 181。
② 《全唐诗》卷 403 元稹《酬乐天赴江州路上见寄三首》之二。
③ 《全唐诗》卷 126 王维《送崔九兴宗游蜀》。
④ 《全唐诗》卷 119。

一首则借一位商女的口吻,传摹出大堤女性的风流。《蹋铜蹄》的歌舞此时是否仍有流传,无关本书宏旨,需要指出的是,唐人习惯上以此作为襄阳歌舞的代名词。如李白《襄阳曲》也称:"襄阳行乐处,歌舞白铜蹄"[①];此类的喻义在时人的笔下所在多有。

但此时诗人笔下的大堤与南朝时期已有一些差异。据孟浩然所载:

> 大堤行乐处,车马相驰突。岁岁春草生,踏青二三月。王孙挟珠弹,游女矜罗袜。携手今莫同,江花为谁发。[②]

孟夫子是襄阳本地人,因而他的这些诗句具有特别重要的意义。他指出大堤的行乐是与踏青的习俗联系在一起的。如果撇开南朝以来沾染的商业成分,这显然是大堤行乐的本来缘起。这样既可以解释何以此地在南朝时缺乏关于春游的记载,又可以旁证上述关于南朝乐府《襄阳乐》的产生于春季的推论较为可信。而且他还指出,行乐的角色既有"游女",又有"王孙",这种描写就比前人来得详细。

关于大堤行乐的这一季节,除孟夫子所言之外,还有不少的资料可以印证,如李白所作的《大堤曲》也曾言及:

> 汉水临襄阳,花开大堤暖。佳期大堤下,泪向南云满。[③]

即行乐时间与春暖花开的季节联系在一起。但当时大堤上的行乐其实是没有多少季节性可言的。因为大堤不仅仅是防汛的设施,上面还有建筑可供人居住。时人曾讲到:

---

① 《全唐诗》卷164。
② 《全唐诗》卷159《大堤行寄万七》。
③ 《全唐诗》卷164。

为忆南游人,移家大堤住。千帆万帆来,尽过门前去。[1]

既然是如此繁华的地段,堤上的房屋便不可能是普通的民居,除了有其住宿功能,还有一些营利性的设施。时人有“酒旗相望大堤头,堤下连樯堤上楼”之句可以为证[2]。

在这种地方生活的女子,免不了操持某些特殊职业。韩愈说得很露骨:

控带荆门远,飘浮汉水长。……风流岘首客,花艳大堤倡。[3]

似乎这一现象还非常普遍,否则难以理解李端《襄阳曲》中的两句:

谁家女儿临夜妆,红罗帐里有灯光。[4]

竟然要把目光投射到女儿的红罗帐里,显然这位女儿临夜化妆并不是为了到野外去赴会。行乐的地点既与踏青有所不同,其参与对象就不会限于上述所言的“游女”和“王孙”了。

看来大堤边的行乐事业相当兴旺。李贺的《大堤曲》云:

大堤上,留北人。郎食鲤鱼尾,妾食猩猩唇。莫指襄阳道,绿浦归帆少。今日菖蒲花,明朝枫树老。[5]

“绿浦归帆少”当然是形象地折射了大堤景观的吸引力。在此还要指出的是,前头两句也很有意思,它反映出在此行乐的“王孙”可能主要

---

① 《全唐诗》卷 824 子兰《襄阳曲》。

② 《全唐诗》卷 563 李善夷《大堤曲》。按,卷 365 刘禹锡《堤上行三首》之第一首与此相重。如系李诗,所述即为襄阳;若系刘诗,所咏大堤则当在江陵。然两处大堤此一景观类同,此处引之无妨大雅。

③ 《全唐诗》卷 344《送李尚书赴襄阳八韵得长字》。

④ 《全唐诗》卷 284。

⑤ 《全唐诗》卷 390。

是北人;回想到上述两位对襄阳心怀向往的诗人也是北人,这两句诗揭示的应该是一种普遍的现象。李贺的摹状还比较简单,杨巨源的《大堤曲》则细致得多:

> 二八婵娟大堤女,开垆相对依江渚。待客登楼向水看,邀郎卷幔临花语。细雨蒙蒙湿芰荷,巴东商侣挂帆多。……岁岁逢迎沙岸间,北人多识绿云鬟。无端嫁与五陵少,离别烟波伤玉颜。①

诗中也说明,在此活动的客商是以北人为主。加之大堤女从良也是嫁与"五陵年少",可以想见其一般的情形。由大堤女性而吸引北人客商在此逗留,逗留则不可能不销金,销金增多则势必促进当地经济文化的发展,因而可以说是女性为襄阳贡献了一份特殊的繁荣。

以此便有不少可以从侧面来印证大堤一带如何繁华的史料。施肩吾在其所作的《襄阳曲》中一副沉痛劝世的口吻:

> 大堤女儿郎莫寻,三三五五结同心。清晨对镜理容色,意欲取郎千万金。②

取金当然是因为其容色,而如此巨量的资金倾注进去,其整个区域的经济状况也就可想而知。相比之下,张潮《襄阳行》的劝说显得婆心更苦:

> 昨见襄阳客,剩说襄阳好无尽。襄汉水,岘山垂,汉水东流风北吹。只言一世长娇宠,那悟今朝见别离。君渡清羌渚,知人独不语,妾见鸟栖林,忆君相思深。莫作云间鸿,离声顾俦侣。

---

① 《全唐诗》卷333。

② 《全唐诗》卷494。

尚如匣中剑,分形会同处。是君妇,识君情,怨君恨君为此行。下床一宿不可保,况乃万里襄阳城。襄阳传近大堤北,君到襄阳莫回惑。大堤诸女儿,怜钱不怜德。[①]

这里虽然没有载明大堤诸女儿是如何地怜钱,但从“不怜德”三字定知客人已挥霍不少。如此奢靡,在当时的全国也非常突出。李白的《南都行》称:

丽华秀玉色,汉女娇朱颜。清歌遏流云,艳舞有余闲。遨游盛宛洛,冠盖随风还。[②]

题目所言的南都,显然有别于上元元年(760)改为南都的江陵,因为已经明标了“汉女”;实际上指的是襄阳,因张衡《南都赋》而为言,并且还有“冠盖里”的掌故。诗中的“宛洛”意谓唐朝盛时的京都,而末句则表示不少游人的身份非常高贵。盖大堤之盛况一至于此。

上述的行乐都发生在大堤,其实在该地行乐并不是非上大堤不可。孟浩然曾有诗描绘道:

羊公岘山下,神女汉皋曲。……轻舟恣来往,探玩无厌足。波影摇妓钗,沙光逐人目。[③]

诗中称“神女”表面上是在用典,但会通其后面的铺陈,无疑这一称呼已包含有那种特殊意义。诗人并未声明当时条件有何特殊,不妨认为这是比较常见的景致。明乎此,可无怪时人对该地的春游也是那么地景仰或迷恋。

---

① 《全唐诗》卷 114。

② 《全唐诗》卷 166。

③ 《全唐诗》卷 159《初春汉中漾舟》。

以上所述为襄阳,在其南面的江汉平原,唐人的目光很少顾及。如该地在南朝著名的春游习俗,此时虽有一些如“可怜踏青伴,乘暖着轻衣”[①],以及“忆昔楚王宫,玉楼妆粉红”之类的吟咏[②]。但总体上数量非常稀少,而且基本上集中于荆州附近,多半是已呈式微态势。以至于有人看到“女儿停船茅屋新,开门扫地桐花里”的景象[③],都要写进诗里。

值得注意的倒是荆州的大堤。在此之前大堤是属于襄沔的专名,荆州当然不得分享,唐代的一般情形仍然如此,上述资料中直呼其名的大多位于襄沔一带。但此时也有个别资料中的大堤实际上是在荆州。上述刘禹锡《踏歌词》中的已有可能,王建的《江陵即事》则明确记载:“瘴云梅雨不成泥,十里津楼压大堤。”[④]而且此地的大堤景观与上述襄沔的大堤可以对应,似乎反映了一种地域的传播。即南朝的襄沔出现大堤景观的时候,它主要是一种月夜的踏歌,到唐代该地的商业气息非常浓厚,踏歌习俗趋于不见,应该是踏歌的习俗已经迁移到荆州的大堤。与此同时后者的商业气息也还比较有限,尽管此地也曾出现“酒舍旗亭次第开”“日晚上楼招估客”的诗句[⑤]。甚至,该地还可以找到如下的材料:

> 章华台南莎草齐,长河柳色连金堤。青楼曈昽曙光蚤,梨花满巷莺新啼。章台玉颜年十六,小来能唱西梁曲。教坊大使久知名,郢上词人歌不足。少年才子心相许,夜夜高堂梦云雨。五

---

① 《全唐诗》卷364刘禹锡《荆州歌二首》之一。
② 《全唐诗》卷82刘希夷《春女行》。
③ 《全唐诗》卷298王建《荆门行》。
④ 《全唐诗》卷300。
⑤ 《全唐诗》卷365刘禹锡《堤上行三首》之三。

铢香帔结同心,三寸红笺替传语。[1]

其景观中既有青楼,又关联教坊,与上述襄沔大堤并无二致。只是同类的资料并不丰富,显然其发达程度比起后者大为不如。

除了荆州,鄂州也有一些商女的资料。如“霜月正高鹦鹉洲,美人清唱发红楼”句中的女子[2],其职业为何可以想见。但此地绝没有上述大堤那般繁华,故而像元稹形容的“庾亮楼中初见时,武昌春柳似腰肢”的那种景观,为数尚不至于太多[3]。

四 大堤的萧条与景观转型:宋代以降

进入宋代,襄沔的游女依然引起时人的关注。如欧阳修便有“花开汉女游堤上”的诗句[4]。但宋人并不像唐人那样对大堤景观多半采取欣赏的态度,而是投去一道研究或批判的目光。上引朱子的言论已是显例,其实一朝风会便是如此。究其原因,是大堤景观已盛极而衰,完全丧失了往日的那种销魂魅力,给人留下的只是无穷的感喟以及冷静的思考。如苏轼有诗写道:

文王化南国,游女俨如卿。洲中浣纱子,环珮锵锵鸣。古风随世变,寒水空泠泠。[5]

简直令人有隔世之慨。他这里写到的还只是襄阳,荆州附近也彼此彼此。尽管北宋还有王安石的“郢人烂漫醉浮云,郢女参差蹑飞鸟”

---

① 《全唐诗》卷 477 李涉《寄荆娘写真》。

② 《全唐诗》卷 771 蒋吉《旅泊》。

③ 《全唐诗》卷 422 元稹《所思二首》之一。

④ 《欧阳修集·居士外集》卷 7《奉寄襄阳张学士兄》。

⑤ 《苏东坡全集·续集》卷 1《汉水》。

之类的题咏[①],到南宋时已完全洗尽了往日的铅华。范成大在荆州甚至担心:

> 原田何莓莓,野水乱平楚。大堤少人行,谁与艺稷黍?[②]

这就不再是该地的女性如何,而是"皮之不存,毛将焉附"的问题了。

其实早在唐代,就曾经有一些大堤繁华的负面资料。如杨巨源《襄阳乐》诗云:

> 闲随少年去,试上大堤游。画角栖乌起,清弦过客愁。[③]

这就不无冷落气象。当然这还不算最萧条的,毕竟还有少年在逛荡,同时又有"清弦"可聆听,再说诗中的时间并不清楚。如下一首诗所云则更甚:

> 烟水初销见万家,东风吹柳万条斜。大堤欲上谁相伴,马踏春泥半是花。[④]

作者在诗题中已点明时唯寒食,这就反映当时其春游之俗纵然仍较发达,也有一定的时间限制,而未逢其时则大堤上游人绝无仅有。

这样的资料绝非虚拟。李涉的《汉上偶题》诗中也有"今日汉江烟树尽,更无人唱白铜蹄"之句[⑤],恰好可以与上述资料印证。彼诗所记为大堤上的踏游,而此诗所言为襄阳的歌舞,两件事情辅车相依。就是在该地以南的江汉平原,似乎也有同步的变化。时人"渚宫歌舞

---

① 《临川集》卷11《寄题郢州白云楼》。
② 《石湖居士诗集》卷15《荆渚堤上》。
③ 《全唐诗》卷333。
④ 《全唐诗》卷271窦巩《襄阳寒食寄宇文籍》。卷310作于鹄诗。
⑤ 《全唐诗》卷477。

地,轻雾锁楼台”[①]的诗句,映射的是一种类似的景象。

明清以降,襄阳的大堤更其萧瑟。尽管此时还有不少人陆续为此专门赋诗,而且还写得煞有介事,笔触似乎是目击一般,但这类篇章都不是写实,而只是一些拟古之作。如:

> 大堤多美女,颜色春花殊。逢人解巧笑,但笑秦罗敷。传道楚王宫,细腰金屋中。自甘馁为鬼,争效体如风。大贾千黄金,买面不买心。东家登墙者,绣履蹋罗衾。婀娜堕马妆,谁言近不祥。客性喜逐臭,唯夸鲍最芳。[②]

内中有很多纯想象的成分。如细腰是先秦楚地女性的时尚追求,堕马髻则是东汉元嘉中京都妇女的流行妆束,没有资料证明当时的大堤美女也受到了这些流行文化的影响。作者如此措辞,大概是借以发泄自心的郁闷。这还是所言时代可以推究的,就连一些看不出时间限定的作品也不难判断是沉浸在往昔的梦中。其中吟哦春游的有:

> 结伴踏青游,新妆待明发。日暮行雨归,自惜双罗袜。[③]

咏叹大堤景观的如:

> 大堤女儿花见羞,大堤杨柳映青楼。金壶满注樊城酒,醉杀狂夫不解愁。[④]

这些文字没有一处能够提供新的信息,都不过是重复前人的意象,显

---

① 《全唐诗》卷801刘淑柔《赋荆门》。

② 《凭几集续编》卷1《大堤曲》。

③ 《怀清堂集》卷6《大堤曲》其四。

④ 《华泉集》卷7《大堤》。

然作者只是为了练笔。

其实大堤景观已成广陵绝响,能够不断滚动的只是后人无尽的哀伤。明代王士性来到襄阳,抚今追昔,作了一篇异常沉痛的《吊襄文》,其中有曰:

> 去之郡城,遂行大堤。白水满江,平沙如砥。月明芳草,王孙路迷。谁家女郎,蹋歌连袂。盖余荫乔木,诵错薪,而知江汉之好游也。自昔记之矣。……婆娑乎断碑残碣,眄睐其故趾荒坟。俯仰今昔,有不为之泣下沾襟者乎?[①]

迨入清朝,更加令人有"觚兮"之叹。清初有人从此经过,也留下了类似的记载:

> 明季兵戈纷扰,百姓逃亡,迩来仅得安集,无复曩之靡丽矣。[②]

造语虽然比较平实,但叹惋之情溢于言表。毋庸赘言,大堤景观已荡然无存。

自宋代大堤景观消歇以后,江汉地区当然仍有其女性景观,但此时的景观已与以前有很大的差异。每逢岁时节日,该地的女性虽仍然喜欢到户外行走,上述金代李俊民所言的情形已可以为证,然而却不再有往日的风流。即,女性的某些行为已不再能随心所欲,她们受到了严格的限制。朱子在解说该地"好游"之俗的时候,下限只及于南朝的大堤,言外之意,当然是该俗已经发生了变迁。就是说,该地女性形成的文化景观至此出现了类型的转换。事实正是如此,宋人

---

① 《五岳游草》卷6《吊襄文》,见周振鹤师编校《王士性地理书三种》,上海古籍出版社1993年版。

② 徐炯《使滇日记》,上海古籍出版社1983年版。

在此看到的已是一派如下的情景：

> 谁家游女戏江滨，才见舟来竞敛身。须信文王风化远，至今犹自被行人。[1]

这位女子主动回避舟上的行人，显然是心中有了男女之大防。这种状况与上述南朝、唐代的情形相映成趣，可见其景观已完全不同。转型以后的女性景观，无疑更符合礼教的规范。

上述所言还只是襄阳，江汉平原上也不例外。此地从宋代以后一直不乏女性景观，其中包括不少的商女成分[2]，但再没有汇成“好游”的评判。就连像清代沔阳妇女传唱的歌谣：

> 一家一个打鱼舟，日日朝朝水上游。有女十三郎十四，朝朝相见只低头。[3]

这样极具风致的情调，也未能让人将其与古代的“好游”之风建立对应。其间原因，当然是这些含情脉脉的少女仅仅见郎低头而已，不会有进一步的出格行为。而黄陂县甚至将此点形诸志乘：

> 陂俗阃德独懋，途鲜游女，贾人行客过其都，未尝见妇女面，惟朝夕勤强纺而已。[4]

其文化特征已至为明显，毋庸再多作描述。

---

① 《道乡集》卷7《泛汉江》。

② 如《弇州四部稿》卷6有《江陵伎》、卷7有《江陵曲》，都是描写这一题材。

③ 洪良品《巴船纪程》，《小方壶斋舆地丛钞》本。

④ 同治《黄陂县志·风俗》引旧邑志。

五 讨论

行文至此，庶几可以归纳出“江汉好游”的真正含义。它指的不是一般性质的喜欢出游，而是一种在出游的时候趁机大肆与异性交往，以至于可以随心所欲的风俗习惯。这本来是一种相当普遍的人类学现象，并不是江汉一带的专利，但在该地区的历史上确实曾经非常兴盛。自南朝开始引起世人注意，直到唐代仍有传承。而使得世人注意的缘起，是以此衍生的大堤景观。这一景观曾是如此地名闻遐迩，几乎有喧宾夺主之势，以致有些资料竟把它当作“好游”之俗的全部内涵。

由于先秦的资料非常零星，看不清“游女”的实际行动，故有人认为这种习俗并不是因袭于《诗经》的时代，如苏轼就是这样：

> 自从毡裘南渡沔，襄阳无事多春游。襄阳春游乐何许？岘山之阳汉江浦。[①]

竟认为该地的“好游”习俗是在永嘉南渡以后才兴旺起来，这显然是受到了资料的作弄。其实先秦时期该地作为人类学意义的出游之俗的确是存在的，朱子以近求远，用南朝的史实推断《诗经》时代的“游女”现象，不能不说他的眼光非常犀利。可惜他的论断后人并没有充分地理解，竟狭隘地认为“江汉好游”乃襄阳一地的特有风俗，显然是偏执于大堤景观所致。

大堤行乐已是近乎纯粹的商业行为，尽管它受到“好游”习俗的浸润。这一景观在南朝以前未见于记载，有可能是中州之人对此有

---

① 《苏东坡全集・续集》卷3《襄阳乐府三篇》之三。

所不知，但笔者认为更有可能是其当时尚未来得及发育。因为这一景观的生长依托，必须有繁荣的商品经济。在永嘉南渡之前，该地的文化虽然也曾比较发达，但繁荣的程度究属有限；此后由于襄沔一跃而成为天下之腰膂，加之有大量南迁的移民在此定居，该地的经济尤其商业发展非常迅速。目前虽然无法证明这一景观是由移民从北方传来，但它的发育无疑受到了北人的刺激。由此笔者想到，上引唐诗中有不少讲到在大堤活动的客商是以北人为主，或许正暗示了这一景观发育的历史背景。

“好游”的景观至宋代以后发生转型，有不少人认为是因为受到文王的风化，即这是熏沐儒家文化的结果。上述一首宋诗已经阐明了这一观点，直到清代还有论者持同样看法：

> 江汉之女好游，被文王之化，其俗遂变。然六朝犹有遗风，如《大堤曲》可见也。[①]

这一解释当然不无道理，它符合中国文化发展的宏观轨迹。只是揆诸具体的史实，则此说未免有不少的纰漏。此文的作者有一个前提，即《汉广》篇作为儒家诗教的一个实例，标志江汉地区已“被文王之化”，因此他才以六朝的大堤作为先秦“游女”的“遗风”。姑且承认其前提无误，但充其量也只能意味着一种开端而已。该地“好游”景观的转型，时间已是到了宋代，可见“文王”之教对此地的涵濡同化，经历了一个漫长的过程，并不是一有文王之化就“其俗遂变”的。

况且大堤行乐事业的萧条，不可能是由于文王之化。从上文的论述可以看到，这一景观并不是先秦的遗风，其由盛转衰有其自身独特的衍变。其间原因，比较直观的猜想是此地从宋代以后就战乱频

① 《使滇日记》。

仍,社会经济受到极大的破坏。但如此言说其实并未得要领,即使忽略其史实上的粗疏,也难以原谅其逻辑上的窒碍。这一景观诚然是其社会经济的一种产物,但它的衰落犹如水流东海不可逆转,只能是该地社会经济发展的临界条件已有所改变。唐人的观察非常清楚,施肩吾的《大堤新咏》曾有过一番评论:

> 行路少年知不知?襄阳全欠旧来时。宜城贾客载钱出,始觉大堤无女儿。①

这就一针见血地道破了"女儿"与贾客之间的关系。因此,要探索大堤景观何以会凋敝,就必须追究该地贾客即商业的制约因素。

毫无疑问,在该地商业发展的历史过程中,交通形势的影响至关重要。其中可以分为两个阶段,唐代以前,虽然运输量有时而隆替,但该地一直位居全国南北交通要津。仅仅通过上文的引述,也已不难看出当时该地交通之繁忙。但入宋以后,这一形势发生了根本性的转变。由于全国交通网络东移,此地丧失了要津的地位,交通及社会经济状况大为下降。王士性在上述《吊襄文》中,曾有感于该地在从前"用武则英雄战争,冶游而舟车辐辏",而当时一派荒凉冷落,从而不胜今昔之概。这一变化对该地以及整个湖北历史文化发展的影响,本书第九章将详细讨论,在此不赘。而大堤景观作为该地交通和商业发达的产物,也就永远地成了明日黄花。

通过对"江汉好游"及大堤文化景观的历史地理研究,我们可以看到女性在某些文化景观形成中的作用。这种作用的重要性是毋庸赘言的,它往往为男性所无法替代。在文化地理学的研究当中,由于实质性的研究成果到目前还为数极少,这类文化景观尚未得到起码

① 《全唐诗》卷494。

的重视。同时我们也由此可以看到，女性在江汉地区古代的文化活动中本来一直非常活跃，只是由于宋代以后的“文王之化”，该地的文化才发生了较大的转型。这应该是全国，至少是南方相当多地区比较有普遍性的一个规律，反映了“文王之化”在其推广过程当中的地域以及时序上的差异。

而且，由于宋代以后全国的经济文化重心稳居于东南，太湖流域以及运河沿线成为全国经济文化最为发达的所在，苏、扬诸城市执全国文化之牛耳，有关的资料及研究亦独盛于他方，几乎有天下以小之势。然而以上的研究表明，历史时期长江中游的经济文化本来也相当昌盛，完全可以与其以东地区彼此颉颃，在唐代堪与“春风十里扬州路”相提并论的还有襄阳的行乐大堤，当时“天下三分明月夜，二分无赖是扬州”的话头或许未免过誉。由此可以发现，伴随着中国历史上经济文化重心南移的，南方地区还有一个经济文化重心东迁的过程。反映在较大范围的，是长江中游相对于其下游地区的衰落，而反映在长江中游内部，则是武汉作为中心城市终至代替荆、襄而兴起。兹事体大，在此不可能论说清楚，笔者将在以后的研究中继续作出进一步的探索。

第七章　唐宋时期峡江女性的形象及日常生活

地介古代巴楚之交的峡江一带，其进入文献历史的起点在南方不可谓晚。但其区域性的文化面目，直到唐代才渐趋明朗。作为其表征的文化现象在唐宋之间相当耀眼，其中包含有很多的女性因素。该地绝大多数的文化景观，都是赖其女性而形成；而她们的形象非常独特，无论是体貌抑或文化。这些都导源于该地特有的生活方式，以及制约这一方式的自然环境。以往的研究尚未注意及此，本书现在对此加以探讨。

峡江女子本来是以出有美人而著名的。范成大曾在归州写道：

> 东邻男儿得湘累，西舍女儿生汉妃。城郭如村莫相笑，人家伐阅似渠稀。[1]

汉妃，指的是王昭君。传说四大古典美女"沉鱼落雁、闭月羞花"中的落雁之貌，形容的就是她。照理，这方水土养育的女子，总归是一样的钟灵毓秀，艳丽过人。可是不然。尽管她们的水色还不错[2]，但她

---

① 《石湖居士诗集》卷16《归州竹枝歌二首》之一。此外卷19《夜泊归州》中也有"荒山余阀阅，儿女擅嘉名"之句。

② 《入蜀记》卷6载，作者曾遇上一帮峡江妇人，"颇白皙"。这当然是一份随机的抽样。

们给别人留下的观感，竟偏偏就是形象欠佳。早在唐代，张九龄就曾委婉地对该地女性的容貌提出过批评：

楚国兹故都，兰台有余址。……方此全盛时，岂无婵娟子？[①]

言下之意，当然不好再多加解释。杜甫为此辩解的诗句，“若道巫山女粗丑，何得此有昭君村”[②]，也正好可以反映她们确实有过这样的名声。到了宋代，指责的口气十分尖锐，“夔女寝陋男不文”的恶谥，恰恰就扔在王昭君的故宅[③]。不用说，这是对峡江女子的总体评价。

这种印象可谓具有戏剧意味，但并不是凭空而来的信口雌黄。它一方面是让王昭君吊起的高度期望在现实之间得不到满足，行人难免有苛刻的情绪；另一方面则是该地女性的着装习惯与外地有着明显的距离，使得已成定势的审美思维难以认同。前者可以姑置勿论，而后者则有若干的细节可以寻求。

一　灼面成斑痕

最让行人看着惹眼的是，峡江女子在唐宋时期普遍流行着文面的习俗。她们喜欢在脸上烧灼出几点斑痕，让外乡人觉得莫名其妙。这一点首先予以明确记载的可能要算白居易，他在《过昭君村》诗中有云：

村中有遗老，指点为我言。不取往者戒，恐贻来者冤。至今

① 《全唐诗》卷47张九龄《登古阳云台》。

② 《全唐诗》卷221《负薪行》。

③ 《紫微集》卷5《过屈平昭君故宅》。

村女面,烧灼成斑痕。[1]

诗人并没有附加过多的情感,但不难看出他也认为村女是在自毁容颜。否则他不会相信当地的传说:这一举动的目的仅仅在于避免重蹈王昭君远嫁异域的覆辙。

这一解释饶有兴味,如果真是出自当地人之口,倒是可以展示其对乡邦女子丽质的自信。此说流传甚广,几乎成为定论。宋人的记载与此一脉相承,形之于诗的有:

十二巫峰下,明妃生处村。至今粗丑女,灼面亦成痕。[2]

写进笔记的如:

归州民家,自汉王昭君嫁异域,生女者无妍丑必灸其面,至今其俗犹然。[3]

几乎没有人怀疑其意义和由来是否果真如此。这一说法乍看似乎很有道理,与当地的历史也有一个恰当的榫口。但其实则令人难以置信:假如真是要故意弄得自己难看的话,索性邋里邋遢的也就足够了,何必要弄得如此麻烦且不无痛苦?至少是无须再修边幅,然而事实并非如此,下文将可以看到,该地的女子对于妆扮非常讲究。言行相互矛盾,可见得这阐发不能令人满意。

其实文面只是文身习俗中的一种,而文身在人类历史上并不少见。与此可以类比的是海南的黎人。据《岭外代答》之"蛮俗"所载:海南的黎女也有这一习俗,"以绣面为饰";其诠释也与此相仿:"盖黎

---

① 《全唐诗》卷434。
② 《梅溪后集》卷15《昭君村》。
③ 《东斋记事》卷5。

女多美，昔尝为外人所窃，黎女有节者涅面以砺俗，至今慕而效之”。但揆诸其他史籍，则有一些不同的说法。如《广东新语》之“人语”记载：其人“自谓恐死后祖宗不识也”。也就是说，这种文饰是其族类的一种标志，因而有人称之为图腾说。除此还有一些其他的解释，但都不出这两者之外[①]。两相比较，显然是后者的说服力更强[②]。

峡江女子的文身情形已不得其详，只知道其面部有之而已，举凡一切细节，诸如其他部位是否还有、纹饰的图案、施术的规则及过程等均不得而知。但笔者已可以肯定的是，这一习俗的兴起绝对不会是出于王昭君的缘故，它应该有更为久远的历史渊源。上述这一解释只能说明一个问题：持此说的人已不能理解这一行为包含的意义，所以觉得文过之后会变得丑陋。如果按照其本来的观念，或许认为这一举动会增添其美丽亦未可知[③]。因为证之以其他资料，峡江女子是不乏爱美天性的。

二　“女儿高髻学昭君”

峡江女子的爱美标志，是她们头上变换多姿的发型。尤其引人注目的是，该地的女儿往往都梳着高高的发髻，如一位诗人所吟咏

---

① 据说1984年《海角》文艺周报第16期有邢植朝所撰一文，列举海南黎人文身的起源有四说，即由于血缘婚配、有配偶的标志、避汉族大官吏的抢辱、为了美，而该文肯定了末者。见徐一青、张鹤仙著《信念的活史：文身世界》，四川人民出版社1988年版，第43页。笔者认为，其第一、二、四说实际上都是图腾说的变相。

② 吴永章《论我国古代越族的“蛇图腾”》一文即主是说。见百越民族史研究会编《百越民族史论丛》，广西人民出版社1985年版。

③ 杜甫《负薪行》中有“面妆首饰杂啼痕”之语，所谓“面妆”很可能即指那些灼痕。苟此解不误，当然是为了以利观瞻。

的:“女儿高髻学昭君。”[①]陆游在其诗中估计了这种高髻的大致尺寸:“古妆峨峨一尺髻。”[②]可见其高度确实是不矮。当然这一数字不可能精确,也不可能每个人的发髻都那么规范,但诗人对其时代特征的把握则不会有问题;前述的“学昭君”三字也不会存在其他的理解,可以与此相互印证。这一古老髻型的渊源可能与灸面的传统不无联系,据《岭外代答》记载,黎族妇人也有“高髻”之风,且与“绣面”之俗共生。此地正好也是如此,可谓无独有偶。

须要细加品味的也就是这个“古”字。在中国传统的审美习惯中,很多东西都是以古为美的,可是这女性的妆束不然。一般人在艺术作品中看见古妆的女性还可以欣赏,要是在现实生活看见这么一群活古董,其感觉便未免复杂得多。在这个时候,“古”便不再是“古雅”,而会是“古朴”,甚至“古旧”。它也许会触发一些人的美感,但很难说它不会引起某些人的嫌厌。

发髻耸然而立,如果只是光秃秃的,再好看也会有限,于是上面少不了要插上一些饰物。通常是银钗,还有一些其他的物件。放翁描绘道:

> 未嫁者率为同心髻,高二尺,插银钗至六只,后插大象牙梳,如手大。[③]

此文所言的发髻高度与上引他的诗句大有出入,不过这已无伤大雅,大可注意的是文中所载的发型名称。由此不难作出两点推论:其一,发髻号称“同心”,终须名花已经有主,闺中待字的姑娘是不会梳这种

---

① 《淡斋集》卷 8《新滩三首》其二。

② 《剑南诗稿》卷 30《三峡歌》。

③ 《入蜀记》。

髻型的。也就是说，这应该是女子从订婚到出嫁期间的身份标记。其二，结“同心”总归是男女两个人的事，既然要来谈婚论嫁，那么这些首饰就应该作为一种诚意的表示而由男方斥资购置，同时也为这笔不菲的开支寻得一个合乎情理的归口。这一点，正好有条资料可资印证。范石湖在此有句云：“行人莫笑女粗丑，儿郎自与买银钗。”[①]这些银钗自然就是那些插在“同心髻”上被人观赏的银钗。

有时，一些女子的发型并不显得高耸，那是在她们订婚之前。这种发型主要是以其有鬟作为特征。据杜甫《负薪行》所载，峡江女子要是还没有夫家，纵然到了四五十岁也都只是同一种扮相：“至老双鬟只垂颈，野花山叶银钗并。”宋代的苏辙也讲到该地有很多未嫁的处子头发都白了还“双鬟垂顶”[②]。看来是左右各结一个，形状往下垂。其他有些资料虽然没有如此具体，但也不忘标明其中有鬟。如欧阳修在叙述峡州女子岁末出游时，曾有“游女髻鬟风俗古”的诗句[③]，这种发型显然可以表明“游女”尚未与男性结成“同心”。陆游目睹的头上“簪花髻鬟匝”的，也还是“村女”而不是妇人[④]。这种发型不可能向空中发展，因而不会如高髻醒目。上面的饰物也比较简单，一般只是插着些野花，不言而喻是替她们买钗的人还没有出现，这也可以旁证上文就“同心髻”所作的第二个推论较为可信。

一旦嫁作人妇，社会角色发生关键性的转变，作为女性身份的象征，发型当然要有所改观。由于有烦琐家务的牵累，婚后的女性发型不可能朝着复杂的方向发展，只会从“同心髻”趋向简化。如范石湖

---

① 《石湖居士诗集》卷 16《夔州竹枝歌九首》之四。

② 《栾城集》卷 1《竹枝歌》。此“顶”字当为“颈”字之讹。

③ 《欧阳修全集·居士集》卷 11《夷陵岁暮书事呈元珍表臣》。

④ 《剑南诗稿》卷 2《黄牛峡庙》。

所看到的:“白头老媪簪红花,黑头女娘三髻丫。”[1]这就展现了一个随社会角色嬗递而演化的发型序列。老媪的白头上既能簪住红花,花下之有髻自不待言,从其未能引诗人费半点笔墨,可见与黑头女娘的发髻属同一类型。所谓“三髻丫”,想必是将头丝挽成三股然后绾住的意思。显然其形状也是挺拔的,但高度已不见之突兀,应当比高达一二尺的“同心髻”易于料理。

髻型虽然改变,但首饰却一以贯之。范成大曾目击:

> 家家妇女布缠头,背负小儿领垂瘤。山深生理却不乏,人有银钗一双插。[2]

诗中值得玩味的是后面两句,其言外之意当然是该地的经济状况本不敢恭维,然而对首饰却舍得花钱,妇女们竞相披金戴银。银钗的数目,上述放翁称多的可达六只,而此地看到的都是两只,看来这是一个起码的标准,足以维持配置贵金属的意思。除此之外,她们头上通常还有一件值得注意的饰物,那就是布。此诗的首句已足以说明这种装饰的普遍程度,这当然是女性已婚的又一标识。诗中的“布缠头”不知到底什么样子,而陆放翁看到的则是“皆以青斑布帕首”[3],即将布包在头上,而且用的布也不是乌溜溜的一块。联想到上述白发老媪头上的红花[4],此地女性对于美的追求可见其一斑。

---

① 《石湖居士诗集》卷16《夔州竹枝歌九首》之五。

② 《石湖居士诗集》卷15《大丫隘》。

③ 《入蜀记》。

④ 老人簪花在古代并不稀罕,唐宋时期可以说相当普遍。其显例如苏轼所云:“老人簪花不自羞,花应羞上老人头。”只是此处所簪花色如此鲜艳,当然不无特别讲究的意味。

三　“十人九瘿”

但对美有所追求是一回事，达到的效果又是另外一回事。平心而论，峡江女子的“寝陋”形象不能完全归因于无法强同的审美情趣，该地的自然和人文环境中都有一些丑化女子姿色的因素，足以抵消她们对美的主动创造。其中最不可抗拒的是该地得天独薄的自然条件。由于其独特的地球化学环境，该地女性大多拥有一个有碍观瞻的脖子。

本来当时很多峡江居民的脖子都有些特别，而且可能颇有点名气。陆游在其临来此地之前曾忧心忡忡，“但愁瘿累累，把镜羞自照”；为的是“夔民多瘿，无者十财一二耳”①。但抵达以后他未免觉得前此的想象纯属过虑：“行人十有八九瘿，见惯何曾羞顾影。”②内中尤以女性较为突出，范石湖有诗状其景云：

> 婵娟钟美空万古，翻使乡山多丑女。炙眉作瘢亦不须，人人有瘿如悬壶。③

这一现象在现代医学上称为地方性甲状腺肿大，简称地甲病（End. G.）。状如悬壶，当然是形容其大；人人都有，则是极言其概率之高。在题下的自注中，诗人特意强调：“三峡女子十人九瘿。”尽管这种语言不无夸张之嫌，但无论如何，该地为地甲病的严重地区是可以无疑的。

---

① 《剑南诗稿》卷2《将赴官夔府书怀》。

② 《剑南诗稿》卷2《蹋碛》。

③ 《石湖居士诗集》卷16《昭君台》。

地甲病是一种典型的由环境因素引起的地方病,可分为缺碘和高碘两种类型。其分布之广,可谓具有世界性。在我国历史上,其分布也很广泛,宋代有人专门作过一篇《瘿赋》,其中含有地理分布内容的一段铺叙是:

汝颍之士兮,轸若为之丑;江汉之女兮,憎尔败其妍。①

这就说明,江汉一带也是这一病症的高发地区。综合其他各种史料来看,这一论断是可以成立的。早在唐代,王维就曾有"地多齐后疟,人带荆州瘿"的诗句②,说明瘿是荆州一带的土特产。不独此地,鄂西北一带也多有此一症状,宋人在房陵曾有"比屋蜂悬人带瘿"的诗句为证③。因而峡江一带有此病分布就不足为奇,恰好可以与上述地区连成一片。

当时就有不少人感觉这种病症与当地的生活习惯有关:"夔州苦无井,俗瘿殊可怜。"④而致病因子归根结蒂又取决于该地的自然环境:"峡江水性大恶,饮辄生瘿。"并且发病具有一定的人群选择,患者"妇人尤多";范石湖的家人对此曾有过亲身体验:"前过此时,婢子辈汲江而饮,数日后发热,甫宿项领肿起,十余人悉然,至西川月余方渐散。"⑤现代医学的研究表明,地甲病的发生确实有其人群选择,一般青春期多发,而女多于男,尤以生育期妇女为多⑥。这样正好可以解释,何以有些史料简直把这一症状当作妇女的特有现象。

---

① 《跨鳌集》卷1。
② 《全唐诗》卷125。
③ 《江湖长翁集》卷15《次韵言怀》。
④ 《方舆胜览》夔州"义泉"条引王龟龄诗。
⑤ 《吴船录》卷下。
⑥ 《中国医学百科全书·社会医学与卫生管理学》"地方病防治"条,上海科学技术出版社1984年版。

四　惯善负重

禀之于天地的固然无法逃避，但如果条件允许优游葆养，多少总可以通过后天的努力去求得一些弥补，语云“三分人材七分打扮”。偏偏峡江女子并不具备这种幸运。由于该地特有的风俗习惯，女性在生活中要承担大量的劳动，有些甚至相当粗重。这不能不说是影响她们容貌的人文因素。

该地女性的日常生活是很有特色的。她们承担着家务如洗涤之类，自然不在话下。王维从巴峡经过时便看到“晴江一女浣，朝日众鸡鸣”的景象①。但这实在不是她们最为常见的劳动，她们给人印象最深的，是善于负重。

在唐宋人的眼里，峡江女子最有诗意的行为是负水。不知是当地的居民觉得反正有充足的地表水可资利用，抑或是该地的地质条件难于凿井，总之该地的饮用水源长期没有向地下发展，而是仰仗于地表水体。杜甫在峡中寄寓时，经常慨叹当地无井而不得不去汲涧②。此俗后世长期承袭，以致宋代有官员要奏称“夔峡州郡民间无井饮”而建议采取一些行政措施③，事实上直到明代仍有一些地方依然故我④。

由于地势起伏较大，水利资源丰富，该地很早就懂得了利用重力

---

① 《全唐诗》卷 127。

② 《全唐诗》卷 222《奉酬薛十二丈判官见赠》称：“老夫自汲涧，野水日泠泠。”卷 229《溪上》则概言：“塞俗人无井。”所谓“塞俗”，用的是比喻手法。又，卷 221《雨》旧注曰：“峡内无井，取江水吃。”

③ 《续资治通鉴长编》卷 254 熙宁七年六月。

④ 如《益部谈资》卷下载：“夔城无井，官府军民咸取汲于江，虽治井亦不能贮水。”

以引水的技术。杜甫曾在诗中咏及此事：

> 云端水筒坼，林表山石碎。触热藉子修，通流与厨会。往来四十里，荒险崖谷大。[①]

虽然用的材料只是些竹筒，工艺不可能精致耐久，但原理的掌握已比较熟练，直接可以流进厨房，实在可谓是名副其实的自来水了。尽管如此，饮水供给仍一直是峡江地区令人头痛的问题。一来并不是每个地方引水都那么便利，否则上述杜诗所言的供水工程也无须远求于数十里开外；二来人们已认识到这种不费力的水源其实用途相当有限，“竹筒喉不干，可浣不可煎”[②]，否则更易于诱发瘿病。于是从地下水的露头取水也就成了峡江地区每日必做的功课。当然，条件不具备的地方，只好仍取之于江涧水体。

按照当地的习俗，此项任务一般都是由女性来完成。而且取水的方式也较独特，多为背负。《宋高僧传》载唐代僧人圆观曾在峡中泊舟，“见数妇女絛达锦珰，负罂而汲”，其同伴有曰：“自上峡来，此徒不少。”[③]刘禹锡则形之于诗：

> 山上层层桃李花，云间烟火是人家。银钏金钗来负水，长刀短笠去烧畲。[④]

可见负水是该地女性极富特色的一种行为。这一习俗至宋代无改，而且资料更加丰富。其中有些是趁着夜晚汲水，如陆游所注意的“妇

---

① 《全唐诗》卷221杜甫《信行远修水筒》。此外，同卷还有《引水》诗云：“月峡瞿塘云作顶，乱石峥嵘俗无井。云安酤水奴仆悲，鱼复移居心力省。白帝城西万竹蟠，接筒引水喉不干。”又《园人送瓜》中亦言及：“竹竿接嵌窦，引注来鸟道。”

② 《方舆胜览》夔州“义泉”条引王龟龄诗。

③ 卷20《唐洛京慧林寺圆观传》。

④ 《全唐诗》卷365《竹枝词》之九。

盎有夜汲”[①]。想必一方面是夜晚江上清静，水质较好，而另一方面则可以腾出白天的时间以作他用。也有一些是前一天晚上没有来得及汲好，只好一大清早出去。但既然是在白天，难免被人看见，就不能不注意自己的形象了，同样是落在放翁眼中的，清晨女子出门汲水的景象便是：

木盎汲江人起早，银钗簇髻女妆新。[②]

这后一句所刻画的细节，再次显现出该地女性的爱美之心。

既然汲水的方式独异，因而其用具也就未免有些奇特。上述放翁看到的“木盎”，他在《入蜀记》中描述道：

妇人汲水，皆背负一全木盎，长二尺，下有三足。至泉旁，以杓挹水，及八分，即倒坐旁石，束盎背上而去。

这样的一种容器，当然是专为负水而制作。须要留意这种木盎乃是全木的，即以一段圆木掏空而成，这样既工艺简单，又结实耐用，只是对木材的要求较高，说明当地的森林资源比较丰富。此外，也有人用的是别样的容器。杜甫记载为“瓮”[③]，而宋代也有人看到“妇女提罂汲江水”[④]，显然都是些陶制的器具。征之以放翁所作的观察，用陶器的人家当属少数。

负水也还可以说只是家务，在传统社会中仍不过是女人的分内之事，但她们背负的内容远不止此。由于峡中地形崎岖、道路逼仄，挑担行走多有不便，故地面运输一般都是采用背负的形式，而这些工

① 《剑南诗稿》卷10《峡口夜坐》。
② 《剑南诗稿》卷2《新安驿》。
③ 《全唐诗》卷221杜甫《雨》。
④ 《西庵集》卷4《次归州》。

作仍然是由女性来承担。陆游概括道：

> 大抵峡中负物率着背，又多妇人，不独水也。[①]

这就不是普通家务所能比拟的了。其中又有两样活计相当多见，一是襁儿，二是负薪。

按照当地的习俗，该地女子在外出劳动时总要将婴儿背在背上，以此也形成一道独特的风景。上述范至能的一首诗中已经提及此事，他还在另一首诗中写道："背上儿眠上山去，采桑已闲当采茶"[②]；可见其出现频率之高。笔者推想，这大概是那些妇女还处在哺乳期的缘故，因为婴儿需要频繁地哺乳，如果不是随身携带，母亲外出劳动着实多有不便。较之于上述的负水，这件事更充分地反映了该地女性的勤劳：就连在哺乳期间都不得不出来忙乎，她们平常劳动量之大可想而知。

待到婴儿断奶之后，母亲自然是不必再一直驮着，但却可能转移到稍大几岁的女孩背上。上述陆游看到的"簪花髻鬟匝"的村女就正在做着这样的事情，"襁儿着背上，贴妥若在榻"[③]。村女的发型显示其尚未成年，因而背上背着的那位只能是其弟妹或者侄行。当然，这种情况其实也要家里有足够的人手才行，如果家里缺乏带小孩的其他人选，那么孩子只好仍旧在母亲的背上晃荡。父亲是绝对不会背的，笔者还没有看到该地的丈夫背负小孩出来劳动的记录。

背着婴儿劳作诚然是辛苦的，但还主要耗的是耐力；相比之下，真正称得上高强度的活计是背柴火。峡江地处山区，森林资源丰富，

---

① 《入蜀记》。

② 《石湖居士诗集》卷16《夔州竹枝歌九首》之五。

③ 《剑南诗稿》卷2《黄牛峡庙》。

居民生火主要用的是柴薪。尽管砍伐的工序可能部分由男人承担，上述刘禹锡“长刀短笠去烧畬”之句似为一证；但把柴火从山上背下来这一步骤，则主要是由女子来完成。这一习俗在峡江西部的夔州尤为显著。早在唐代，杜甫就曾为此深深地感动，专门写作了一篇《负薪行》，慨叹峡江女子“十犹八九负薪归，卖薪得钱应供给”。当然，其中用作自家消耗的部分，已经不足挂齿。值得注意的是后面一句，历来的注家对此有着不同的解释，或以为是供给家政之需，或以为是供给官府诛求，但无论如何，都可以看出女子的背负在当地经济生活中所起的作用。

虽然负薪的题材在杜甫之后几成绝响，但此俗在宋代依然存在。陆游有一首《书驿壁》的诗单道此事，并提供了一些《负薪行》之外的细节：

> 峡中山多甲天下，万嶂千峰通一罅。峒民无地习耕稼，射麋捕虎连昼夜。女儿薄命天不借，青灯独宿江边舍。黎明卖薪勿悲咤，女生岂有终不嫁？[①]

个中有两点须特别注意：其一，负薪似乎是未婚女子的专项任务。本来《负薪行》中只是记叙未婚女子直到四五十岁还在从事此项劳动，而此诗的末句则进一步披露，出嫁将是她们卖薪生涯的尽头。其二，该地女子之所以要卖薪，是其自然环境以及所制约的经济方式驱迫使然。这一点揭示得颇为深刻。由于地形破碎，谷地狭窄，可耕地相当稀少，以致该地居民的生计不能完全仰赖于农耕，而不得不寻求其他的经济形态作为补偿；因此女性在经济生活中除了负重，还注定要与商业结不解之缘。

---

① 《剑南诗稿》卷2。

五　习于经商

峡江一带的商业活动具有非常悠久的传统。一方面其农业生产的条件有限,存在一种生存的压力,上文已述;另一方面则地扼楚蜀咽喉,上下交通相当发达,很容易受到外地经济因素的诱导;因而该地很早就发育了多种经济方式。还是在南朝时期,就已经有"建平郡少农桑,农不如工、工不如商"的记载[①]。建平郡治巫县,正处于峡中,由此不难想见整个峡江一带的经济结构。

这些经济方式到唐宋时期仍有相当明显的继承,商业在该地的经济结构中可能占有异乎寻常的比重。其中的从业人员,女性仍是当然的主角。杜甫曾在《负薪行》中著录该地女子的经销内容:"筋力登危集市门,死生射利兼盐井。"前者指上述的卖薪,费力而利薄;而后者则是走私盐斤,利厚却有较大风险。诗人拈出如此两端,可能还有一些不烦枚举。

迨至宋代,赖有史料的增加,可以看到她们的经营活动显出了一些特色。除了上述的负薪卖力,她们主要是从事一些消费性的商业活动,销售当地的农副产品。销售的对象,主要是路过此地的行旅。

她们对于经商相当热衷,范石湖笔下"瘿妇趁墟城里来,十十五五市南街"的景象[②],充分地烘托了她们对于商品的情绪。当然这可能只是来采购,与出售的感觉还有些两样。事实上她们对于后者同样当行。有时,为了拓展销售额,她们还会利用一些让旅客并不愉快

---

① 《方舆胜览》归州风俗引《荆州记》。

② 《石湖居士诗集》卷16《夔州竹枝歌九首》之四。

的手段。例如在新滩，长江河床乱石嶙峋，水流又湍急，航道颇多凶险，官府曾组织疏凿以便行舟，但当地居民则百计阻挠，甚至不惜贿赂石工，使得滩害留住一个尾巴[①]。一旦发生事故，可以通过修船之类赚钱不说，旅客被迫滞留也可以扩大当地的买卖。此事虽未必是女性所为，但她们无疑也会从中获利。

销售的商品，资料中记载较多的是旅途解渴的饮料。陆游在其《三峡歌》中有一句诗“木盎银杯游客舟”[②]，讲的是有人到客舟上流动卖酒。这一点令人不无惊奇，上文已述峡江水性大恶，然而该地酿出的酒质却并不都劣。夔州的酒是“不佳”的，但云安的“曲米春”酒却“自唐以来称之”[③]；而东部的峡州甚至有“巴楚夷陵酒最醇”之誉[④]。当然真正让人感动的是卖酒人的服务品质。用的是也可负水的“木盎”，不用说那人只会是女性。放翁曾摹状其事：

> 有妇人负酒卖，亦如负水状，呼买之，长跪以献。[⑤]

此情此景，自然酒味又要甘醇几分。况且价钱也不昂，范石湖称“云安酒浓曲米贱”[⑥]。

除了卖酒，也有人卖茶。上文曾经述及妇女背负婴儿的采茶行动，可见茶叶也是当地的土产。陆游在经过黄牛庙的时候，就曾遇上“村人来卖茶者甚众”，其中有些是妇人，也有一些可能是未及成年的

---

① 《入蜀记》。

② 《剑南诗稿》卷30。

③ 《石湖居士诗集》卷19《夔门即事》注。

④ 《剑南诗稿》卷2《过夷陵适值祈雪与叶使君清饮谈括苍旧游既行舟中雪作戏成长句奉寄》。

⑤ 《入蜀记》。

⑥ 《石湖居士诗集》卷16《夔州竹枝歌九首》之一。

少女。照例经过了刻意的妆扮,还有人背上睡着婴儿[①]。

此外,还有人出卖自己的歌声。严格讲来这已经超出了商业的范围,但因与商业活动关系密切,故需要在此一并论述。范石湖曾在夔州吟咏:

> 当筵女儿歌《竹枝》,一声三叠客忘归。万里桥边有船到,绣罗衣服生光辉。[②]

听歌的看来是些行旅,显然这位女儿的歌声不会无偿。这还是在峡江当地,有些操此职业的女子甚至沿江上下远走他乡。当时的主流是顺江而下客住荆州。陆游的《荆州歌》有谓:

> 伏波古庙占好风,武昌白帝在眼中。倚楼女儿笑迎客,清歌未尽千觞空。沙头巷陌三千家,烟雨冥冥开橘花。峡人住多楚人少,土铛争饷茱萸茶。[③]

在此居住的峡人比楚人还多,可见倚楼清歌的女儿有不少即源于峡江一带。沙头的市面远比峡江开阔,此地的峡人应该已主要从事商业,诗的末句暗示经营的仍是一些土产,但能够脱离故土专事射利,无疑得益于上述商业传统的熏陶。此类现象早在唐代就已露出端倪,王建在江陵有句称:"蜀女下沙迎水客,巴童傍驿卖山鸡。"[④]诗中以巴、蜀对举,显然与上述陆诗异曲同工,只是详细程度不逮而已。

---

① 《入蜀记》,《剑南诗稿》卷2《黄牛峡庙》。

② 《石湖居士诗集》卷16《夔州竹枝歌九首》之九。按,万里桥在成都。

③ 《剑南诗稿》卷19。

④ 《全唐诗》卷300《江陵即事》。

六　凄婉悲怨的情感世界

如上所述，峡江的环境是那样地恶劣，居民生计又是那样的艰辛，该地女性的情感世界当然也会烙下深深的印记。

本来，峡江女子是拥有一片开心天地的。唐代有人觉得昭君故里存在着一股“至今乡土尽风流”的情怀①，其立意的依据未闻细说，但到宋代有关的记载便具体起来。

首先是该地的女子与异性的交游比较自在。欧阳修曾在其诗中注道：“夷陵之俗多淫奔。”②其煞末二字无须多讲，显然是所谓“风流”的注解。而作为这一过程的前奏，她们有不少出门野游的机会。如峡州在岁末祭鬼的时候，就可以看到一幅“男女数百相从而乐饮，妇女竞为野服以相游嬉”的风俗图卷③。这样的画面每一年都会翻版若干次。“好遨蜀风俗，夔人贫亦遨”，就是夔州居民在人日倾城出游的真实写照④。当地还有一些夜晚的聚会，这当然更是为了便利男女的交往。在这种场合，言辞无论如何都不足以达意，于是难免抒发成音乐。“月出行歌闻调笑”的感觉⑤，不断地可以在此找到。芳名流播的《竹枝》歌，有不少正是歌场的产物，“含思宛转，有淇澳之艳音”⑥，实在是“风流”的最佳注脚。

但揆诸当时峡江女性的生活实形，她们的欢乐简直微不足道。

---

① 《全唐诗》卷 519 李远《听王氏话归州昭君庙》。

② 《欧阳修全集·居士集》卷 11《初至夷陵答苏子美见寄》。

③ 《欧阳修全集·居士集》卷 11《夷陵岁暮书事呈元珍表臣》。

④ 《方舆胜览》夔州风俗引王梅溪诗。

⑤ 《欧阳修全集·居士集》卷 11《夷陵书事寄谢三舍人》。

⑥ 《全唐诗》卷 365《竹枝词引》。

大部分的时间里,她们都沉浸在一种凄婉悲怨的情愫里。只要聆听她们的歌声,就不难窥见这一堂奥。

她们所有的声音都汇聚在如泣如诉的《竹枝》歌里,时贤和前辈对此都已有大量的深入研究,在此无须过多陈述,其中有些论著已经注意到《竹枝》歌中的音乐情调①。它除了在歌场上有时比较美艳之外,绝大部分都是凄惨怨艾的。凡在此地听过《竹枝》的人,都留下了雷同的强烈印象。在此聊举一二,苏辙有云:

> 路迷乡思渺何极,长怨歌声苦凄急。不知歌者乐与悲,远客乍闻皆掩泣。②

这是在普通的夜晚听到的,很有可能还是独唱。节日里集体出游时仍然如此,如夔州人日踏碛时,"《竹枝》惨戚云不动"③,这当然是在白天。就连在晚上男女踏歌两情相好之际往往都是如此,难怪白居易疑惑:

> 《竹枝》苦怨怨何人?夜静山空歇又闻。蛮儿巴女齐声唱,愁杀江楼病使君。④

上述虽只三例,却涵盖了单独、集体、夜晚、白天、平时、节日以至踏歌聚会各种情形,更多的证据已没有必要。但如果听到的是单纯的女声清唱,则于现在的讨论更有裨益:

---

① 例如孙琴安《刘禹锡〈竹枝词〉的音调、形式、内容和影响》一文对此就有所论及,见中国民间文艺研究会上海分会编《民间文艺集刊》第五集,上海文艺出版社 1984 年版。但该文只是罗列《竹枝》的音调特色,而没有对其成因加以挖掘。

② 《栾城集》卷 1《竹枝歌》。

③ 《剑南诗稿》卷 2《踏碛》。

④ 《全唐诗》卷 441《竹枝词四首》之二。

> 扁舟日落驻平沙，茅屋竹篱三四家。连舂并汲各无语，齐唱《竹枝》如有嗟。①

这些唱者的性别无须多想便不难推知。她们在生活中没有其他的渠道可以发泄情感，只好在《竹枝》中寄托她们的心思。这声音是她们内心世界的天真流露，也就是说，她们的内心充斥着无穷的幽怨悱恻。

透视的焦点是这一情调的成因，很早就有人对此进行过探索。白居易曾有一番叙说：

> 江畔谁人唱《竹枝》，前声断咽后声迟。怪来调苦缘词苦，多是通州司马诗。②

诗中的通州司马指元稹。照作者道来，《竹枝》歌中有很多竟是先有了元稹的词然后再谱的曲，所以才会那样悲苦。这显然是想浇灌自家胸中块垒，未免曲解阿友之嫌。

苏轼则推定，《竹枝》歌之所以“幽怨恻怛，若有所深悲者”，可能是“往昔之所见有足怨者”；因而他以此与楚国的历史文化联系起来，觉得这是楚人“伤二妃而哀屈原，思怀王而怜项羽”心情的延续③。这一解释当然比前述说法要客观一些，但实在过于高古，与题目缺乏衔接，笔者窃不敢深信。

笔者认为，《竹枝》歌中悲怨情绪的直接来源只能是该地独特的人生感受。只要洞察该地居民的现实生活，就不难发现其中无处不隐藏着与生俱来、挥之不去的辛酸和烦恼。每一项劳动都是那么

① 《栾城集》卷1《竹枝歌》。

② 《全唐诗》卷441《竹枝词四首》之四。

③ 《苏轼诗集》卷《竹枝歌》序。

艰难,每一口的生计都是那么困顿:

可怜楚人足悲诉,岁乐年丰尔何苦?钓鱼长江江水深,耕田种麦畏狼虎。①

万一要是遇上凶年或者不测,得到的回报便是纯粹的苦痛。

这些苦痛对于女性来说尤为巨大。她们的工作是那么繁杂,她们的负担是那样地沉重。从洗涤、舂米、负水、砍柴,到卖薪、卖酒、卖茶、卖唱,及至背着婴儿出门劳作,她们在生活中付出得更多,虽然没有看到她们成为船夫水手,但她们承受着比男性更多的劳累:

上山采薪多荆棘,负水入溪波浪黑。天寒斫木手如龟,水重还家足无力。②

可以说,是她们用那柔弱的身躯支撑着一方贫瘠的土地。就连她们比较自由地与异性交往,其实也存在着无法向人言说的伤心。上文已经引述过陆游"女儿薄命天不惜,青灯独宿江边舍"的诗句,讲述卖薪女嘤嘤求偶的青春惆怅,事实上该地有不少女子到了年龄很大,甚至韶华已逝仍没有出嫁。杜甫的《负薪行》开篇就说:

夔州处女发半华,四十五十无夫家。更遭丧乱嫁不售,一生抱恨堪咨嗟。

看来这种女子还为数不少,因为苏辙也曾描述过类似的现象,为讨论的方便起见且待下文再引。老杜将个中原因归结于丧乱导致的男女性别比例失调,这一详情已无从确考。但至少可以肯定的是,该地女性的情感生活不可能过得十分愉快:既然有这样一群高龄处女,那些

---

① 《栾城集》卷1《竹枝歌》。

② 《栾城集》卷1《竹枝歌》。

得以顺畅“淫奔”的女子也就有限。总体而言，她们忍受着比他乡女子更多的寂寞。

这样的一个生存环境，这样的一种生活方式，如果说身处其中的峡江女性还能信口飞出欢快的歌声，那才是令人惊诧的怪事。由此着眼，不难领悟何以缭绕在峡云之间的《竹枝》音乐，一般都是那样悲怨凄婉，令人不忍卒听。

七　余论

以上揭示了唐宋时期峡江女性的生存状态，从中可以抽绎一些该地文化的类型特征。该地的文化形态大体上非常古老。灸面、高髻之俗已不必多说，显然是在华夏文化进据之前该地土著民族的固有文化。就连女性在社会生活中发挥着重要的作用，这也是古代南方社会的共同特点。这一特点在其更南的地区直到晚近仍有留存。

宋代有不少人曾经指出，该地的汉化程度比较有限。如《方舆胜览》称归州：“虽云古地，尚习蛮风。”这一点颇使人觉得只是其“民风杂莫徭”而已[①]，因为该地居民的民族结构是“夷夏相半”，其中“夷”的部分“有巴人焉，有白虎人焉，有蛮蜒人焉”[②]，他们各有其本民族的文化。就是说，“夷”人固然保留其自己的文化，而“夏”人则应该习的是华风。然而当地的“夏”人竟然也带有一些非华夏文化的东西，显然这些“夏”人原来也是“夷”人中的一个部分。即，华夏文化进据该地的过程主要是一种文化的进入，而不是将该地的原住民连根拔掉，因

---

① 《剑南诗稿》卷2《将赴官夔府书怀》。

② 《方舆胜览》归州风俗引晏殊《类要》。

此该地的文化出现了“夏”中有“夷”的交融局面。

在该地所有的女性当中,女儿可能占有特别重要的地位。这一点在当地以及邻近地区的历史文献中情形比较暧昧,但在珠江三角洲地区表现得非常清楚,直到近世仍然如此。女儿掌握着家庭的财政大权,同时对家庭也负有很强的责任[①]。从现存峡江地区的资料分析,该地似乎也具有这一特点。首先透露出来的是杜甫《负薪行》中的两句:

> 土风坐男使女立,应当门户女出入。

须要注意,诗中所讲的是“女”而不是“妇”。也许光从字面上抠还不足以导出结论,关键在该诗通篇都讲的是“夔州处女”,与妇人无涉;而且上述陆游在诗中表示似乎一旦她们出嫁就不必再从事如此粗重的活计;加之确实没有发现妇人负薪的记载,她们都是做些采茶、售货之类并非头等笨重的工作;因此可见老杜的措辞用字并非毫无讲究。负薪当然只是管中一斑,但它实在是最有典型意义的代表。老杜在诗中还讲到处女们“集市门”“兼盐井”,以作为她们“应供给”的手段,显然其“应当门户”四个字不是没有着落的。

由此笔者有一个推测,峡江地区那些年纪很大很老还“嫁不售”的处女,很可能是属于“自梳”女性质。苏辙有一首诗可以为证:

> 俚人风俗非中原,处子不嫁如等闲。双鬟垂顶发已白,负水采薪长苦艰。[②]

诗中描述的现象与上述杜甫《负薪行》中所言完全一样,所不同的只

① 参刘志伟《女性形象的重塑:“姑嫂坟”及其传说》一文,载《“地域社会与传统中国”国际学术会议大会发言论文集》。笔者所见为抽印本。

② 《栾城集》卷1《竹枝歌》。

是解释。按老杜的感觉似乎是迫不得已，否则要是未遭丧乱的话终归还是应该要出嫁；但苏辙的观察则不然，不嫁的处子只是“等闲”。这里可能有两层含义：其一，不嫁的现象非常普遍；其二，未嫁的女子不慌不忙，直到头白都是如此。因而这些处子是自己“不嫁”而不是“嫁不售”，舍“自梳”之外无从解释。苏辙交代这一风俗导源于“俚人”，生长于中原的杜甫有所不解，因此要替她们担忧①。

元明以降，上述各项文化特征仍有一些留存。如清代有人在清明节的时候从巫山下经过，曾经写下这样一段文字：

> 山上有女如云，皆蜀俗。清明家家妇女上坟，金翠璀璨、纨绮鲜明，珊珊来迟，环佩有声，好事者载酒邀宾登山聚饮，借扫墓之名以观妇女为乐，曰上野坟，不啻举国之若狂也。②

作者大概是不暇深考，故想当然以为是“蜀俗”。只要以此与上述峡州岁末祭鬼的情形稍加对照，便不会同意这一结论。那里是到野外“祭鬼”，这里是上坟；做的是同一件事，一样地是男女趁机嬉游；所不同的不过是节候及妇女的妆束而已，个中的因袭关系昭然若揭。又，清代还有如下的资料：

> 巴渝间，有女三五成群，散入成都属邑，闻人家庆贺，则往歌舞侑酒，名曰杨花。③

其中显然有些是峡江地区西部的女子，沿江上溯，光大着家乡的卖唱传统。

---

① 这种误会元稹也曾发生过。其《织妇词》写到当时荆州的“贡绫户”有“终老不嫁之女”，他也认为是：“东家头白双女儿，为解挑纹嫁不得。”见《全唐诗》卷 418。

② 黄勤业《蜀游日记》，《小方壶斋舆地丛钞》本。

③ 王培荀《听雨楼随笔》，巴蜀书社 1987 年版，第 343 页。

但是该地总体的文化面貌已经发生了明显的变迁。女性灸面、高髻的习俗都已从史料中消失殆尽,盛极一时的《竹枝》歌也在该地荡然无存。明人特意记载:宋代三峡“长年犹能歌之”的《竹枝》歌“今则亡矣”[①]。与此同时,有些习俗出现了较为重要的嬗递。最显著的是婚俗,尤其巫山、琵琶峡一带。有关资料非常繁富,明代即有人称:

> 巫山女子皆善吹箫,嫁时众女子治具送之,吹箫数日为乐。蜀中有此,毋乃神女之遗风乎?[②]

作者虽然没有交代其结婚步骤的全部,但已不妨碍判断,程式中存在正规的出嫁,否则也不必多此送嫁一举。这种情形与唐宋时期大异其趣。上述已经表明,该地的婚俗在宋代还颇多“淫奔”,显然此时的习俗已更加靠近儒家礼制。

文化面貌发生如此的变迁,其意义是不言而喻的。它反映了该地原有的土著文化在与汉文化接触的过程中,是如何吸收、消化、蜕变以至让位的。这一变迁的发生并不奇怪,很多地方都有过相同的经历。值得注意的是这一变迁发生的时代。由于汉文化是从中原地区逐步向四周扩散的,不同地区加入这一范围的时间有先有后;峡江地区直到唐宋之后才与汉文化整合,显示了其区域文化历史的独特性。

---

① 何宇度《益部谈资》卷下,《丛书集成》本。

② 《益部谈资》卷下。又,张洲《出峡记》载,琵琶峡“其乡妇女晓音律。有女子出嫁前夕,邻里合乐送之”。王士禛《蜀道驿程记》也称:“琵琶峡,相传其乡妇女多善吹调,嫁时诸女子相与吹笛唱竹枝送之。”

第八章　湖北历史时期的感觉文化区

一　感觉文化区的概念

首先须将目光投注到湖北行政区划的发展史上。

在高层政区的分设过程中，曾经有过一种将今湖北省境割裂的倾向。这一思路存在了相当长一段时间。本来自秦代郡县天下以后，高层政区在汉末以“州”的名称出现之时，今湖北省境就已基本上包含在“荆州”这一高层政区之内。尽管其西北、东北两角各有一小块分属于益、扬二州，但范围很小，今湖北省境的地域完整性已基本上得到了确认。而到了唐代，今湖北省境被划分得支离破碎。贞观年间(627—649)，今湖北省境分属山南、江南、淮南三道。到开元时(713—741)，省境中部、北部属于山南东道，而东南部属江南西道，东北部属淮南道，西南一隅属于黔中道。道只是监察区，但它具有准高层政区的性质。到宋代，分裂的趋势更有所发展。此时的高层政区为路，今湖北省境主要分属荆湖北路、京西南路，同时东北部属淮南西路，而东南和西南各有一隅分属江南西路和夔州路。元代的措置最为乖戾。此时的高层政区为行省，今湖北的大部分地区属于以开封为中心的河南江北行省,而东南部及位于西部的一块飞地属湖广行省,西南一隅属四川行省,今省境的地域完整性已不复可言。然而到了明代,历史又戏剧性地绕回到早期,今湖北、湖南共有一个高层政区,一举奠定了今湖北省境的地域范围。

由此笔者想到一个问题:如此一波三折的历史进程,不可能只是纯粹的政治行为,这些行政措施的背后,总归有其依凭的理据。在影响这种决策的诸因素中,是什么维系着今湖北省境的地域完整?要不然,经过长达七个半世纪的割裂,这块地域不可能再合到一起。

容易让人想到的是地貌。历史政治地理的研究表明,古代行政区域划界有一条很重要的原则是山川形便[①]。今湖北的地形为一盆地,基本上能自成一个区域。但这个论据显然不够坚强。今湖北作为一个地域,虽然其完整性在汉代即大体已得到确认,但后来又经历了上述那么长时间的支离,这件事本身已足以说明,今湖北四周的山川形便在古代并没有得到足够的认可。试看今湖南、江西两省间的边界,自秦汉以后便少有变动;而两省的省域形成过程一直稳定发展,绝少反复,那才可以说是山川形便起作用的结果。

那么真正的原因何在?笔者认为在于文化。就是说,今湖北省境作为一个地域,它有一个可以依凭的独特的感觉文化区。这个文化区深深地扎根于人们的意念当中,正是因为有它的存在,才使得今湖北省境即使在长期的割裂状态下也始终保持着成为一个完整区域的要求,是它捍卫着这块区域的完整性。

感觉文化区又称乡土文化区,它是人们对于文化区域的一种体

---

① 参周振鹤师《体国经野之道》,香港中华书局 1990 年版;及《中华文化通志·地方行政制度志》,上海人民出版社 1998 年版。

认，既存在于区域内居民的心目当中，也得到区域外人们的广泛承认。在文化地理学中，较为著名的例子是美国东南部的“迪克西”(Dixie)区，它是一个比“南部”更有限定性、更有历史文化内涵的区域概念[①]。但在中国，对感觉文化区的认识一直未能进入研究的层面。事实上，这一问题对于中国文化可能更为重要。因为中国的历史文化传统如此深厚，文化的地域分异情形更加复杂，有许多包含独特历史文化内涵的区域概念，诸如南方、北方，楚、秦、晋、燕赵、齐鲁、吴越、巴蜀，以及塞北、江南、岭南之类，其实都可以归属于感觉文化区或曰乡土文化区的范畴，只不过其体认方式较为独特而已。因此本文对湖北进行讨论，一方面想以此揭示湖北文化的空间整合过程，同时也希望有裨于对中国文化地理认识的深入。

二　湖北省境感觉文化区的演变

作为一个文化地域，湖北是以楚国的历史文化为其表征的。在省域历史上曾依次出现过“雎章”“江汉”“荆州”“楚”四个有文化内涵的区域概念，它们既有联系又有区别，存在的时间先后更迭，笼括的范围逐步扩大。

“雎章”可谓是湖北历史上最早出现的区域概念。这是湖北作为一个文化地域的源头。早在楚人兴起之前，湖北境内存在过多种类型的考古学文化，如新石器时代的大溪文化、屈家岭文化、湖北龙山

---

① 参 Terry G. Jordan & Lester Rowntree: *HUMAN MOSAIC*, Harper & Row, 1990. P13. 及王恩涌等编著《文化地理学》，江苏教育出版社 1995 年版第 44 页。《迪克西》(Dixie)是美国南北战争时期在南部各州流行的战歌，现在该地区的商业设施、电话簿户名上仍留有大量的标记，以此成为判读一个感觉文化区的依据。

文化以及夏商时期的中原文化因素;与楚兴起同时,今湖北省境也存在着众多诸侯小国;但那些文化与湖北这一区域概念的形成并没有渊源关系。

雎、章指的是雎、章二水流域,它是楚人在其祖先熊绎时代的活动范围。《战国纵横家书》"苏秦谓燕王"之章谓:"自复而足,楚将不出雎、章。"[①]这反映了楚国早期的空间形态,所指即当为熊绎时代。雎、章二水地望,据石泉先生研究,在今汉水支流蛮河流域[②]。因而,这个区域概念对今湖北省域形成所造成的影响也较为有限:其一,在地域范围上它与后来的湖北省境相差过于悬殊;其二,它对人们的文化心理产生影响也仅限于历史的早期,战国以后,便逐渐从人们的记忆中淡出了。

升级换代的一个区域概念是"江汉",这是湖北历史上影响至巨的一个区域概念,堪称省域的文化核心。据《史记·楚世家》载,熊绎之后第四代熊渠在周夷王时"甚得江汉间民和",表明此时楚人的活动范围已由"雎章"而拓展至"江汉"。从此,"江汉"作为一个文化地域便深深地铭记在人们的记忆当中。《左传·哀公六年》载楚昭王之言曰:"江汉雎章,楚之望也。"王光镐先生据此认为,"从'祭不过望',即祭祀的山川星辰不出本国疆界的原则来看,此文给了我们关于楚国疆界的一些重要启示"。其所谓启示便是:"楚人的历史疆界应主要在江、汉、沮、漳四水的范围中求之。"[③]王先生此言有其特定语境,他是着眼于寻找楚国早期活动范围才出此言的,其思路与本文不合

---

① 文物出版社 1976 年版。

② 《齐梁以前古沮、漳源流新探》,载《武汉大学学报》1982 年第 1、2 期,又见《古代荆楚历史地理新探》。

③ 《楚文化源流新探》第 317 页。

之处可不置论。在此笔者须提请注意的有两点：其一，所谓“江、汉、沮、漳”，从区域的角度而言其实含有“江汉”和“沮漳”两个层次的概念，它们从空间上是一个包含和被包含的关系，而从时间上则有一个后先的继承关系。其二，此时已临近春秋末叶（公元前489年）。楚国的疆域自楚文王时（前689—前677）已经吞并整个南阳盆地，越过汝水而及于淮河上游，楚成王（前671—前626）、楚庄王（前613—前591）时又两度向中原扩张，楚灵王时（前540—前529）转而往东发展，以致徐少华先生认为：“春秋晚期的楚国疆域，就大的自然形势可以长江和汉水至桐柏、大别山一线划分为北部（南阳盆地和淮河中上游地区）、中部（江汉地区）与南部（江南地区）三大部分。”[①]然而此时楚人望祭的对象仍为江、汉、沮、漳，由此可见“江汉”已经成为一个富有历史文化内涵的区域概念。

与此同时，“江汉”这一区域概念也得到了全国范围的广泛承认。这种承认可以由《诗经》而得到证明。其《汉广》篇有曰：

> 南有乔木，不可休思；汉有游女，不可求思。汉之广矣，不可泳思；江之永矣，不可方思。

诗中以江、汉对举，显然是以之为一个完整的地域。这首诗的时代，旧说将它与周文王联系在一起，这一点不足深信。根据楚国的历史发展，其写作当不早于熊渠时代。即，它成于西周晚期是有可能的。这首诗的作者，通说以为它是江汉之间的民歌。因为在十五国风中没有“楚风”，越来越多的人趋向于相信，包括这首诗在内的“周南”“召南”可以作为“楚风”对待。如此，则该诗反映的仍可能是当地对于区域的一种体认。但笔者在此要强调的是，作为一部典籍，《诗经》

---

① 《周代南土历史地理与文化》下编第二、三章，引文见第307页。

的流传范围在春秋时已遍及各诸侯国。既然其中有这一诗篇存在，无论具体作者为谁，都可以表明诗中所包含的“江汉”这一地域观念已经得到受众的认可。况且，在《诗·小雅·四月》中还有“滔滔江汉，南国之纪”的诗句，其中也以江、汉并举。据称此诗乃是“大夫刺幽王”之作①，其时代并不晚于《汉广》。这便充分证明“江汉”这一地域观念在当时已经深入人心。

凭借《诗经》作为儒家经典的文化地位，“江汉”这一地域观念在后世一直得以承袭。尤其当宋代朱熹在《诗集传》中为“江汉”这一地域概念拈出一项文化内涵：“江汉之俗，其女好游，汉魏以后犹然。”②尽管这一习俗在事实上并非“江汉”一地的特点，尽管该地的这一习俗到宋代已经烟消云散，但“江汉”这一区域概念在文化上反而平添了几分特色。人们愈发有理由相信：这一习俗之趋向消亡，正是由于旧说的“文王之化”；而既然该地曾接受“文王之化”，那么其在文化上的历史感也就有所归依。因而每当人们在此发思古之幽情，“江汉”这一区域概念便会带着特定的文化特色在心头浮现。

但“江汉”这一区域范围与今湖北省域仍有相当程度的差离。秦代在开设郡县时对这一区域概念予以足够的尊重，将江汉平原基本上置于南郡的辖区之内，可其时在今湖北的各郡彼此互为并列关系，政区格局与今省域相距甚远。到汉武帝时，故楚的江汉之间为南郡、南阳、江夏三郡所共有，这一概念失去了政区的凭依，但转机也就在此时开始出现。此时设置的作为监察区的荆州刺史部，将它们纳入了同一个更高级别的区域范围。这一举措具有划时代的历史意义，

① 《毛诗·四月序》，见《十三经注疏》第 462 页。
② 卷 1《汉广》篇。

这标志着区域的分划格局朝着今湖北省域的目标迈进了坚实的一步。从此，维系湖北地域完整性的文化因素不仅有“江汉”，而且还有“荆州”这一区域概念。

荆州这一概念出现于战国时期，作为《禹贡》九州之一，被假托为大禹时代的行政区划。以往论者都注意到九州以山川为分界标志，实际上这些山川被赋予界标的意义，乃是受到人文环境刺激的结果。以荆州而言，这一区域概念的形成显然受到了楚国疆域的强烈刺激。《禹贡》对其界定为：“荆及衡阳惟荆州，江汉朝宗于海，九江孔殷，沱潜既道，云土梦作乂。”其中荆、江汉都是与楚国早期历史文化有关的地理概念，沱潜、云梦也都在江汉之间。这充分表明，荆州是以“江汉”为核心而形成的区域概念，因而对该地的描述较为清晰；而以衡山为明确标志的今湖南一带只是作为边缘地区附属上去的，对其描述便相对模糊。这一概念的形态在汉人的心目中更是如此。伪托的《周礼·职方氏》曰：“正南曰荆州，其山镇曰衡山，其泽薮曰云梦，其川江汉，其浸颍湛。”其中除“浸”之所在受到怀疑外，其余与《禹贡》的理想一致。而约略同时扬雄所作《荆州箴》云：“杳杳巫山，在荆之阳。江汉朝宗，其流汤汤。云梦涂泥，包匦菁茅。”甚至连衡山都没有提到。

由于只是一种区划理想，《禹贡》荆州的边界并不明确；此后陆续出现于其他各典籍中的同类荆州概念也都是如此。首先将这一概念应用于区划实践的是汉武帝时的监察区，从此荆州便成为一个有具体范围可寻的区域。其范围将南郡、南阳、江夏三郡都包括在内，首次将今湖北省境的绝大部分置身于同一个明确的区域，实现了对“江汉”概念的超越。这就不仅使江汉，而且也使得其外围的鄂东北、鄂东南、鄂西南在区域概念上也具有了同一性，这些地方用旧有的“江汉”观念是很难纳入同一个区域的。这一区域延续至东汉，到汉末转化成为高层政区，对后世产生了深远的影响。很多人在理解“荆州”的时候，便以此，至少是作为部分的现实依据。如清人胡渭在《禹贡锥指》中写道，“荆之东界准扬”，而“扬之西界，《经》亦无可见”，于是只好“据《通典》所隶郡县约略言之”①。所谓“《通典》所隶郡县”，推原其始，只能以汉代政区为祖。

三国时魏、吴各置荆州，今湖北分属两家所有。此时的政区格局对于湖北省域的形成具有相当深远的影响。在北面的魏荆州，原来一直被当作益州境域的鄂西北至此通过上庸、新城两郡度属荆州，为其后世成为湖北的辖境奠定了基础。而在南面的吴荆州，其东北境南缩至长江一线，今鄂东北之地度属扬州所有，这一点对后世也深有影响。正面的影响是该地已完全纳入同一个郡级政区，较之汉代有所进步，该段省界估计已作为郡界而出现；而负面的影响则是使得该地与淮南的行政联系有所加强，促进了该地对江汉之间的离心力。西晋混一后，曹魏时期已取得的成果得到巩固；但在原属孙吴扬州的鄂东北，则出现了较孙吴时期更多的退步。此时将该地重新割裂，其东南一角属扬州庐江郡，这是恢复到汉代的格局；而其余的大部分则改属治所位于今河南境内的弋阳郡，属豫州，这是司马氏的创举。

永嘉南渡以后，今湖北省境的政治地理格局一大变。由于雍、秦流民多南出樊、沔，东晋于襄阳侨置雍、梁、秦州，后梁、秦二州移治汉中，襄阳便成为雍州治所。到刘宋，又分荆、湘、江、豫四州之地立郢州，镇夏口(今武昌)，加上原有的荆州，今湖北省境三镇鼎立。而境域则分属五州，除上述三州外，今随州、安陆一带属治所在今河南的

---

① 胡渭《禹贡锥指》，邹逸麟整理，上海古籍出版社 1996 年版。

司州，鄂西北属梁州。萧齐时又将今鄂东北原属郢州的一角割属豫州。

在这样一种政治地理格局中，原来包有“江汉”的“荆州”概念在现实生活中已等于以江陵为中心的一小块地域，不再为湖北省域的大部分地区所共有，此时接替原“荆州”而出来发挥作用的是一个经过人们意念修改的“楚地”概念。

作为一个政治实体，先秦的楚国其疆域范围先后发生过剧烈的变迁。其在春秋晚期的情形上文已述，到战国后期江汉之间被秦攻占(前 278 年)之后，半个多世纪的时间里楚都转徙于淮河流域，故秦汉间人认为楚地有东楚、西楚、南楚之异。《史记・货殖列传》在叙述当时的区域观念时将南郡归属于西楚，称：“江陵故郢都，西通巫巴，东有云梦之饶。”很明显，按照当时的这一观念，“江汉”不过是楚地的一个组成部分，甚至还难说是一个主要组成部分。到《汉书・地理志》中，“楚分”的范围有所缩小，包括“今之南郡、江夏、零陵、桂阳、武陵、长沙及汉中、汝南郡”。这显然是受到了当时监察区划的影响，以荆州的地域范围为蓝本，但值得注意的是仍跨有豫州之域的汝南郡。到东晋南朝时期，“楚”的地域有进一步特称之势。盛弘之《荆州记》称：“自晋室东迁，王居建业，则以荆扬为京师根本之所寄，楚为重镇。”[①]这个“楚”无疑已特指荆州。江淹《望荆山诗》有云：

奉义至江汉，始知楚塞长。南关绕桐柏，西岳出鲁阳。[②]

其以“楚”作为“江汉”一带的专称更为明显。

此时对于“楚地”的认知，已在西、北、东三边找到了较为具体的

---

① 《寰宇记》卷 146“荆州”引。

② 逯钦立《先秦汉魏晋南北朝诗・梁诗》卷 3。

标记。西塞被认为是在峡江,袁山松《宜都山川记》云:"南岸有荆门山,北岸有虎牙山相对,楚之西塞也。"[①]北塞被认为已到了鲁阳(今河南鲁山)。盛弘之《荆州记》云:"鲁阳县,其地重险,楚之北塞也。"[②]这一点很有意思。在上述《史》《汉》的观念中,南阳盆地根本不被认为属于"楚分"。而另一处《荆州记》则将襄阳当作"旧楚之北津",云"从襄阳渡江,经南阳,出方关,是周、郑、晋、卫之道",与此同时,"其东津经江夏出平睪关,是通陈、蔡、齐、宋之道"[③]。这条资料更值得注意。其对"楚地"北、东两边的感觉似乎可以分为"津""关"两个层次。所谓"东津"显然与史实相距甚远。据陈伟先生的研究,楚国的东出之途其实也是取道南阳盆地的,通过方城山南段的隘口,"沿淮水北岸展开"[④],并不经过江夏。这一点当然无关紧要,紧要的是此时已经将襄阳、江夏视作一个与荆州有机的组成部分了,其中的机便是楚。这无疑是在照当时的形势理解历史。这一思潮在地名上也有所反映,如原来看不出与"楚"有任何关联的"马鞍山"也因"望见郢城"而改名为"望楚山"[⑤]。

南北朝后期,今湖北省境充分体现了当时全国在政治地理上的混乱局面。梁元帝以江陵为都城,被北周攻灭后在此留下一个受北周控制的后梁政权,辖有以江陵为中心的一小块地方,而包括鄂北在内的一大片境域属北周所有;此外鄂东南属陈、鄂东北属北齐。这种一省之地而同时四属的情况,在中国历史上可谓登峰而造极。但随

---

① 《舆地纪胜》卷73峡州"风俗形胜"引。按,刘纬毅《汉唐方志辑佚》第221页辑有此条,记其出处为"《纪胜》卷七三峡州",字句与此小异,盖别有所本而误其出处欤?

② 《文选》卷27《始安郡还都与张湘州登巴陵城楼作》李善注引。

③ 《续汉书·郡国志》南郡注引。

④ 《楚东国地理研究》,武汉大学出版社1992年版,第218页。

⑤ 《寰宇记》卷145襄阳县引《南雍州记》。

之而来的隋朝将今湖北省境的政区大加匡理，使得其朝着省境成形的目标大大地迈进了一步。此时除峡江、枣阳及鄂西北三段外，大部分省界都已作为郡界而存在。唐代在隋代的基础上对郡界作了进一步的整理，此时除西北角一小段外，其余的省界都已作为郡界存在，但在较大尺度的区划上，较之前代却出现了明显的倒退。

唐代道的区划在今湖北的大体情形上文已述。它不仅破坏了《禹贡》"荆州"，就连"江汉之间"的地域完整也没有予以充分的照顾，处于江、汉之会的沔州（治汉阳）以及涢水流域的安州（治安陆）在开元间属淮南道，可谓明证。到安史乱后，今湖北省境出现荆、襄、鄂三镇鼎立的局面，"江汉之间""楚地"这一套文化观念才重新得到应有的尊重。元和年间的三镇之和，与今湖北省域已相当接近。

在唐人的意念中，今湖北一带始终是一个有着共同历史文化的区域。唐前期张九龄在荆州写过"几代传荆国，当时敌陕郛"的诗句[①]，清晰地表达了这一感觉。唐后期的资料称：

荆部雄藩，地惟西楚，总五都之要会，包七泽之奥区。[②]

其中"楚"前虽冠以"西"字，暗含着可能还有"东楚""南楚"的联想，但后面以"总""包"二字打头的两句，已明确地限定此地才是"荆""楚"这一文化地域的核心。至于其具体范围，时人的感知材料甚多，兹分述如次。

首先请述北部。此时最引人注目的一个分界标志是商山。唐人在诗中留下了大量的诗句，如"商山犹入楚，源水不离秦"[③]，"积雪商山道，全家楚塞人"[④]，显然都是把商山当作楚塞，这与南朝时对鲁阳

① 《全唐诗》卷49张九龄《登荆州城楼》。

② 《全唐文》卷79宣宗《授李德裕荆南节度平章事制》。

③ 《全唐诗》卷225杜甫《寄张十二山人彪三十韵》。

④ 《全唐诗》卷268耿湋《送郭正字归郢上》。

的注意可以形成鲜明的对比。也有人将其表述为上洛,称襄邓“去秦咫尺而有上洛为之限”[①];还有人将注意力集中于武关,如在关中送人往襄阳称“冰雪背秦岭,风烟经武关”[②];或直接在该地有诗句吟道:“楚人曾此限封疆,不见清阴六里长。”[③]而思路较为周全的则称江汉之间“关国通秦限”[④],兼顾了自然山脉和人工关塞两个方面。

西部,唐人感觉楚地边缘在巫峡一带。杜甫有云:“由来巫峡水,本自楚人家。”[⑤]他还在这一带写下过“系舟蛮井络,卜宅楚村墟”[⑥]的诗句。曾有人在感觉中将楚地的范围推得更西,在巴州(治今巴中)就写道“楚江长流对楚寺”[⑦],这显然是以巴为楚,与杜甫的感觉有所不同。在杜甫的意念中这两者是有所分别的,“不寐防巴虎,全生狎楚童”的诗句[⑧],反映了其对巫峡一带作为巴、楚边界的体认。

东部,刘禹锡在一首送人往蕲州的诗中吟道:“楚关蕲水路非赊。”[⑨]所谓“楚关”莫知孰指,也许在套用上引《荆州记》所谓楚“东津经江夏出平睪关”的观念。而当时有人赋予武昌县(今鄂州市)界的西塞山以特殊意义,认为其得名乃是“孙吴以之为西塞”,有句云:“吴塞当时指此山,吴都亡后绿孱颜。”[⑩]既如此,这一带也就可被视作“楚

① 《全唐文》卷828朱朴《迁都议》。
② 《全唐诗》卷473李逢吉《奉送李相公重镇襄阳》。
③ 《全唐诗》卷655罗隐《武牢关》。
④ 《全唐诗》卷316武元衡《送魏正则擢第归江陵》。
⑤ 《全唐诗》卷229杜甫《小园》。
⑥ 《全唐诗》卷229杜甫《秋野五首》之一。
⑦ 《全唐诗》卷261严武《题巴州光福寺楠木》。
⑧ 《全唐诗》卷230杜甫《秋峡》。
⑨ 《全唐诗》卷359刘禹锡《送蕲州李郎中赴任》。
⑩ 《全唐诗》卷659罗隐《西塞山》。

地”的东界。咏夏口“襟带可怜吞楚塞”的诗句[1]，可为这一观念的佐证。

南部，此前一直与今湖南之地有着千丝万缕的联系，汉代的荆州包括今湖南全省，南朝的郢州也辖有沅澧流域。至此已可以看出江汉平原与今湖南在文化上存在着一些差异。时人在湖南有云：“万里湘乡隔洞庭。”[2]句中的“湘”字别本作“江”，都可以显示洞庭湖一带水域同时也是一条文化上的界线。同样说明问题的是张九龄的两句诗：“土风从楚别，山水入湘奇。”[3]而令人回味的还有湘籍诗僧齐己“政从襄沔绝，诗过洞庭空”的两句[4]，其前句说的是一时的人事，姑置勿论，后句则当是其地理意象的一种流露。这一意象当然可作为文化差异的折射。

较之上述东晋南朝时期对“楚地”的认知，唐人心目中的“楚地”范围已有一些饶有兴味的变化。前者只有西、北、东三个方位的控制点，而后者多出来南部的分界地带。这一点也许可以解释为前者的资料缺失。但在西、北、东三个方位，北边有所收缩，而东、西两边都略有伸展。不难看出，这一范围朝着今湖北省域又前进了一步。

唐末五代，今湖北省境一如南北朝后期，又陷入一个四分五裂的局面。以江陵为中心的一小块地方形成割据政权“南平”，北部、东部、西部分别属于中原的短命王朝以及重心位于长江下游、上游的割据政权。此后的宋朝对其高层政权“路”的划分，又在今湖北省境开辟了一个新的格局。其中，鄂东北属淮南西路、鄂西南属夔州路、鄂

① 《全唐诗》卷 655 罗隐《忆夏口》。
② 《全唐诗》卷 270 戎昱《湖南春日二首》之二。
③ 《全唐诗》卷 49 张九龄《南还以诗代书赠京师旧寮》。
④ 《全唐诗》卷 839 齐己《过鹿门作》。

东南一角属江南西路,这三个部分可谓是唐中期监察区划的延续;其余的广大省境分属于荆湖北、京西南两路,这是以今湖北省境为重心而设立的高层政区。较之唐代,这些措施在动机上显然更多地考虑了文化因素,如"荆湖北路"中的"荆"指的是"荆山",昭示着将"荆""湖"之间划为区域并以江陵为政治中心是出于对"楚地"历史的尊重;但在实际上,此举以今湖北省域的完整性言之反而有所倒退,最显著的是在人们意念中早已浑然一体的"江汉之间"竟分属两个高层政区。

南渡以后,北面受到强敌的压迫,宋人对于今湖北省域完整性的感知才达到一个空前的高度。这一认识过程,与唐代的情形何其相似乃尔。南渡之初便有人提议,"宜以襄阳隶湖北"[①],显然是出于对地域完整性的考虑。这一意见在行政上未见采纳,但在军事上已得到实现。当时筹边习以"京湖"为一区域,曾有"京湖制置司"之设,且曾"以湖北安抚司职事并归"之[②]。所谓"京湖",即当时的京西南路、荆湖北路,正是今湖北省域的主体。于是也有人径直采用相对较为传统的称呼"荆襄",云:

> 欲强进取之资而无形势之失,惟荆襄为胜,春秋之时楚用是而抗衡上国,窥周而问鼎。……今方城、邓林虽非天险,然汉水为池,上下不过千里,其要害易守,非如淮泗汗漫平原旷衍、四通五达、易入而难避也。[③]

透过字面可以发现,所谓"荆襄"的对等概念其实便是"江汉"。以"荆

① 《中兴小记》卷12。
② 《鹤山集》卷20《乙未秋七月特班奏事》。
③ 《三朝北盟会编》卷152载刘嵘所上万言书。

襄"合为一"宣抚"且"治于荆州"的局面[①],预示着距该地域单独成为高层政区已为期不远。

但元代在今湖北的高层政区划分却乖戾到了一个空前的程度。其大体情形上文已述,在此须指出的是,当时对于以"江汉"为旧封的"荆楚"作为文化地域的感觉仍相当强烈。"荆楚三年客,风尘七尺躯"[②],以及"群山避鄢郢,霜尽楚天远"的诗句[③],都是这种感觉的表现。而且,此时的政区格局对于后来湖北省域的形成也有一定的积极意义。此前长期隶属淮南的蕲、黄至此与江汉平原同归,并且在监察区划中与襄阳同属一"道",为其后来摆脱淮南的羁绊奠定了基础。

明代设立湖广行省,辖有今湖北、湖南之地,这是湖北全境(仅英山、建始二县除外)首次纳入同一个高层政区。此时人们感觉到沿长江干流分布着三个文化地域,下游为"吴",上游为"蜀",而居中为"楚"。状中游与下游差异的诗句有云:"吴楚天一方,书至每不易。"[④]而言中游与上游的则有云:

> 荆之与蜀,地又托于邻封,故学而入官,人互指为仕国。[⑤]

同属"楚"地,后来各为一省的湖北与湖南其时已各为一区域而存在。史料中有谓:

> 湖北文盛,每科得解额十七,湖南杂徭僮荒略,仅得十三,以为例。[⑥]

---

① 《性善堂稿》卷11《敷文阁直学士安抚制置使长沙吴公生祠记》。

② 《小亨集》卷3《荆楚》。

③ 《陵川集》卷3《云梦》。

④ 《凭几集续编》卷1《哭陈石亭》。

⑤ 《隐秀轩集》卷27《贺邑令程公启》。

⑥ 毛奇龄《西河集》卷78《明正治卿中奉大夫兵部右侍郎徐公传》。

这个“湖北”显然不是指当时辖有常德、辰州二府及靖州的监察区“湖北道”,因其下文有曰:“故事,学使者使车仅止义陵,凡义陵以南辰、沅、郴、靖诸地皆就试。”既如此,今湖北省域也就构成了当时湖广的重心,时人有言:

> 湖广古荆州地,襄邓抗其头颅,蕲黄引其肘腋,江陵制其腰腹。[①]

可见今湖南之地不过是其附庸而已。

迨至清代分省之后,湖北作为一个文化地域,其完整性得到了进一步的体认。时人称:

> 湖北则郧阳之房县、竹山、竹溪,宜昌之归州、兴山,均在江汉之间。[②]

这是一条极有价值的资料。其中所举鄂西、鄂西北之地,虽然属于江、汉二水流域,但在此前是难以厕身“江汉之间”的,房县、二竹之地在汉代属于益州之域;此时竟获得如此的资格,反映了文化地域范围的扩张。

顺便指出,由于共同的文化归依,有些湖南人对湖北省域也有一种乡土的认同。清末王湘绮在宜昌换船入峡,日记中便有“颇惜去国”之叹[③]。

---

① 《蓬窗日录》卷1。

② 严如煜《三省边防形势录》。

③ 《湘绮楼日记》光绪四年十一月廿四日。

三　湖北作为文化地域的空间构成

这一问题主要考虑省境各级文化中心在历史时期的结构及变化，可以分三个阶段而论。

第一阶段，秦汉以前，江汉之间作为楚国疆域的核心区域，其文化中心是单一的。这一中心先位于丹阳，后位于郢都及其后继城市江陵。

楚人最早的活动中心位于丹阳。《史记·楚世家》载：楚人祖先熊绎在周成王之时受封"以子男之田"，"居丹阳"。近年的研究表明，楚人居于此地的历史实际上从鬻熊当已开始，时当周文王之世①。关于丹阳的地望，历来众说不一，主要有秭归、枝江、丹淅三说。根据新近研究，丹阳的地望前后可能发生过迁徙，早期即鬻熊时代的丹阳当在丹淅，而从熊绎以后丹阳当在今南漳县境②。《左传·昭公十二年》记楚人的追忆之言："昔我先王熊绎，辟在荆山，筚路蓝缕。"此荆山当在今南漳县西北，所谓"辟"则是"僻处"的意思，由此可见当时楚国的

① 《楚文化源流新证》第280页。

② 此据王光镐先生说，见《楚文化源流新证》下篇。按，在丹阳地望的各说中，传统的秭归、枝江两说于文献和考古两方面都证据不足，已基本上没有成立的可能。丹淅说在考古上可以找到充分的证据，但与文献中的地名系统不完全匹配。受到石泉先生所做工作的启发，王先生提出这一说法，既照顾了考古材料，又考虑到文献的记载，相对而言较能得乎其中。笔者曾试图努力对有关证据加以检核作出自己的评判，终因牵涉问题太多而未果。

空间形态[①]。这段历史一直延续到公元前703—前699年间[②]。此后楚人徙都郢,直到公元前278年。郢的地望,通说以为在今江陵城北的纪南城遗址,这个说法自汉代以降沿袭了两千余年。现代的研究表明,这个郢都有可能在今宜城县境的楚皇城遗址[③]。至于其与后继城市江陵的历史如何衔接,尚待进一步研究。

秦统一后,江汉之间基本上属于以江陵为中心的南郡。其周围在今湖北省境的地域,当时只有鄂东出现了一个可视作区域性文化中心的邾(今黄冈),为衡山郡治,但这个中心是游离于江汉之外的。汉武帝割南郡东部4县与衡山郡之西半合置江夏郡[④],鄂东一带与江汉之间的联系大为加强,但其中心位于西陵(今新洲),仍未进入江汉之间。

从汉末开始,历史进入了第二阶段。这一阶段的主要标志是鄂北兴起一个区域性的文化中心襄阳,同时鄂东的中心也在变迁中寻求一个合理的区位。这一阶段持续至东晋。

鄂北一带的文化发展非常早,此地是省境开发最早的区域。楚人从丹、淅一带初兴,正是通过此地才得以逐渐向南发展的,与之同时此地还有众多封国,如罗、邓、随之类。从秦汉间此地的置县密度,可直观地看到其开发在省境的领先程度。到东汉时,此地在文化上的发展更是有目共睹。但或许是社会经济结构所致,此地的文化中心一直不明显。直到汉末,荆州牧刘表移治襄阳,鄂北一带的文化中

---

① 参徐少华《周代南土历史地理与文化》下编第一章。按,徐少华从石泉先生说,认为此荆山在丹淅附近,对此笔者尚有存疑,但其对楚国空间形态的把握笔者充分同意。

② 据石泉先生《楚都何时迁郢》,载《江汉论坛》1984年第4期,又见《古代荆楚历史地理新探》。

③ 参《古代荆楚历史地理新探》《楚文化源流新证》。

④ 参周振鹤师《西汉政区地理》第46页。

心才初步成形。曹魏时，鄂北析置襄阳、南乡、上庸、新城四郡，襄阳由县治而成为郡治，表明鄂北的区域文化中心至此已寻求到政治上的支点。从此，襄阳作为鄂北的文化中心便一直稳定，并长期对更大范围的周围地区乃至全国发挥着重要的核心作用。

鄂东的中心秦位于邾、汉位于西陵，已见于上述，孙吴时这一中心又移至武昌(今鄂州市)。孙权一度以此为都城。但这一区位显然未抓住鄂东的要害，其时“宁饮建业水，不食武昌鱼”的民谣可为一证。而在此之前，汉末时已有人发现夏口(今武汉武昌)在军事上的区位价值；孙吴时，对这一价值的认识有所提升；到永嘉南渡后，鄂东一带的中心便在武昌和夏口之间游移，总体趋势是，武昌的地位不断下跌而夏口的地位持续看涨。这一逆转在佛教要素的分布中表现最为明显。

夏口的兴起对于湖北省域的形成具有十分重要的意义。当鄂东的中心游移于邾、西陵和武昌的时候，由于该中心与江汉之间的文化结点缺乏有机联系，它所影响的地域相对于江汉之间存在着一些离心的因素。而夏口扼江、汉二水之会，与江陵、襄阳之间的联系十分便利，通过它为结点辐射出影响，鄂东一带与江汉之间便有着不可分离之势。

第三阶段，南朝以后，江汉之间的文化中心呈现三足鼎立的局面。其中以靖康南渡为界，又可为前后两期，前期重心位于西部的荆、襄，而后期重心东移至鄂(今武汉武昌)。

东晋南朝偏安江左，荆州上流，得分陕之重。襄阳控扼荆州，北可进图中原，侨置雍州，蔚为巨镇。南朝时为分上流形势，置郢州治夏口，江汉之间三个结点鼎立的局面至此形成。

当时今省境文化最发达的所在，无疑首推荆州。襄阳的文化也达到了一个很高的水准,而江夏一带大为不逮。这从当时留下的民歌以及佛教地理的研究中可以看得很清楚。唐代前期,荆、襄、鄂三个区域性中心,得到发展的为襄阳。张九龄曾写道:

江汉间州以十数,而襄阳为大,旧多三辅之豪,今则一都之会。[①]

而"几代传荆国,当时敌陕郛"的荆州,此时已"古往山川在,今来郡邑殊"[②],鄂州更是沦为闲散之地。安史乱后,鄂州的地位迅急上升,"广德二年(764)遂联岳沔事置三州都团练使",到"大历八年(773)加观察处置使",建中二年(781)"改为三州防御使,江岳隶焉,仍领元戎之副"[③],而且,在区划上也有所措置,永泰(765—766)中"藩壤沔鄂,以江蕲等六大郡属之"[④]。自此,鄂州"号为东南巨镇,与江陵会府不侔"[⑤]。

但荆州的地位其实上升更快。"上元二年(761)置南都于荆州,为江陵府",同时"分峡中、湖南及武陵、澧阳、巴陵凡一十七州为荆南节度观察使"[⑥],至此,荆州已重拾其在江汉之间的首要地位。唐后期的资料有曰:

荆山之南,府压上游,置尹视京河,置使视扬益,同巴蜀、吴越之治,臻自上古为天下敌,在今为咽腴之地,置荆南之治否,乃

---

① 《全唐文》卷291张九龄《故襄州刺史靳公遗爱碑铭序》。
② 《全唐诗》卷49张九龄《登荆州城楼》。
③ 《全唐文》卷456赵憬《鄂州新厅记》。
④ 《全唐文》卷689符载《土墈镇保宁记》。
⑤ 《全唐文》卷727舒元舆《鄂政记》。
⑥ 《全唐文》卷383元结《吕公表》。

天下低昂也。[①]

这种气势是襄、鄂两地所不能比拟的。五代时高氏以此为中心形成割据。入宋后调整行政区划，襄阳为京西南路治所，而此地则置荆湖北路与之相抗。苏轼曾写道：

> 江陵之地，实楚之故国，巴蜀瓯越三吴之出入者，皆取道于是，为一都会，其山川之胜，盖历代所尝用武焉。……其人才之秀，风物之美，有屈、宋、伍、祢之赋咏存焉。[②]

从山川形势而至于文化，其以该地为江汉之间首要都会至为明显。此时鄂州虽有人认识到其区位很重要，谓：

> 自洞庭纳湘峡、径武昌、会汉沔，然后沿九江而下，东南之旅度翼星之分、趋荆州之域，必溯江夏、泛洞庭，而后南走二广、西向三蜀；然则南郡之有武昌，山水之聚、舟车之会者也。[③]

但在行政上却再次沦为闲散之地。

鄂州的地位随局势安危而下上跳宕且一直不敌荆、襄的命运到靖康南渡后发生了根本性的改变。变化的初因仍是局势动荡。认识到江汉之间作为一个完整地域的不可分割性，当时人普遍认为："京湖之重镇三，曰襄、荆、鄂。"[④]也有人说成："今荆襄之间其重镇有三，一曰襄阳，二曰江陵，三曰鄂渚。"[⑤]只是措辞不同而已。在荆、襄、鄂三镇中，当时对其彼此相对地位的评价则颇不一致。有认为江陵最

---

① 《全唐文》卷686皇甫湜《荆南节度判官厅壁记》。

② 《苏东坡全集·续集》卷11《上王刑部书》。

③ 《演山集》卷14《鄂州白云阁记》。

④ 《可斋杂稿》卷19《奏以鄂州分司并归节制》。

⑤ 《双溪类稿》卷21《上葛枢密》。

为重要的,云:

> 南北既分,荆州最为重镇,自古必争之地,北得之则据吴楚上流以制南土,南得之则据襄汉要地以图北方。……粤自銮舆南渡以来,号为衿喉之地。[①]

这段话中的“荆州”特指江陵。有人甚至建议:“莫若以荆湖诸郡仍旧并归一帅,总治江陵,且拨湖南九郡以隶之。”[②]仍以江陵为今两湖范围的中心。但也有人认为襄阳最为重要,谓:

> 方今天下根本在吴蜀,辅车相依,其势若手足之相应;荆州据其中,心腹之地也。今襄阳扼荆州之冲,又足以为荆州重轻。[③]

然相对而言,认为鄂州最重要的占据了上风。如称:

> 荆襄之势,以鄂渚为腹心,以江陵、德安为两臂,其余皆是十指。[④]
>
> 夫襄阳国之门户也,而恃江陵以为唇齿,恃鄂岳以为根底。[⑤]

这种比喻非常生动,类似的观念非常流行。因此,有人便以史为鉴提出建议:“鄂州宜建为帅藩,宿以重兵,以为建康之西门。”[⑥]这种建议得到了高度的重视。尽管也曾出现过“事权尽握于荆而鄂为轻”的局面[⑦],但更常见的态势是:

---

① 《历代名臣奏议》335 蔡戡《乞修江陵府城》。

② 《蒙斋集》卷 6《奏备边四事札子》。

③ 《建炎以来系年要录》卷 181。类似的材料又如《胡宏集》之《上光尧皇帝书》:“襄阳上流门户,北通汝、洛,西带秦蜀,南遮湖广,东瞰吴越。”

④ 《昌谷集》卷 12《上宇文宣抚论置司鄂州札子》。

⑤ 《双溪类稿》卷 21《上葛枢密》。

⑥ 《历代名臣奏议》卷 103 叶梦得《奏乞鄂州建帅府及修江宁府等五城状》。

⑦ 《可斋杂稿》卷 19《奏以鄂州分司并归节制》。

大将在鄂渚，戍卒凡五六万人；其副在襄阳，戍卒才二万人；江陵介于襄、鄂之间，戍卒不满万人。[①]

当时人认为“襄阳在今为极边”[②]，而“皆是平原旷野，别无险要可以据守”的江陵为“次边”[③]。因而在文化上也出现了与此相对应的荆、鄂逆转，这一点从《入蜀记》和《吴船录》的记载中可以看得很清楚。

到元代，沦为闲散之地的便不再是此前的鄂州，而是荆、襄。此时人们笔下的：

五方杂处，四面辐凑，江汉间一都会也。[④]

指的已不再是荆、襄，而是武昌路（治今武汉武昌）。所谓“辐凑”，指的是其“荆、湘、广、海之所走集”的交通地位，显然这是此前的江汉之间中心城市江陵或襄阳所无可比拟的。因而此时在省境出现的唯一的高层政区治所便是此地，它已成为超出群伦的“荆部大邦”[⑤]。

明代仍有资料对荆、襄在省域历史上的显要地位留恋不已，称其：

为东南交会处，耆旧人物多，最好卜居。[⑥]

所谓“耆旧人物”，当然是指该地深厚的文化积淀。更具体的，对襄阳评价为：

---

① 《双溪类稿》卷 21《上葛枢密》。
② 《建炎以来系年要录》卷 181。
③ 《止堂集》卷 6《江陵条奏边备疏》。
④ 《雪楼集》卷 11《武昌路记》。
⑤ 《雪楼集》卷 11《鄂州路新社坛记》。
⑥ 《图书编》卷 33《舆地都会总考》。

其形胜跨荆蜀、控南北、接宛许、扼关洛。[1]

而谓荆州：

其形胜距三峡，介重湖，江汉之间四集之地。[2]

但时移世易，这一切都已成为明日黄花。此时省域的中心无疑已稳居武昌，而且它还是包括湖南在内的整个长江中游的中心。人称“其形胜江汉为池，吴楚襟带”[3]；而描述其文化盛况的有曰：

黄鹤楼以壮丽称江湘间，当天下盛时，舟车旌盖之来游，考钟鼓、肆管弦、燕会于其上者踵相接也。[4]

此文所谓“当天下盛时”盖指南宋，但出诸明人之口，这就有了一种情景交融的特殊意味。这种感觉在此之前是不可能如此真切的。而尤值注意的是，文中称黄鹤楼“以壮丽称”的范围已不仅仅限于“江汉”，而是“江湘”，这反映了该地作为文化中心与整个长江中游范围的空间联系。也就是说，湖北省境文化中心的变迁反映了整个长江中游文化空间格局的变化。此时的格局在后来的历史中基本上未被改变。

以上所述为省境较高级别的区域文化中心，从中可以看到省境文化地域由单一中心结构向鼎足中心结构的演变，以及鼎足中心结构中相对地位高下的变迁。与此同时还有一些次一级的文化节点，是它们构成了省境文化地域的细部结构。

较次级别的文化节点到宋、明时期才趋于明朗。由于这一讨论

---

① 《图书编》卷 39《湖广各府州县烦简》。
② 《图书编》卷 39《湖广各府州县烦简》。
③ 《图书编》卷 39《湖广各府州县烦简》。
④ 《逊志斋集》卷 18《书黄鹤楼卷后》。

同时也牵涉到文化类型的地域整合，位于荆、襄、鄂三角以外的地域且待下文再讨论，在此只讨论它们之间的地域。

明清时期的德安、承天（安陆）两府，前者为“舟车往来水陆之冲”[①]，后者“道路交错”，也“为一都会”[②]。但其各自的内部差异都很明显。德安府在唐宋本为随州、安州（南宋升为德安府），承天府在同期有郢州、复州。随、郢二州在唐代属山南东道，宋代属京西南路，南宋曾有诏以“襄阳、邓、随、郢四郡授知襄阳府陈求道”之举[③]，可见其在形势上当属鄂北；而德安府、复州则当属鄂东无疑。当时相对应的举措是“以德安、复、汉阳三郡授知德安府陈规”[④]。曾有人感觉：

> 德安北接随、唐，东黄南鄂，西接荆郢，亦江汉间一都会也。[⑤]

但德安显然不足与其附近的鄂州相较。上述举措稍后，便有人认为：“鄂渚田师中，则安、复、信阳、汉阳之所隶也。”[⑥]

荆、襄之间还有一荆门州，明代也一度属于承天府的范围。宋人称“荆襄郢三州在今犹锜脚也”，而“居三州之中者实惟荆门”[⑦]。但该地直到宋代才与江陵相分离，其给人以“郡当荆楚之郊”的感觉也很明显[⑧]。

值得指出的是，这些级别较次的文化节点其空间结构也存在着一些历时变化。其一，不少节点其相对地位与附近较高级别文化中

---

① 《图书编》卷39《湖广各府州县烦简》。

② 《图书编》卷39《湖广各府州县烦简》。

③ 《中兴小记》卷8。

④ 《中兴小记》卷8。

⑤ 《浪语集》卷21《上汤相论边事书》。

⑥ 《中兴小记》卷39。

⑦ 《可斋杂稿》卷19《奏襄樊经久五事》。

⑧ 《攻媿集》卷59《荆门军义勇甲仗库记》。

心的变化息息相关。其中较为明显的是,由于鄂州地位的上升,其附近的文化节点的相对地位有所下降。德安的情形已见上述,而由于德安相对地位的稳固,随州的地位下跌更甚。在其以南的江汉平原东部,自唐至元本来有复州(元为沔阳府)、沔州(宋为汉阳军、元以后为府)两个作为统县政区治所的节点,到明代只后者依然存在,人称其"前枕蜀江,北带汉水,路通荆雍,控引秦梁"①,但也处于其对岸武昌日趋增强的笼罩之中。南宋时已被"武昌视之若属邑然"②,明人有诗云:

春风吹雨湿衣裙,绿水红妆画不如。却是汉阳川上女,过江来买武昌鱼。③

发展到后世,便是与武昌融汇成一个统一的城市。

其二,随着省境作为文化地域的形成,一些边缘文化节点不断成为省域的有机组成部分。其显例如鄂西北,该地兼"秦楚之俗"④,自明代开为郧阳府后,尽管有资料称其"地介四省间,山深六七百里,水复湍悍,上下甚难"⑤,但已给人形成如下的文化意象:

东连蕲黄,西通汉中,北控关洛,南接巴黔,关天下之腰膂而制其四肢。⑥

这种感觉在此前是不曾有过的。正因为如此,清人就湖北省域而津津乐道的:

---

① 《图书编》卷39《湖广各府州县烦简》。

② 《勉斋集》卷10《与李侍郎梦闻书》。

③ 《眉庵集》卷11《望武昌》。

④ 《图书编》卷39《湖广各府州县烦简》。

⑤ 《容春堂前集》卷14《送胡郧阳序》。

⑥ 《小山类稿》卷9《与李抑斋铨部》。

湖北一省西北阻山，东南临水，居水陆之冲要，为南北之喉膂，险要所在，节节皆关形胜。[①]

如此显而易见的区域特征，在前代竟长期未能被认识到。

四　湖北文化的地域归属与整合

这一问题包括两个方面，其一是湖北主体文化的类型归属，其二是湖北作为一个区域的整合过程。兹先讨论前者。

所谓“湖北主体文化”指的是省境在各历史时期占主导地位的文化，并不是一个单纯的数量概念。其类型归属最先是与楚的文化面貌联系在一起的。

考古学的研究表明，当西周早期的时候，楚文化面貌属于中原周文化的范畴，与南方土著文化判然有别；直到春秋中叶以后，由于不断吸收其他文化因素，楚文化的面貌才显出鲜明的自身特征[②]。这一点本来是时代分野，但其中也有着地域的因素。楚君熊渠提出“我蛮夷也”的口号[③]，正是其政治中心已南移到江汉平原的结果。这种与中原文化有着血脉关联，同时又有自身强烈特征的文化特点，对湖北省域的文化历史产生了非常深远的影响。

秦汉时期，江汉之间的文化类型呈现出典型的南方特征。最强烈的便是以该地为中心而大行其道的楚言与楚歌。现代据扬雄《方

---

① 陶澍《蜀輶日记》。

② 有关论述甚多。参《周代南土历史地理与文化》下编第一章第三节《丹阳地望及其考古学分析》。

③ 《史记·楚世家》。

言》所作的研究表明,当时的楚语构成了汉语南派方言的核心[①]。这种状况一直持续到永嘉南渡。

东晋南朝时期,荆州作为江左的“西土”“陕西”,一洗其因“楚”而“蛮”的文化形象,成为文物礼教之邦。这一点,一方面与南朝的政治地理形势深有关系,同时也有北方移民的功劳。《隋书·地理志》云:“自晋氏南迁之后,南郡、襄阳皆为重镇,四方凑会,故益多衣冠之绪,稍尚礼义经籍焉。”

到唐代,由于中原人的地理活动空间一跃而至南岭以外,今湖北省域被视作华夏文化的腹心范畴。韩愈从南中回到江汉平原,曾感叹道:“面犹含瘴色,眼已见华风。”[②]说明此地与其以南地区在文化上已判然有别。白居易在此赠友,有“郢城君莫厌,犹校近京都”之句[③],表达的是一种同样的感觉。还须提及的是上引张九龄的“土风从楚别,山水入湘奇”两句[④],其上句显示以今湖北为中心的“楚”地文化与中原实际上仍不无区别,而其下句与韩、白两人所言类同。

湖北文化被人视作北方类型的状况一直延续到宋元时代。宋代有不少人认为:“夫淮汉之俗大抵略同。”[⑤]所谓“淮汉之俗”,换一种表述方式便是“江汉淮南之俗”,当时引起关注的是“其民敦实雄健,涉历世故,颇知用武”[⑥]。这种印象显然有与南方进行对比的意味,因此

① 刘君惠、李恕豪、杨钢、华学诚《扬雄方言研究》,巴蜀书社1992年版,第66页。

② 《全唐诗》卷344《自袁州还京行次安陆先寄随州周员外》。按,此句“瘴色”盖遥指岭南,前此笔者在撰写博士学位论文《湖南历史文化地理研究》时,曾以为此句系咏湖南,现在看来,可能有误。谨识于此,以明昨非。

③ 《全唐诗》卷443白居易《郢州赠别王八使君》。

④ 《全唐诗》卷49张九龄《南还以诗代书赠京师旧寮》。

⑤ 《江湖长翁集》卷30《房陵劝农文》。

⑥ 《浪语集》卷21《上汤相论边事书》。

以汉阳为言的资料便称之“江北之俗质实浑厚”①。元人所言更其清楚,谓:“江汉,南北之限也。”②而对于其具体内容,有人写道:

> 自昔荆楚多奇才剑客,其气劲,其才可用,异于江以南之俗。③

由此不难获得一点理解:当时河南江北行省的区划于今视之感觉非常别扭,但在文化上其实也是有所依凭的。

明代以后,情况发生了明显的改变,湖北文化总体上已被判归南方。王士性在其不朽名作《广志绎》中,将“湖广”归之于“江南诸省”,以与“江北四省”“西南诸省”相对。张翰在《松窗梦语》中,也称:“大江以南,荆楚当其上游。”④值得指出的是,这两人都曾注意到所言地域与“江汉”的关系,上述措辞显然不是率意为之。与此同时,身处其中的楚人也着意判别乡邦与中原之间的差异。公安袁中道在游记中写道:

> 从南阳经新野、沙堰等处入汉,此后多崇岗巨峦,便与中州异矣。⑤

这句话的背后无疑深藏着一种文化不认同的心理基础。

导致文化归属转型的原因是耐人寻味的。笔者认为,关键恐怕在于省域文化重心的位置。上文已述,在宋代以前,省域的文化中心一直位于荆、襄;南宋以后,鄂州才作为新兴的文化中心而崛起。当

---

① 《勉斋集》卷35《贴军学请孟主簿充学正》。
② 《牧庵集》卷7《江汉堂记》。
③ 《吴文正集》卷54《沔阳尹氏家世跋》。
④ 卷4《商贾纪》。
⑤ 《珂雪斋集》卷14《南归日记》,又见于该书《游居杮录》卷4。

文化中心位于荆、襄的时候,省域的文化重心始终是偏北的。无论文化中心在荆亦抑在襄,襄阳的地位都十分重要;而襄阳作为一个都会,被人强调的往往是其交通关、洛。及至文化中心东迁至鄂,此地被人关注的却是其"荆、湘、广、海之所走集"。腹地范围既大有不同,文化归属发生转型便是一个自然的结果。明乎此,需特加说明的也就只是元代的情形。元代江夏(今武汉武昌)已作为一个高层政区治所而存在,无疑是省境当时级别最高的文化中心,但当时"江汉之间"在文化上却仍被判归北方,这显然是出于行政区划的关系。当时江夏虽为湖广省治,而"江汉之间"却基本上属于河南江北行省。由此可见,在文化类型归属的判读中,区划与中心具有同等重要的意义,它们共同影响着文化重心。

以上所述是省域文化的总体归属,接下来分析省境文化的地域整合。这个问题在省域文化史上也是十分突出的。首先请述鄂北。

鄂北与南阳盆地本来是春秋楚疆的重要组成部分,上文已提及;秦汉间,此地所属的南阳郡却被视作韩国旧壤。尽管在西汉十三州刺史部的区划中该郡属于荆州,但见于《汉书·地理志》的刘向《域分》却写道:"今之南郡、江夏、零陵、桂阳、武陵、长沙及汉中、汝南郡,尽楚分也。"请注意其中是没有南阳郡的。这显然是将南阳郡视作中原文化的领地,而其南部包括了今鄂北的一大片地区。鄂北这种被视作中原文化分布范围的特点在后世长期得以延续。

自东晋南朝时期南阳盆地被确认为"楚分"之后,唐人进一步加强了这种感觉。状襄阳"地理荆州分,天涯楚塞宽"的诗句[①],不仅表达了对该地文化归属的理解,而且还突出了襄阳位于楚地腹心的意

① 《全唐诗》卷160孟浩然《卢明府九日岘山宴袁使君张郎中崔员外》。

象。不仅襄阳，南阳盆地的邓州也被称作“本楚地”[①]，桐柏山被吟咏成“秋风过楚山”[②]；而与此地域邻接的淅水流域被描写为“丹桂石楠宜并长，秦云楚雨暗相和”[③]，一派秦楚交界的情景。既如此，鄂北与南阳盆地在文化景观上便显得非常类同。诗人云：“国风犹在咏，江汉近南阳。”[④]这其中抒发了一种历史的情怀，无疑也有其现实的依据。例如咏邓州的景观便有句云：“绕郭桑麻通淅口，满川风景接襄州。”[⑤]甚至有人认为，鄂北的文化景观与中原类似，谓其“桑麻黍栗，侔冀魏之境”[⑥]。而有人则从气候环境着眼进行反证，称“南雍州地灵气爽，号为雄胜”，以致“我或致让其地荆扬淮楚之不侔”[⑦]。认为“荆扬淮楚之不侔”，无疑意指这些地方“卑湿”，这可是与人类的体力及精神状态息息相关的。于是有人干脆称“惟襄、邓实惟中原，人心质良”[⑧]，这已是对该地文化类型及价值取向的高度概括。

宋代以襄阳为中心设置京西南路，辖有鄂北及南阳盆地，显然是考虑到这一地区在与“楚”有关的同时，还具有一些与中原类似的文化特色，与其以南的“荆湖”地区不完全一致。时人对于荆、襄、鄂的评判，襄阳被认为可以“控制南北以图中原”[⑨]，这其实也是一种文化上的感觉。这种感觉直到明代依然存在，资料中有谓：

---

① 《全唐文》卷 689 符载《邓州刺史厅壁记》。
② 《全唐诗》卷 236 钱起《过桐柏山》。
③ 《全唐诗》卷 632 司空图《淅上》。
④ 《全唐诗》卷 118 孙逖《故程将军妻南阳郡夫人樊氏挽歌》。
⑤ 《全唐诗》卷 276 卢纶《送邓州崔长史》。
⑥ 《全唐文》卷 322 萧颖士《登宜城故城赋》。
⑦ 《全唐文》卷 689 符载《襄阳张端公西园记》。
⑧ 《全唐文》卷 828 朱朴《迁都议》。
⑨ 《建炎以来系年要录》卷 9。

荆襄山川平旷,得天地之中,有中原气象。①

而形之于诗的则云:

大国山川连楚望,帝乡风土近南阳。②

个中的体认相当入微。

然而也就是从明代开始,资料中出现了将鄂北与中原相判别的记载。上引袁中道之言已是极好的例证,兹不赘述。这种感觉的出现,标志着鄂北与省域的文化整合已趋于成功。

接下来请述鄂西北。此地在先秦曾为楚境,秦以之属汉中郡。该郡在上引《汉志》所录的《域分》中被列为“楚分”,但在当时刺史部的区划中却属于益州。这反映了该地与汉中以及襄沔一带在文化上都有联系的特点。魏晋以降,该地在高层政区中逐渐向襄沔一带靠拢。曹魏在此开置南乡、新城、上庸三郡,连同辖有鄂西北一角的魏兴郡共属荆州,西晋对此予以承认。南朝一度将此地划属汉中,到唐代该地又属于山南东道,宋代基本上属京西南路。元代将该地并入襄阳路,不仅高层政区,就连统县政区都与襄沔保持一致;到明中叶单独开置为郧阳府。

尽管在政区上从魏晋起便有一个朝襄沔向心的趋势,但该地与汉中的联系却长期割舍不断。文化上该地俗兼秦楚的特点昭然可见于历代地志,南宋时为备战之需还有以“金、均、房三郡授知金州范之才”之举③。当时人在房陵有言“淮汉之俗大抵略同”,已见于上述,然

① 《图书编》卷33《舆地都会总考》。

② 《瑶石山人稿》卷12《送王开府之郧阳》。

③ 《中兴小记》卷8。

而正是那位作者曾在此感叹“房陵回首望淮东，物土人情未易同”[①]，可见此地的文化景观其实有其自身特点。所幸当时已认识到该地在文化上当属于南方，有“天将层嶂限中原，兽状禽心类百蛮”的诗句为证[②]，到明代且如上所述被认为“东连蕲黄”，由此可以看到其与省域文化进行整合的漫长进程。这一进程在区划上以元代襄阳路的设置而告一段落，而文化上直到明代才反映出来。

再下来请述鄂东北。此地长期与豫、皖毗邻，尤其后者深有联系。秦代以邾（今黄冈）为中心设置衡山郡，管辖今鄂东北以及皖、豫毗邻之地。汉改置江夏郡后，此地基本上以属该郡而归荆州，而东部仍有部分地区属扬州庐江郡。孙吴将此地开为蕲春郡，属扬州。西晋又以之一分为二，最东一角今黄梅之地仍属扬州庐江郡，其余今红安、广济之间属弋阳郡，隶豫州。这一格局到永嘉南渡后变得更加复杂。南朝设置郢州后，其南部沿江一带属之，而北部属侨治司州，东端一角分属豫、江二州。隋代在此进行一番匡理，将此地设置为蕲、黄二州；唐代以之属淮南道，从此此地便只与淮南仍有联系。唐后期，此地属鄂岳观察使，宋代又属于淮南西路，直到元代以后，才稳定地附着于江汉之间。

唐人对今鄂东北的感觉一直归属于江汉之间的楚。《续高僧传》载高僧善伏于唐初到蕲州见道信，称之“上荆襄蕲部”。就连认为该地同时与吴也有关联的，也不过觉得其“风将衡桂接，地与吴楚邻”[③]，即与楚地的关联更深。而位置稍近江汉之间的黄州更是被认为“在

---

① 《江湖长翁集》卷15《次韵言怀》。

② 《紫微集》卷8《上庸》。

③ 《全唐诗》卷130崔颢《赠怀一上人》。

大江之侧、云梦泽南”[①],其空间归属不言而喻。到宋代,这一感觉有所变化,其中判归淮南的成分有所加重。曾留下“黄州楚国分三户”诗句的张耒,在孝感县便有“山川错吴楚,人物混荆扬”的意象[②]。而蕲州的一处景观,叶适也曾有“登之者亦如在吴越绮丽之乡、湖湘清幽之滨”的评语[③],明显倾向于将其判归以东地区。叶适的评语还是较为中庸的,态度鲜明的则称“蕲春之便郡,实淮右之名区”[④],或“边城于淮之滨”[⑤],形之于诗的有云“雁声哀怨极淮天”[⑥],已看不到其与江汉之间的联系。在南宋关于调整区划的各种意见中,有人认为:“九江戚方,则蕲黄之所隶也。”[⑦]而另一种认为“莫若以荆湖诸郡仍旧并归一帅”的提议,所指范围为“襄、鄂、随、郢、复、岳、德安、汉阳、信阳”和“江陵、均、房、归、峡、光化、荆门等府州军”[⑧],也不包括今鄂东北。

甚至于明代被划归湖广省后,蕲黄一带仍与淮南藕断丝连。有资料称:“蕲黄北倚五关,前凭大江,占淮壖之上腴,连云梦之巨薮。”[⑨]而认定“其形胜地连云梦”的,也觉得该地“山川相缪”,为“淮楚之交”[⑩]。更有甚者谓“黄州东连庐皖,北接光固”[⑪]。这表面上是考虑

---

① 《全唐文》卷750杜牧《黄州刺史谢上表》。

② 《张耒集》卷4《齐安行》、卷19《孝感县》。

③ 《叶适集·水心文集》卷9《烟霏楼记》。

④ 《淮海集》卷26《代蕲守谢上表》。

⑤ 《浮山集》卷5《蕲州到任谢表》。

⑥ 《庐山集》卷5《蕲城晚泊值雪》。

⑦ 《中兴小记》卷39。

⑧ 《蒙斋集》卷6《奏备边四事札子》。

⑨ 《蓬窗日录》卷1,又见《春明梦余录》卷43。

⑩ 《图书编》卷39《湖广各府州县烦简》。

⑪ 《午亭文编》卷41《太子太保兵部尚书总督江南江西谥清端于公(成龙)传》。

到山川形胜，其实也是一种文化感觉。鄂东北的方言为江淮官话，估计与此深有关系。

与鄂东北一江之隔的鄂东南，此地在唐宋间也与其以东地区深有联系。该地自秦汉以降一直与江汉之间辅车相依，到唐前期属江南西道。唐中叶以后该地自成节镇，与襄、荆互成鼎足之势；宋代此地的统县政区一分为二，西部为鄂州属湖北，而东部的兴国军属江西；到元代才并属湖广行省。

在唐人的心目中，鄂东南基本上是属于江汉之间的楚的。有人将其与吴的历史联系在一起，谓："夏口本吴头，重城据上游。"但同时也能注意到该地"戈船转江汉，风月宿汀洲"①。而有些人则直认其为楚地，如："襟带可怜吞楚塞。"②这种感觉到宋代发生了明显的变迁。此时该地与湖南的区别已较为明显，时人认为宜以"岳阳隶湖南"；但同时却建议以"鄂渚隶江西"③，这无疑是对整个鄂东南的体认。这种体认在其东部愈发强烈，时人称兴国"当江淮走集之冲"④，显然已不以之为楚地。直到明代，这一带沿江之地仍被认为与吴有关，钟惺的"日日移家处处邻，吴头楚尾半波臣"之句⑤，真切地流露了时人的心情。

最后请述鄂西、鄂西南。鄂西峡江一带的情况较为简单，此地自先秦一直隶属于江汉之间，只是到了南宋，归州一度属夔州路。范成大曾在《吴船录》中写道："归故尝隶湖北，近岁以地望、形势正在峡

---

① 《全唐诗》卷589李频《送鄂渚韦尚书赴镇》。
② 《全唐诗》卷655罗隐《忆夏口》。
③ 《中兴小记》卷12。
④ 《雪山集》卷6《汪参政生祠堂记》。
⑤ 《隐秀轩集》卷10《江行俳体》。

中,乃以属夔,是矣。"但这种看法只能是一家之言,当时归州的改属仍不敢彻底,其"财赋仍隶湖北",呈"一州两属"的局面。因为从文化上,其与江汉之间的联系是很深层的。欧阳修曾在峡州(治今宜昌市)有云"时节同荆俗,民风载楚谣"[①],类似的诗句在其集中还有很多。归州虽然离荆楚稍远,但时人注意到"硖中"其"风俗大略同也"[②];况且,以归州深厚的楚文化积淀,如与楚王、屈原有关的众多遗迹,遽尔勾消其现实影响也是不可能的。元代不以归州与荆、襄同归河南江北行省,但也没有西入四川,仍属以武昌为行政中心的湖广,可见对其文化上的判断一直没有变。明代以后连属于江汉之间便是一种逻辑的必然。

鄂西南清江流域的情况较有点特别。此地从先秦以降一直隶属江汉之间,但到唐代属黔中道,宋代属夔州路,元代属四川省,直到明代才重归以楚文化为依托的湖广省。之所以出现如此的发展轨迹,主要与当地居民的民族属性有关。但在文化归属上,该地一直是被断归于楚的。唐人认为"黔中为楚西南徼道"[③];而宋代苏轼称"施州风土大类长沙"[④],显然也在强调其与楚地之间的文化联系。元代该地实际上处于民族自治状态,到明代对该地加强控制,在行政上便只能归湖广所有。

通过上述可以看到,尽管湖北拥有"江汉"作为文化地域的空间内核,但整合的过程直到明代才趋于完成。这显然是与现实的行政区划息息相关的。为此有必要对感觉文化区的成立机制进行一番检讨。

---

① 《欧阳修全集·居士集》卷11《初至夷陵答子美见寄》。

② 《嵩山集》卷50《梁山县尉厅题名记》。

③ 《全唐文》卷494权德舆《黔州观察使新厅记》。

④ 《苏东坡全集·前集》卷8《送乔施州》注。

五　湖北作为感觉文化区的判读指标

以上论述了湖北作为一个感觉文化区的演变过程，由此不难看到其对于中国文化地理的意义。笔者认为，对于中国的区域文化地理研究，这是一个带普遍意义的问题。其他区域的具体情形当然不可能在此讨论，接下来须讨论的是，人们在判断这一区域时，其观感(perception)是如何发生的？或者说，凭借的是一些什么样的指标？这牵涉到中国传统文化中关于文化区的观念，讨论的意义是可想而知的。

首先也许有必要强调，人们对于地域的感应是一种心理活动。这种心理活动促使人们对地域进行认同或识别。史料中较典型的如明代竟陵派诗人谭元春经常表白的："谭子自念其为楚人。"[①]这种感觉非常重要，直接影响到他的行为：

> 钟子与谭子皆楚人，楚之岳曰衡、嵾。衡较远，至于嵾，与谭子无岁不期，无言不及。[②]

所谓"钟子"指的是其同邑诗人钟惺，也是竟陵派的主将。由此不难看到地域感知对于人类行为发生影响的一般情形。

当然，心理活动是要有客观世界为基础的。这就牵涉到中国传统观念中体认文化区域的基本要素。这方面，明代章潢《图书编》在卷31《总论九州风土》时说得非常清楚：

> 今之天下四海九州，特山川所隔有声音之殊，土地所生有饮

---

① 《谭元春集》卷20《游南岳记》。

② 《隐秀轩集》卷17《舟岳集自序》。

食之异,小小习尚不同,谓之土俗可也。[①]

这句话可谓代表了中国传统观念中判读文化区域的基本要素。其一是自然环境,“山川所隔”为自然区域,“土地所生”为自然景观;其二是人文环境,即“声音之殊”“习尚不同”,前者指的是方言,后者则是风俗。笔者对湖北区域进行分析,发现这反映了一个普遍的规律。

自然区域的作用是不可抗拒的。这一方面表现为地理区位。上文已多所论及,如“天将层嶂限中原”之类的诗句,以及历代对于长江作为一个地理界线的感应,这都是重视自然山川阻隔的结果。唐人在襄阳所作“城邑遥分楚,山川半入吴”的诗句[②],其实表达的也是一种对自然区域的感应。而对于自然阻隔不够明显的时候,地理距离也可以成为一个很重要的因素。宋人在建议调整归州的隶属关系时所言:

归州去夔州最近,去荆南最远,乞以归州仍隶本路。[③]

强调的便是一种空间的距离。从某种意义上说,也可以算是一种“障碍”吧。

另一方面的表现即为自然景观。这方面的资料非常丰富。孟浩然曾有过“异县殊风物,羁怀多所思”的诗句[④],表达的是一种由“风物”即“自然景观”而引起的乡思,这种思绪当然是一种对于文化地域的认知。他还在另一首诗中写道:

异县非吾土,连山尽绿篁。平田出郭少,盘坂入云长。万壑

---

① 《图书编》卷31《总论九州风土》。
② 《全唐诗》卷84陈子昂《岘山怀古》。
③ 《建炎以来系年要录》卷189。
④ 《全唐诗》卷160孟浩然《人日登南阳驿门亭子怀汉川诸友》。

归于汉，千峰划彼苍。猿声乱楚峡，人语带巴乡。①

诗中从流域归属、地貌特征、植被、野生动物写到社会特征（方言），其感觉便很有厚度。上引袁中道所言入汉后“与中州异”的情形，则是一种对于地貌景观的感应；由“异”而引起的心理活动，很自然地便可能在人文方面寻求到共鸣。这两例体认都来自湖北省境的居民，外乡人在此也留下了不少记载。陆游从下游溯江而上进入今湖北省境后在《入蜀记》中写道：

沙际水牛至多，往往数十为群，吴中所无也。

这一现象在该地的景观中可谓细节，然而也引起了文化地域上的感觉。与此相关的，植被更能引起人们的观感。明人在汉上有曰：

平冈嫩绿，川原如绣，陌上遍生紫花，自根至颠纯花少叶，色如江南诸葛菜、桔梗花，妖冶悦目，数百里内皆有之。楚人呼为闷头花，近之辄头闷不止，相戒以为不可向迩；吴人呼为老鼠花，花干皆入药，春月采而藏之。一物之微，而吴楚异俗去取相悬竟至于此。②

这种材料极有意思。从中可以看到，同样的环境由不同的文化来认知、评判，其结果便迥然不同。由此不难得出一个结论：环境是文化的环境。正因为如此，有些景观便很难判断到底是自然的抑或人文的，如鄂西北一带：

山坞之中，居庐相望，沿流稻畦，高下鳞次，不似山陕间矣。③

① 《全唐诗》卷160孟浩然《行出东山望汉川》。

② 许瓒曾《东还纪程》。

③ 《徐霞客游记》卷1下《游太和山日记》。

这里面自然与人文交相辉映,彼此已浑然一体。

在人文环境中,政区的作用十分重要。这也许可以归因于中国文化本来是一种政治性很强的文化。上述孟浩然所谓“异县非吾土”,就可以视为文化感觉对于政治的一种认同。而上述宋人称今湖北一带为“京湖”,也有异曲同工之妙。与此同时,历史的作用也非常重要。孟浩然从异地回乡时还曾留下“旧国余归楚”的口号①。这个“旧国”指的是历史,也可以归结于政区。因此人们对于文化地域的体认还往往表现为参照现实而对历史重加解释。这一点在上文已经有过论述,在此可以补充说明的是,唐人感觉对山南道的设置是将“古荆、梁之地举曰山南”②,其实当时的区划与《禹贡》九州在今湖北省境毫无共同之处,在全国范围差异也足够明显。

政区和历史都还只是人文环境,在各种文化要素中,最重要的识别指标也许该数方言。这方面的资料非常之多。唐代张说在江汉平原上感觉到“旃裘吴地尽”,便是因为“髻荐楚言多”③。而明代袁中道在襄阳记录下来的一种引起他注意的现象也是该地“风烟犹楚蜀”而“音语带周梁”④。上述两例都是人在异乡的情况,在乡邦的情形也不乏其例。袁中道在沙头有句云:“见舫知来客,闻音辨远乡。”⑤对感觉表达得非常真切。

对方言的感知同时也传递到与之关系非常密切的民歌和地方戏。唐代孟浩然在“听歌知近楚”之后便产生了一种“投馆忽如归”的

① 《全唐诗》卷160孟浩然《永嘉别张子容》。
② 《全唐文》卷606刘禹锡《山南西道节度使厅壁记》。
③ 《全唐诗》卷87张说《荆州亭入朝》。
④ 《珂雪斋集》卷4《襄阳道中》其二。
⑤ 《珂雪斋集》卷1《沙头曲》其三。

感觉[①],已是一例;而袁中道甚至将这种地域差异上升到一个更高的高度,他写道:

> 时优伶二部间作,一为吴歈,一为楚调。吴演《幽闺》,楚演《金钗》。予笑曰:此天所以限吴楚也。[②]

其重视的程度简直令人吃惊。与语言有关的还有一个重要景观是地名。唐人刘长卿在安陆有曰:"征途逢浐水,忽似到秦川。"[③]这一恍惚来自由地名引起的文化感应。王闿运感到"荆人名地多以闹"[④],显然也觉察到地名所具有强烈的区域特征。

当然语言还不是文化的全部,与此同样重要的是风俗。这方面的资料更为丰富。唐人曾留下一首诗:

> 吴疆连楚甸,楚俗异吴乡。漫把樽中物,无人啄蟹筐。[⑤]

其中举例虽只饮食一项,但对吴、楚两个文化地域存在风俗差异已把握得非常准确。类似的感觉在后世一直得以延续。宋代张耒在黄州感叹"身寄他乡远",其实只是"心惊土俗殊"[⑥]。明代钟惺在其所作的《江行俳体序》中也写道:

> 余舟发鄂渚,迄于金陵,历吴门。荆、吴俗迁,冬春序改。[⑦]

其对"荆、吴俗迁"的内容已无须举证。与之时代略同的另一条资料云:

---

① 《全唐诗》卷160孟浩然《夕次蔡阳馆》。

② 《珂雪斋集·游居柿录》卷10。

③ 《全唐诗》卷147刘长卿《安州道中经浐水有怀》。

④ 《湘绮楼日记》光绪四年十一月十八日。

⑤ 《全唐诗》卷712《江行无题一百首》之五十一。按,此组诗重出于卷239,其次序及个别字句略有不同。

⑥ 《张耒集》卷20《他乡》二首之二。

⑦ 《隐秀轩集》卷10。

> 吴人娶妇欲长,美观瞻也;楚人欲矮,善哺佣工也。然地脉相接而风俗不同,大抵吴奢楚俭,故致如此。①

这一资料可谓有趣。其所反映的现象不可能从概率上得到检验,但所揭示的风俗特点无疑是成立的。这条资料说明的是由经济而引起文化分异的事例,另一条资料作者以亲身的经历为言:

> 硖中县三十有二,予常以事至者殆十之五,虽其地广狭瘠腴异焉,而风俗大略同也。②

这又说明经济与文化之间并不是一种线性相关的关系。由此我们可以感觉到文化作为生活方式、作为一种观念其与物质世界的相对独立性。这种观念当然影响到现实生活的各个方面,有时可能通过一种看似很细微的行为便能表现出来。难怪清代湖南人前往四川,到宜昌时换乘另一种形制的船,便感觉到:

> 盖楚地将尽,异乡方始耳。③

---

① 《七修类稿》卷4天地类《吴楚娶妇》。

② 《嵩山集》卷50《梁山县尉厅题名记》。

③ 《湘绮楼日记》光绪四年十一月廿四日。

第九章　湖北历史文化格局的变迁

这一问题在上一章感觉文化区的讨论中其实已有所涉及，为强调这一空间过程，在此再做进一步的分析。

一　区域文化中心的消长

上一章已经表明，湖北文化地域的空间结构经历了三个发展阶段。秦汉以前，为单一中心阶段；汉末至东晋，鄂北兴起一个中心襄阳，鄂东的中心向夏口过渡；南朝以后，荆、襄、鄂三个中心鼎足而立。这一过程反映了鄂北、鄂南、鄂东三个区域的文化盛衰。

为方便起见，兹先述鄂北。此地文化之大盛始于东汉。光武帝为南阳蔡阳（今枣阳县西南）人，鄂北为龙兴之地，人物可谓极盛。但该地文化之初兴，远在东汉之前。盛弘之《荆州记》载：

> 岘首山南至宜城百余里，其间雕墙峻宇，闾阖填列，汉宣帝末，其中有卿士、刺史、二千石数十家，朱轩骈辉，华盖连延，掩映于太山庙下，荆州刺史行部见之，钦叹其盛，敕号太山庙

道为冠盖里。[①]

这是西汉中叶的事。由此可见该地在文化上的发展势头。汉末刘表领荆州牧,移治襄阳,“以荆州八郡为全楚与中国抗衡”[②],从此襄阳蔚为鄂北最大都会。汉末此地人物且为全国之最,如“诸葛孔明为卧龙,庞士元为凤雏,司马德操为水镜”,皆一时俊杰,其中庞统(士元)还有“南州士人冠冕”之誉[③]。宋人称:

> 东汉以来荆楚号多奇才,盖其地便于用武,智计之士往往出焉,驰骛一世而立功名者常有人也,斯其可谓人中之豪杰矣乎?[④]

这主要便是以襄阳一带为言。清人王士禛谓宜城“山川顽劣而多产才士”[⑤],而此地历史上所产才士如“宋玉、王逸、马氏五常及段文昌父子”[⑥],虽上起春秋下至唐代,但主要是汉魏时人。

永嘉丧乱,此地受到严重破坏,咸康八年尚书殷融奏言:“襄阳、石城,疆场之地,对接荒寇,诸荒残寄治郡县,民户寡少,可合并之。”[⑦]但因此地政治地位非常重要,不仅很快得以恢复,而且其文化在南朝还有所发展。《隋书·地理志》称:

> 自晋氏南迁之后,南郡、襄阳皆为重镇,四方凑会,故益多衣冠之绪,稍尚礼义经籍焉。

文中称“稍尚”显然有所不确,汉末时此地的经学已有荆州学派之目。

---

① 《太平寰宇记》卷145“襄州”引。
② 《后汉书·刘表传》。
③ 《三国志·蜀志·庞统传》及其注所引《襄阳记》。
④ 《吴文正集》卷29《赠襄阳高凌霄翼序》。
⑤ 《蜀道驿程记》。
⑥ 陶澍《蜀輶日记》。
⑦ 《南齐书·州郡志》。

当然该文的作者不至于对此有所不知，由此可以推断此时该地的文化已有进一步的发展。

唐代襄阳凭借其山南东道政治中心的地位，文化依旧非常发达。张九龄称其为江汉之间一都之会的资料已见于上一章。《舆地纪胜》卷82襄阳府引《襄阳图志》：

> 宋玉、王逸、张悌、习凿齿之徒实生此土，故民尚文，其地近被二京之饶富，远通三川之游佚，北鱼（洪）南徐（鲲）之习不替，故其俗尚侈。

这条资料其实便是唐人的口气。

唐朝末年此地再次受到严重破坏，史载："襄阳承唐乱，地荒民散。"[①]到北宋时虽有所恢复，但其文化发展速度已大不如前。时人称：

> 襄阳自古为镇，重山拥其西南，长江缭其东北，物象萧爽，冠绝荆楚。钟其气以生者，世有特立不群之士，后生取法如仰星斗；宜其教化之宫有以对仁圣长育之意，而乃湫溢卑湿，不与州称，因循不问，识者叹焉。[②]

这是一条兴学资料。其中当然不无欲扬先抑之嫌，但其文化已渐不逮亦是无可挽回的事实。靖康之乱，此地所受破坏空前严重。有位当地诗人感慨系之：

> 我今还故乡，陵谷亦易处。荆榛荒旧蹊，溪壑改新路。城中十万家，碧瓦生烟雾。茅茨变闾阎，旧屋无一柱。相逢访亲旧，

---

① 《后山谈丛》卷3，上海古籍出版社1984年版。

② 《道乡集》卷25《襄阳迁学记》。

十百不一遇。岂无新人民，往往皆旅寓。[①]

而且这一状况长期未得以恢复。它在南宋一直处于交战之地，“号极塞”[②]。人称：

自城之外，弥望皆黄茅白苇……自修好以来五六十年，流民未复，旷土未辟，见今可田去处，皆是百姓弃而不耕之地。[③]

因此其文化也极为衰敝，时人感叹道：

襄阳自兵火废乱，邑屋荡为蛇豕之囿，重以吏治不良，民俗蠹坏，礼义科旨之事不复闻耳矣……向时遗风余烈耗矣。悲夫，后生所见，非兵戈杀伐之业，则夺攘背诞之事也。[④]

由此已不能阻止有人产生“江汉之民久不率”的担心，即便“一旦驱而从教”，亦大有“其难乎”之概。这样的议论并非偶见，刘过也曾为此慨叹：

科举非不好，行都今万里，人言边人尽粗材，卧龙高卧不肯来。[⑤]

从中已看不出该地文化曾经发达的任何遗迹，显然这一现象从北宋便已开始。

关于襄阳文化地位的变迁，南宋的陈亮曾经慷慨陈词：

荆襄之地，在春秋时，楚国以虎视齐晋，而齐晋不能屈也。

---

① 《汉滨集》卷1《赠襄阳帅吴彦猷》。
② 《可斋续稿》前集卷5《京西提举司平籴仓记》。
③ 《定斋集》卷3《论屯田利害状》。
④ 《紫微集》卷32《襄阳府重修州学记》。
⑤ 《龙洲集》卷1《襄阳行》。

> 及战国时独能与秦争帝。其后三百余年而光武起于南阳，同时共事往往多南阳故人。又二百余年遂为三国交据之地，诸葛亮由此起辅先主，荆楚之士从之如云，而汉氏赖以复存于蜀。周瑜、鲁肃、吕蒙、陆逊、陆抗、邓艾、羊祜皆以其地显名。又百余年而晋氏南渡，荆雍常雄于东南，而东南往往倚以为强，梁竟以此代齐。及其气发泄无余，而隋唐以来遂为偏方下州。五代之际，高氏独常臣事诸国，本朝二百年之间，降为荒落之邦，北连许汝，居民稀少，土产庳薄，人才之能通姓名于上国者如晨星之相望。况至于建炎、绍兴之际，群盗出没于其间，而被祸尤极。以迄于今，虽南北分画交据，往往又置于不足用，民食无所从出，而兵不可由此以进。①

这条材料对唐代的把握是欠准确的。唐代该地文化虽难以与汉魏相比，但尚未至于“偏方下州”，上文已有所论述，而第六章对“江汉好游”的讨论尤可见当时该地的发达盛况。襄阳沦为“荒落之邦”其实就是宋朝之事，陈亮斯言盖意在为其本朝开脱。

自兹以降，襄阳的文化地位如水流东海一去不复还。明代其附近且成为大量流民的汇聚之地，郧阳府的开设便是安抚“荆襄流民”的直接结果。到明末这一带又成为李自成、张献忠农民军的根据地。即此一点，已足以反映该地文化之凋敝。众所周知，历史上凡是流民涌入的地区，无一例外都是急需开发的所在。

与鄂北文化兴衰同中有异的是，鄂南的变迁轨迹较为和缓。这一区域的中心江陵在春秋时为楚郢都，其吸引范围相当广大；秦汉时为南郡治，地位有所下降，但仍为一方都会。从《史》《汉》的描述中，

---

① 《陈亮集·上孝宗皇帝第一书》，中华书局 1987 年增订本。

可以很清楚地看到该地仍为江汉之间的核心。汉末由于襄阳地位的高涨,此地的相对地位进一步有所下降;但西晋统一后,此地复为荆州治所,文化地位有所回升。

永嘉南渡后,此地作为江左仅次于扬州的头等重镇,其文化地位骤然飙升。周一良先生在《东晋南朝地理形势与政治》一文中言之甚详[①],兹不赘述。笔者前此在《南北朝佛教地理的初步研究》中也表明,此地为当时全国有数的佛教文化分布中心[②]。佛教在当时作为一种生机勃勃的新兴文化,可以在很大程度上反映其文化的整体状况。后梁以此作为首都,虽所辖境域不宽,但其文化则不绝如线。

唐代前期此地的地位又有所下降。唐初于此置大都督府,督荆、辰、澧、朗、岳等州,且统潭、桂、交、夔、高、钦、尹等州;但稍后在监察区的划分中,此地属于以襄阳为中心的山南道,又处于襄阳的下风。唐中叶此地遭受重创,史载"居民唯一十七家"[③]。但此后的发展则一日千里,《旧唐书·地理志》载:

> 自至德后,中原多故,襄邓百姓、两京衣冠尽投江湘,故荆南井邑十倍其初。乃置荆南节度使,上元元年九月置南都,以荆州为江陵府,长史为尹,观察、制置一准两京。

因而其文化也高速进步。《北梦琐言》卷4有曰:

> 唐荆州衣冠薮泽,每岁解送举人多不成名,号曰"天荒解"。刘蜕舍人以荆解及第,号为破天荒。尔来余知古、关图、常修乃荆州之居人也,率有高文,连登上科。

---

① 见所著《魏晋南北朝史札记》,中华书局1985年版。
② 载《中国历史地理论丛》1991年第4辑、1992年第1辑。
③ 《北梦琐言》卷4。

刘蜕之及第，在大中四年(850)，其及第后曾就“天荒”之号解释道：“五十年来自是人废。”[①]这一事件反映了荆州在唐中叶接受大量移民之后，经过相当长一段时间的发展才在文化上起步的情形。同书还有谓：

> 江陵在唐世号衣冠薮泽，人言琵琶多于饭甑，措大多于鲫鱼。[②]

这种景观，显然到唐后期才有可能出现。

宋人对这一问题看得比较清楚。刘挚曾写道：

> 自唐至德以后，中原多故，邓襄之民与两都衣冠多趋荆楚，故人物始盛。乾符以来遂为战巢，高氏于兵火疮痍之余，招徕抚集数十年间。逮为王民，历太平者又逾百年，教化涵养，安佚而富庶……又两蜀之人出而宦游者多家于此，是以今最盛，为西南一都会。[③]

与上述鄂北的发展历程相比，这段时间此地相对的文化地位也有所提高。在这种发展势头下，其附近的口岸相当兴盛，“距府十里有沙市镇，大商辐辏，居民栉比”[④]。

迨入南宋，荆州遭受的破坏亦相当严重。胡寅曾赋诗以状其景：

> 平时十万户，鸳瓦百贯区。夜半车击毂，差鳞衔舳舻。麦麻漫沃衍，家家足粳鱼。……恢恢天网漏，莽莽一纪余。遗民百存

---

① 《太平广记》卷 182 引《摭言》。

② 《太平广记》卷 266 引。按，关于荆州在唐后期的文化发展，周振鹤师《唐代安史之乱与北方人民的南迁》一文中有详细阐发，见《中华文史论丛》第 42 辑。

③ 《忠肃集》卷 10《荆南府图序》。

④ 周必大《文忠集》卷 65《淮西帅高君夔神道碑》。

一,茨棘伏且逋。有田不敢耕,十倍出赋租。籍户折丁口,奏言民数敷。一县三十家,一城三百庐。[1]

所谓“平时”无疑指北宋,由此可见其受创之重。当然受到重创并不要紧,要紧的是这次受创竟伤及元气,此后其在南宋长期未得以复旧。陆游说:

荆州故多贤公卿,名园甲第相望。自中原乱,始以吴会上流常宿重兵,而衣冠亦遂散去。太平之文物,前辈之风流,盖略尽矣。[2]

因而不仅其本身的文化地位逐渐下滑,而且对区域的文化发展形成负面影响。叶适说:

今吴、越、闽、蜀家能著书,人知挟册以辅人主取贵仕,而江汉盖鲜称焉。[3]

这显然是一个恶性循环。

此后荆州的文化地位每下愈况。明代张居正竟自称其家乡为“下国之荒陋”[4],此语虽为谦辞,未可当真,但也确有其文化不很发达的一面。不独张居正,公安袁宗道也有“吾乡固陋”之恨[5];他还就上引“琵琶多于饭甑,措大多于鲫鱼”一语发表感慨道:“今措大益多于昔,琵琶遂为麟角矣。”[6]后一现象耐人寻味,在此且不深究;即以前者

① 《斐然集》卷1《登纪南楼》。
② 《渭南文集》卷17《乐郊记》。
③ 《水心集》卷9《汉阳军新修学记》。
④ 《张太岳文集》卷35《答廉宪王凤洲》。
⑤ 《白苏斋类集》卷16《寄三弟》。
⑥ 《白苏斋类集》卷21《杂说》。

而论，袁宗道在另一篇文章中写道：

> 吾邑自洪、成以来，科第不乏，士大夫之有行者，亦复不少，独风雅一门，蓁芜未辟。士自蒙学以至白首，簏书中惟蓄经书一部，烟熏《指南》《浅说》数帙而已。其能诵十科策几段，及程墨后场几篇，则已高视阔步，自夸曰奥博，而乡里小儿惮之，亦不翅扬子云。……故通邑学者号诗文为“外作”，“外”之也者，恶其妨“正业”也。至于佛、老诸经，则共目为妖书，而间有一二求通其说者，则诟之甚于盗贼。①

这段文字很长，后面还记叙都门人士戏谓“南平一片黄茅白苇”，以及经过一番提倡当时“殆斌斌等于三吴矣”，其文化之欠发达已跃然纸上。

相对于鄂北、鄂南在宋代以后的跌落，鄂东的文化则蒸蒸日上。

鄂东的中心最早在邾（今黄冈），此地为秦代衡山郡治。其在文化上的具体表现不清楚，估计并没有太多的优势，因而到汉代改置江夏郡后治所移往西陵（今新洲），该地便再未显出特殊之处。西陵与其前任也彼此彼此。三国时期在邾的江对岸兴起一个中心武昌，孙吴一度以之为都城。此地在文化上是有一定表现的，现存史料中省境最早有佛教活动的便在此地，这一影响一直延续到南朝才逐渐为夏口（今武汉武昌）所取代（参第二章）。

夏口最先作为军事要地兴起于汉末。永嘉南渡后其区位价值被重新发现，一度成为荆州刺史治所。南朝在此设立郢州，文化地位稳步上升，但其地位一直不敌荆、襄。到隋唐承平时期，此地便默默无

① 《白苏斋类集》卷10《送夹山母舅之任太原序》。

闻。唐后期多事之秋,其地位迅速恢复[①],文化上也有所发展,但到北宋太平之世,其地位再次下降。

南宋是该地地位大为巩固的一个时期。此时该地不仅在军事上地位显赫,而且在经济、文化方面也成长很快,城市规模急剧扩张。据陆游《入蜀记》所载:

> 贾船客舫不可胜计,衔尾不绝者数里,自京口以西皆不及。……市邑雄富,列肆繁错,城外南市亦数里,虽钱塘、建康不能过,隐然一大都会也。

稍后范成大的《吴船录》亦云:

> 南市在城外,沿江数万家,廛闬甚盛,列肆如栉,酒垆楼栏尤壮丽,外郡未见其比。盖川、广、荆、襄、淮、浙贸迁之会,货物之至者无不售,且不问多少,一日可尽,其盛壮如此。

类似资料甚多,如时人有《鄂州南楼》诗云:"江渚鳞差十万家,淮楚荆吴一都会。"[②]因此,该地成为文化要素的汇聚之地也就是一种必然的趋势。时人称:"鄂州军饷所聚,人物繁盛。"[③]所谓"人物"乃是文化最重要的标志。

元代以此为湖广行省治所,虽与江汉之间在行政上有所隔阂,但其发展势头则一往无前。时人有诗状其景曰:

> 东南形胜会武昌,蜀江滔滔经汉阳。北来冠盖集如雨,甲第

① 关于唐后期此地政治地位的上升,王赓武《长江中游地区在唐代政治中的地位》一文可以参考,《云南社会科学院历史研究所研究集刊》1985 年第 1 期有其节译。

② 戴复古《石屏诗集》卷 1。

③ 《勉斋集》卷 18《又画一六事》。

壮似诸侯王。[①]

这是荆、襄两地所不能比拟的。明代调整湖广行省范围，管辖今湖北、湖南两省，此地仍为省治。自此该地才成为真正意义上的湖北全省的政治、经济、文化中心，并且其影响范围包括今湖南省乃至整个长江中游。有关的资料俯拾皆是，由于其态势至今依旧，在此仅引述一条资料：

汉口镇为湖北冲要之地，商贾毕集，帆樯满江，南方一大都会也。[②]

以至于在相当长的一段时间里，湖南的不少城镇都以得称“小汉口”为荣。

关于湖北文化格局的演替大势，清中叶湖南人陶澍曾经有所论述：

汉魏以来，襄、郢一带衣冠极盛，近则文风首推武、汉、黄三属，而安陆、荆州、德安、沔阳次之，襄阳远不逮矣。[③]

此公可谓目光如炬。

统观上述变迁过程，影响因素当然不少。值得注意的是，在众多的影响因素中，交通形势的嬗递关系尤著。

二　影响湖北文化格局的主因

湖北地处九省之冲，境内的交通线路纵横交错。这些线路的分

① 《石初集》卷3《送武昌冯子中乱后还乡》。
② 《履园丛话》卷14。
③ 《蜀輶日记》卷4。

布、走向,多受自然因素的限制,自古以来变化不大,但是每条线路所起的作用,由于临界条件的改变,各个时期大不相同。其中影响较大的交通干线主要有两条,其一经荆州、襄阳纵通南北,其二沿长江横贯东西。在唐代以前,因为首都经常位于关中,湖北的交通以南北向为主。

早在春秋时期,重心位于江汉之间的楚国,其交通便是以北方为主。东晋人称:

> 楚有二津:谓从襄阳渡沔,自南阳界出方城关,是也通周、郑、晋、卫之道;其东则从汉津渡江夏出平皋关,是也通陈、蔡、齐、宋之道。①

其后者与史实存在距离。近年陈伟先生的研究表明,从楚国东出其实也要先到南阳盆地,然后再经方城南段的隘口往东②。

秦代统一后,从江汉之间通往中原的南北向线路不仅为湖北省境的主干途径,而且还上升为全国范围的南北交通大动脉,往南一直延伸到岭外。据《汉桂阳太守周府君功勋铭》载:"郡又与南海接比,商旅所臻。"③又《后汉书·郑弘传》谓:

> 建初八年(83)代众为大司农,旧交趾七郡贡献转运,皆从东冶(今福州市)泛海而至,风波艰阻,沉溺相系。弘奏开零陵、桂阳峤道,于是夷通,至今遂为常路。

这两条史料都说明其时南北交通以取道今湖南境内的线路为主。南段既取道湖南,北段自然要经过湖北。

---

① 《太平寰宇记》卷145"襄州"引习凿齿《襄阳记》。

② 《楚东国地理研究》,武汉大学出版社1992年版,第218页。

③ 《水经注》,巴蜀书社1985年版,第587页。

魏晋南北朝时期，途经此地的南北交通十分兴盛。永嘉丧乱后数量巨大的“雍秦流民多南出樊沔”[①]，已足以作为最好的说明，因为历来在大移民过程中起作用的都是当时的交通动脉。从第二章中还可以看到，此地为当时全国第一等重要的佛法传输线路所经。宋人刘过曾感慨赋诗：

> 襄阳真是用武国，上下吴蜀天中央。……一条路入秦陇去……土风沉浑士奇杰。[②]

便以这一时期的史事为言。因而襄阳成为第一等的军事重镇，南北所必争。

唐代此地的南北交通依然十分重要。据《唐会要》卷61所载：

> 从上都至汴州为大路驿，从上都至荆南为次路驿。

由此可见官方对这一交通线路的重视。在唐人的篇什中，我们可以看到途经商山的南北交通占据了异乎寻常的重要地位。白居易称：“我为东南行，始登商山道。”[③]时人则谓：“商山名利路，夜亦有人行。”[④]李商隐甚至在题为《商於新开路》的诗中写道：“更谁开捷径，速拟上青云。”[⑤]这些资料的语气似乎都是客运，其实货运也是如此。清人严如煜说：

> 唐时都关中，江淮之米，多由汉江溯流而上，不专恃河运，史

---

① 《宋书·州郡志》。

② 《龙洲集》卷1《襄阳行》。

③ 《全唐诗》卷433《仙娥峰下作》。

④ 《全唐诗》卷701王贞白《商山》。

⑤ 《全唐诗》卷540。

称明皇幸蜀,至扶风,江淮贡献适至,其明证也。①

这一形势直到宋代才发生变化。自入宋朝,这条南北向干线的地位迅速跌落,此时全国的南北交通已以大运河最为重要。时人称:

凡广东、西之通道有三:出零陵下漓水者,由桂州;出豫章下真水者,由韶州;出桂阳下武水者,亦由韶州。……之峤南虽三道,下真水者十七八焉。②

此中所谓"下真水",其先便是经过大运河。不仅由北而南如此,从南往北也是如此。《宋史·食货志》载:

广南金银、香药、犀象、百货,陆运至虔州而后水运。

此文可谓明白已极。

上述还只讲到过岭交通,其实京师与湖南的交通也是如此。当时之官湖南一般也是"沿汴达淮,浮江湖,入湘潭"③。而京师与峡江地区的交通仍然如此。欧阳修谪官巴峡,曾自记其行程道:

予又尝以罪谪走江湖间,自汴绝淮,浮于大江,至于巴峡,转而以入于汉沔。……凡舟之人,非为商贾,则必仕宦。④

甚至,湖北省境北上京师也须绕道大运河。史载:

扬、楚、泗皆当湖南北、江东西、二浙饷道之冲,中都所仰。⑤

而具体以安州为言的史料称:

---

① 《三省山内风土杂记》,《丛书集成》本。
② 《武溪集》卷5《韶州真水馆记》。
③ 《小畜集》卷20《送柳宜通判全州序》。
④ 《欧阳修全集·居士集》卷39《画舫斋记》。
⑤ 《龟山集》卷4《论时事》。

其岁输钱率附漕舟转江入汴，然后至京西。[①]

既然如此，鄂北一带的交通便大为落寞。

造成这一变迁的原因，首先当然是出于水、陆两种交通方式的对比。宋人尝有言：

无虑之官峤南，自京都沿汴绝淮，由堰道入漕渠，溯大江、度梅岭下真水至南海之东、西江者，唯岭道九十里为马上之役，余皆篙工、楫人之劳，全家坐而致万里。[②]

职是之故，经过鄂北的南北向交通也就欲求其不衰也不可得了。

其实，交通形势的变迁趋势早在唐代已露出端倪。大运河开通于隋代，但旋即移其国祚。唐代重事修浚，渐渐收到预期的效果。唐人满怀感激地评论道：

自扬、益、湘南至交、广、闽中等州，公家运漕，私行商旅，舳舻相继。隋氏作之虽劳，后代实受其利焉。[③]

但这种状况维持的时间也不长。唐中叶以后藩镇不宾，使得大运河的作用发挥得并不充分。《资治通鉴》卷294载：

浚汴口，导河流达于淮，于是江淮舟楫复通。

此为周显德五年(958)三月之事。胡注云：

此即唐时运路也。自江淮割据，运漕不通，水路湮塞。

在这种情况下，当时起作用的南北交通线路自然以途经湖北境内的

---

① 《麈史》卷上。

② 《武溪集》卷5《韶州真水馆记》。

③ 《元和郡县图志》卷5河南府“汴渠”。

商山道为主。宋人所作的《商於驿记后序》有曰：

> 有唐都长安三百年，商於为近辅。……自大历、贞元之后，王室微弱，李希烈陷大梁，李锜继叛，由是汴路或不通焉，吴越、江淮、荆湘、交广郡吏上计，皇华宣风，憧憧往来皆出是郡，盖半天下矣。[①]

很清楚地表明了汴河水道与商山陆路之间的消长关系。因此完全可以设想，如果唐后期不形成藩镇割据，南北交通必然仍以运河为主，则途经湖北境内的南北交通当时已经衰落。

但唐代与北宋的情形还是有所不同。唐代都长安和洛阳，位置偏西，取道运河仍有艰险，而湖北境内的陆路交通较为直接；当时南北交通即使运河水路占再大的比重，陆路干线究不可废。北宋都开封，位置东移，与这条陆路并不相连，相反地运河则直达城下；故虽然同是运河的水路，唐、宋两代的功用却大不相同。宋人以过岭交通进行比较说：

> 唐、汉之西都也，繇湘衡而得骑田，故武水最要。今天子都大梁，浮江淮而得大庾，故真水最便。[②]

已经点出了这一道理。

南宋偏安一隅，鄂北的交通更为衰落。时人称：

> 向来川、广、湖湘入京皆取道荆门军，马项背相望，实为富庶之地。今则僻在一隅，去水几二百里，非商旅所集，蕞尔遗黎，强

---

① 《小畜集》卷20。

② 《武溪集》卷5《韶州新修望京楼记》。

名城郭。[①]

这条资料不仅仅可以说明荆门一地,它反映了包括襄阳在内的整个沿线的变化。

元代以后定都今北京,其位置较之北宋更加东移,经过鄂北的南北交通线路虽仍然存在,但与大运河的作用已不能同日而语。明人曾记载:

逾淮而济而汶,两京之通道也,凡南方两淮、两广、江东西、湖、浙、闽、黔、蜀,其方伯、郡邑、百司与夫海外番国、蛮夷君长之贡献、朝觐、受事、请命者,商贾之懋迁者,往还交错,蚤暮不息。[②]

类似的资料颇为不少,它们反映了元明清三代直到铁路兴、水路废之前相当长一段历史时期的状况。由此可见,宋代以后湖北省境的南北向交通线路已失去了作为全国范围主道的地位。元代虽有资料表明:"襄阳西南地接江陵,归、峡商贩之徒、更休之兵往来络绎。"[③]但仅仅只是一些地方性的交通而已。

早在湖北省境的南北交通占全国主导地位的时候,襄阳、荆州均处于咽喉之地,为一方都会。唐人萧颖士说:"襄阳乃今天下之喉襟。"[④]晏殊《类要》称襄阳:

西极梁州,南包临沮,北接阴邓,邑居隐轸,盖一都之会也。[⑤]

反映的其实也是唐代的情况。这样的环境,其文化发达乃是一种必

---

① 《盘洲文集》卷49《荆门军奏便民五事状》。

② 《东里续集》卷44《灵慈宫碑》。

③ 《河北易县发现元代张弘范墓志》,《文物》1986年第2期。

④ 《舆地纪胜》卷82"襄阳府"引。

⑤ 《舆地纪胜》卷82"襄阳府"引。

然的结果。

自途经鄂北的南北交通失去其全国范围主线的地位，湖北省境的交通便一变而为以东西向为主。在这样的交通形势下，鄂北一带迅速而全面地衰落。襄阳的情形上文已述，其附近地区，在北宋已有偏僻之目。时谓：

> 随为州去京师远，其地僻绝。[①]
>
> 九州之地，郢当僻陋。[②]

须注意的是此时的郢州(治今钟祥)正处于汉水干流。

与之相映成趣的是鄂东交通地位的陡然上升。以大运河为动脉的水路交通系统旺盛之后，长江一线交通勃兴；鄂州(今武汉武昌)处江汉之汇，居数省之冲，其位置在全国范围内举足轻重。北宋时已有人称：

> 自洞庭纳湘峡，经武昌会汉沔，然后沿九江而下，东南之旅，度翼星之分，趋荆州之域，必溯江夏、泛洞庭，而后南走二广，西向三蜀，然则南郡之有武昌，山水之聚，舟车之会者也。[③]

南宋偏安一隅，长江水路愈形紧要，其情形上文引《入蜀记》《吴船录》述之已详。又，叶适亦称：

> 鄂州今之巨镇，王师所屯，通阛大衢，商贾之会，物货之交也。[④]

---

① 《曾巩集》卷 18《尹公亭记》。

② 《东堂集》卷 9《郢州新修县尉司记》。

③ 《演山集》卷 14《鄂州白云阁记》。

④ 《水心集》卷 9《汉阳军新修学记》。

着眼于两湖范围的则认为：

> 湖湘唯鄂渚最为要地，盖南则潭、衡、永、邵，西则鼎、澧、江陵、安、复、襄阳，数路客旅兴贩无不辐辏鄂渚。[①]

在这种形势下，就连其以东的武昌县(今鄂州市)都给人以“本县当天下孔道”的感觉[②]，由此可见整个鄂东一带的变化。

元明以后，本来分别作为统县政区治所的武昌与汉阳逐渐联为一体；明中叶汉阳以东又兴起一个新的城区汉口，成为此后的商业活动中心[③]。相关资料极多，如《汉口丛谈》《汉口竹枝词》之类专书不具引，清初查慎行有诗云：

> 巨镇水陆冲，弹丸压楚境。南行控巴蜀，西去连鄢郢。……一气十万家，焉能辨庐井？[④]

其所言“巨镇”便是指汉口。但这只能表明原先武昌独盛的局面已为三镇合一所取代而已，虽三镇的职能分工各有不同，而该城市作为九省通衢的地位其实未变。

与鄂北、鄂东互为消长、交通地位大起大合有所不同，鄂南的变化相对和缓。此地总体看来与鄂北一样，从宋代以后有所衰落，但其衰落的程度较为有限。因为在省境以南北向交通为主的时候，荆州位于水陆要冲；到后来省境的交通以东西向为主，此地仍为干线所

---

① 《双溪类稿》卷23《又画一札子》。

② 《浪语集》卷26《武昌休官白郡札子》。

③ 关于武汉市的历史变迁，黎少岑有《武汉今昔谈》一书，湖北人民出版社1957年版；刘盛佳先生有《武汉市历史地理的初步研究》一文，载《历史地理》第10辑，上海人民出版社1992年版。

④ 《敬业堂诗集》卷1《汉口》。

经。北宋时苏轼曾写道:“荆州南北之交,而士大夫往来之冲也。”[①]乃弟苏辙亦尝谓:“南郡控引江湖,商贾之渊。”[②]苏氏为蜀人,发为此言有其亲身体会。当时有记载:

> 凡浮江下于黔蜀,与夫陆驿自二广、湖湘以往来京师者,此为咽喉。[③]

直到明代,仍有人称:

> 今天下大马头,若荆州、樟树、芜湖、上新河、枫桥、南濠、湖州市、瓜州、正阳、临清处,最为商货辏集之所。[④]

这反映了以水路占优势地位的交通体系正常运作时的情形。与此前相比,所不同的是:当湖北省境的南北交通占全国主导地位的时候,此地在省境的地位可以占先;而此时该地虽不至落到最后,已不能与占先的武汉相敌。其在文化上的命运也是如此。这便是势,由地理环境影响而形成的势。

湖北省境的交通形势演变过程,实际上是一个省境的经济文化重心东移的过程。这一过程与全国范围的经济文化重心转移是息息相关的。全国范围的变迁大势是经济文化重心向东南迁移,从以上的研究可以看到,湖北省境的表现是武汉代替荆、襄而崛起。就南方范围言之,还有一个长江中游相对于长江下游的对比,这在第六章已有所论述。现在我们可以看到,这是一个完整的全方位的过程。以文化言是如此,从经济上和其他方面看也都是如此。

---

① 《苏东坡全集·后集》卷11《上王兵部书》。
② 《栾城集》卷28《王伜通判荆南》。
③ 《忠肃集》卷10《荆南府图序》。
④ 《贤博篇》。

主要参考文献

一、历史资料

《十三经注疏》,上海古籍出版社 1997 年影印版。

《诗集传》,[宋]朱熹撰,《四部丛刊》本。

《史记》,中华书局标点本。

《汉书》,中华书局标点本。

《后汉书》,中华书局标点本。

《三国志》,中华书局标点本。

《晋书》,中华书局标点本。

《宋书》,中华书局标点本。

《南齐书》,中华书局标点本。

《梁书》,中华书局标点本。

《周书》,中华书局标点本。

《隋书》,中华书局标点本。

《南史》,中华书局标点本。

《旧唐书》,中华书局标点本。

《宋史》,中华书局标点本。

《元史》,中华书局标点本。

《明史》,中华书局标点本。

《资治通鉴》,中华书局标点本。

《建炎以来系年要录》,[宋]李心传撰,中华书局 1988 年版。

《三朝北盟会编》,[宋]徐梦莘撰,上海古籍出版社 1987 年影印版。

《续资治通鉴长编》,[宋]李焘撰,上海古籍出版社 1986 年影印版。

《中兴小记》,[宋]熊克撰,《丛书集成》本。

《金佗稡编》,[宋]岳珂撰,台北商务印书馆景印文渊阁《四库全书》。

《世说新语笺疏》,[南朝宋]刘义庆撰,余嘉锡笺疏,上海古籍出版社 1993 年版。

《唐国史补》,[唐]李肇撰,上海古籍出版社 1979 年版。

《唐会要》,[宋]王溥撰,《丛书集成》本。

《历代名臣奏议》,[明]黄淮、杨士奇编,上海古籍出版社 1989 年版。

《四库全书总目》,中华书局 1965 年版。

《酉阳杂俎》,[唐]段成式撰,《丛书集成》本。

《北梦琐言》,[宋]孙光宪撰,上海古籍出版社 1981 年版。

《麈史》,[宋]王得臣撰,《丛书集成》本。

《耆旧续闻》,[宋]陈鹄撰,四库本。

《东斋纪事》,[宋]范镇撰,中华书局 1980 年版。

《蓬窗日录》,[明]陈全之撰,上海书店 1985 年版。

《七修类稿》,[明]郎瑛撰,中华书局 1959 年版。

《益部谈资》,[明]何宇度撰,《丛书集成》本。

《池北偶谈》,[清]王士禛,中华书局1982年版。

《履园丛话》,[清]钱咏撰,中华书局1979年版。

《听雨楼随笔》,[清]王培荀,巴蜀书社1987年版。

《湘绮楼日记》,[清]王闿运撰,岳麓书社1997年版。

《河北易县发现元代张弘范墓志》,《文物》1986年第2期。

《洛阳唐神会和尚身塔塔基清理》,《文物》1992年第3期。

《禹贡锥指》,[清]胡渭撰,邹逸麟整理,上海古籍出版社1996年版

《水经注》,[北魏]郦道元撰,巴蜀书社影印长沙王氏合校本。

《元和郡县图志》,[唐]李吉甫撰,《丛书集成》本。

《太平寰宇记》,[宋]乐史撰,金陵书局本。

《舆地纪胜》,[宋]王象之撰,江苏广陵刻印社1991年版。

《宋本方舆胜览》,[宋]祝穆撰,上海古籍出版社1986年版。

《大明一统志》,[明]李贤等撰,三秦出版社1990年版。

《天下郡国利病书》,[清]顾炎武撰,《四部丛刊》本。

《汉唐方志辑佚》,刘纬毅辑,北京图书馆出版社1997年版。

《岳阳风土记》,[宋]范致明撰,四库本。

《岭外代答》,[宋]周去非撰,《丛书集成》本。

《入蜀记》,[宋]陆游撰,《丛书集成》本。

《吴船录》,[宋]范成大撰,《丛书集成》本。

《江汉丛谈》,[明]陈士元撰,《丛书集成》本。

《松窗梦语》,[明]张瀚撰,上海古籍出版社1986年版。

《五杂俎》,[明]谢肇淛撰,台北伟文图书出版社,1977年版。

《王士性地理书三种》,[明]王士性撰,周振鹤编校,上海古籍出

版社 1993 年版。

《徐霞客游记》,[明]徐弘祖撰,上海人民出版社 1987 年版。

《贤博篇》,[明]叶权撰,中华书局 1987 年版。

《广东新语》,[清]屈大均撰,中华书局 1985 年版。

《出峡记》,[清]张洲撰,《小方壶斋舆地丛钞》第四帙。

《楚游纪略》,[清]王澐撰,《小方壶斋舆地丛钞》第六帙。

《滇行日录》,[清]王昶撰,《小方壶斋舆地丛钞》第七帙。

《滇游日记》,[清]包家吉撰,《小方壶斋舆地丛钞》第七帙。

《东还纪程》,[清]许瓒曾撰,《丛书集成》本。

《东还纪程续抄》,[清]许瓒曾撰,《丛书集成》本。

《容美纪游》,[清]顾彩撰,《小方壶斋舆地丛钞》第六帙。

《三省边防形势录》,[清]严如熤撰,《小方壶斋舆地丛钞》第六帙。

《三省山内风土杂记》,[清]严如熤撰,《丛书集成》本。

《使楚丛谭》,[清]王昶撰,《小方壶斋舆地丛钞》第六帙。

《使滇日记》,[清]徐炯撰,上海古籍出版社 1983 年版。

《蜀道驿程记》,[清]王士祯撰,《小方壶斋舆地丛钞》第七帙。

《蜀游日记》,[清]黄勤业撰,《小方壶斋舆地丛钞》第七帙。

《蜀輶日记》,[清]陶澍撰,《小方壶斋舆地丛钞》第七帙。

《自滇入都程记》,[清]杨名时撰,《小方壶斋舆地丛钞》第七帙。

《巴船纪程》,[清]洪良品撰,《小方壶斋舆地丛钞》第七帙。

《汉口丛谈校释》,[清]范锴撰,江浦、朱忱、饶钦农、胡锦贤校释,湖北人民出版社 1990 年版。

《汉口竹枝词》,[清]叶调元撰,徐明庭、马昌松校注,湖北人民出版社 1985 年版。

嘉靖《夏邑县志》。
乾隆《白水县志》。
乾隆《东湖县志》。
乾隆《汜水县志》。
乾隆《原武县志》。
乾隆《竹山县志》。
道光《黄安县志》。
道光《天门县志》。
同治《巴东县志》。
同治《广济县志》。
同治《建始县志》。
同治《松滋县志》。
同治《宜昌府志》。
同治《郧阳志》。
同治《郧阳志》。
同治《竹山县志》。
同治《竹溪县志》。
光绪《归州志》。
光绪《荆州府志》。
光绪《武昌县志》。
光绪《续辑均州志》。
光绪《应城县志》。
光绪《虞城县志》。
民国《封丘县续志》。
民国《封丘县续志》。

民国《获嘉县志》。

民国《麻城县志前编》。

民国《重修正阳县志》。

《墨子闲诂》,《诸子集成》本。

《战国纵横家书》,文物出版社 1976 年版。

《颜氏家训集解》,王利器撰,中华书局 1993 年版。

《艺文类聚》,[唐]欧阳询等撰,上海古籍出版社 1982 年版。

《太平广记》,四库本。

《太平御览》,《四部丛刊》本。

《图书编》,[明]章潢编,四库本。

《比丘尼传》,[晋]宝唱撰,金陵刻经处本。

《法显传校注》,章巽校注,上海古籍出版社 1985 年版。

《名僧传钞》,《续藏经》本。

《高僧传》,[梁]慧皎撰,汤用彤校注,中华书局 1992 年版。

《出三藏记集》,[梁]僧祐撰,《大正藏》本。

《续高僧传》,[唐]道宣撰,《大正藏》本。

《广弘明集》,[唐]道宣撰,《碛砂藏》本。

《开元释教录》,[唐]智昇撰,《大正藏》本。

《辨正论》,[唐]法琳撰,《大正藏》本。

《大唐西域求法高僧传校注》,[唐]义净原著,王邦维校注,中华书局 1988 年版。

《敦煌新本六祖坛经》,杨曾文校写,上海古籍出版社 1993 年版。

《法苑珠林》,[唐]道世撰,《碛砂藏》本。

《神会和尚禅话录》,杨曾文编校,中华书局 1996 年版。

《佛祖统纪》,[宋]志磐撰,《大正藏》本。

《宋高僧传》,[宋]赞宁撰,中华书局 1987 年版。

《景德传灯录》,[宋]道原撰,《大正藏》本。

《祖堂集》,[南唐]静筠撰,上海古籍出版社 1994 年版。

《圆觉经大疏钞》,[宋]宗密撰,《续藏经》本。

《文选》,[梁]昭明太子编,六臣注本,中华书局 1987 年版。

《先秦汉魏晋南北朝诗》,逯钦立辑校,中华书局 1983 年版。

《全上古三代秦汉三国六朝文》,[清]严可均校辑,中华书局 1958 年版。

《全唐诗》,上海古籍出版社 1986 年版。

《全唐文》,上海古籍出版社 1990 年版。

《欧阳修全集》,[宋]欧阳修撰,中国书店 1986 年版。

《临川集》,[宋]王安石撰,四库本。

《苏东坡全集》,[宋]苏轼撰,中国书店 1986 年版。

《山谷集》,[宋]苏庭坚撰,四库本。

《小畜集》,[宋]王禹偁撰,四库本。

《曾巩集》,[宋]曾巩撰,中华书局 1984 年版。

《栾城集》,[宋]苏辙撰,上海古籍出版社 1987 年版。

《张耒集》,[宋]张耒撰,中华书局 1990 年版。

《淮海集》,[宋]秦观撰,四库本。

《龟山集》,[宋]杨时撰,四库本。

《昌谷集》,[宋]曹彦约撰,四库本。

《陈亮集》,[宋]陈亮撰,中华书局 1987 年版。

《大隐居士诗集》,[宋]邓深撰,四库本。《四库目录》作《邓绅伯集》。

《淡斋集》,[宋]李流谦撰,四库本。

《道乡集》,[宋]邹浩撰,四库本。

《定斋集》,[宋]蔡戡撰,四库本。

《东堂集》,[宋]毛滂撰,四库本。

《东塘集》,[宋]袁说友撰,四库本。

《斐然集》,[宋]胡寅撰,四库本。

《浮山集》,[宋]仲并撰,四库本。

《攻媿集》,[宋]楼钥撰,四库本。

《公是集》,[宋]刘敞撰,四库本。

《贵耳集》,[宋]张端义撰,《丛书集成》本。

《汉滨集》,[宋]王之望撰,四库本。

《鹤山集》,[宋]魏了翁撰,四库本。

《胡宏集》,[宋]胡宏撰,中华书局1987年版。

《华泉集》,[明]边贡撰,四库本。

《济南集》,[宋]李廌撰,四库本。

《江湖长翁集》,[宋]陈造撰,四库本。

《可斋杂稿》,[宋]李曾伯撰,四库本。

《跨鳌集》,[宋]李新撰,四库本。

《阆风集》,[宋]舒岳祥撰,四库本。

《浪语集》,[宋]薛季宣撰,四库本。

《梁溪集》,[宋]李纲撰,四库本。

《林间录》,[宋]惠洪集,上海古籍出版社1994年版。

《陵川集》,[元]郝经撰,四库本。

《龙洲集》,[宋]刘过撰,四库本。

《庐山集》,[宋]董嗣杲撰,四库本。

《陆放翁全集》,[宋]陆游撰,中国书店1986年版。

《梅溪后集》,[宋]王十朋撰,四库本。

《蒙斋集》,[宋]袁甫撰,四库本。

《勉斋集》,[宋]黄榦撰,四库本。

《默堂集》,[宋]陈渊撰,四库本。

《南轩集》,[宋]张栻撰,四库本。

《盘洲文集》,[宋]洪适撰,四库本。

《彭城集》,[宋]刘攽撰,四库本。

《清献集》,[宋]杜范撰,四库本。

《庆湖遗老诗集》,[宋]贺铸撰,四库本。

《容春堂前集》,[明]邵宝撰,四库本。

《省斋集》,[宋]廖行之撰,四库本。

《石湖居士诗集》,[宋]范成大撰,《国学基本丛书》本。

《石屏诗集》,[宋]戴复古撰,四库本。

《嵩山集》,[宋]晁公遡撰,四库本。

《宋布衣集》,[明]宋登春撰,四库本。

《双溪类稿》,[宋]王炎撰,四库本。

《文忠集》,[宋]周必大撰,四库本。

《武溪集》,[宋]余靖撰,四库本。

《相山集》,[宋]王之道撰,四库本。

《象山集》,[宋]陆九渊撰,四库本。

《性善堂稿》,[宋]度正撰,四库本。

《演山集》,[宋]黄裳撰,四库本。

《野谷诗稿》,[宋]赵汝鐩撰,四库本。

《叶适集》,[宋]叶适撰,中华书局 1961 年版。

《倚松老人集》,[宋]饶节撰,四库本。

《郧溪集》,[宋]宋獬撰,四库本。
《增广笺注简斋诗集》,[宋]陈与义撰,《四部丛刊》本。
《止堂集》,[宋]彭龟年撰,四库本。
《忠肃集》,[宋]刘挚撰,四库本。
《烛湖集》,[宋]孙应时撰,四库本。
《紫微集》,[宋]张嵲撰,四库本。
《自堂存稿》,[宋]陈杰撰,四库本。
《北山集》,[宋]郑刚中撰,四库本。
《范德机诗集》,[元]范木亨撰,四库本。
《傅与砺诗集》,[元]傅若金撰,四库本。
《吴文正集》,[元]吴澄撰,四库本。
《小亨集》,[元]杨宏道撰,四库本。
《牧庵集》,[元]姚燧撰,四库本。
《石初集》,[元]周霆震撰,四库本。
《雪楼集》,[元]程钜夫撰,四库本。
《至正集》,[元]许有壬撰,四库本。
《滋溪文稿》,[元]苏天爵撰,四库本。
《庄靖集》,[金]李俊民撰,四库本。
《白苏斋类集》,[明]袁宗道撰,上海古籍出版社 1989 年版。
《泊庵集》,[明]梁潜撰,四库本。
《大复集》,[明]何景明撰,四库本。
《东里续集》,[明]杨士奇撰,四库本。
《独醉亭集》,[明]史谨撰,四库本。
《凤池吟稿》,[明]汪广洋撰,四库本。
《家藏集》,[明]吴宽撰,四库本。

《椒丘文集》,[明]何乔新撰,四库本。

《敬轩文集》,[明]薛瑄撰,四库本。

《眉庵集》,[明]杨基撰,四库本。

《谭元春集》,[明]谭元春撰,上海古籍出版社1998年版。

《陶学士集》,[明]陶安撰,四库本。

《西庵集》,[明]孙蕡撰,四库本。

《小山类稿》,[明]张岳撰,四库本。

《逊志斋集》,[明]方孝孺撰,《四部备要》本。

《弇州四部稿》,[明]王世贞撰,四库本。

《瑶石山人稿》,[明]黎民表撰,四库本。

《隐秀轩集》,[明]钟惺撰,上海古籍出版社1992年版。

《袁宏道集笺校》,[明]袁宏道撰,上海古籍出版社1981年版。

《张太岳文集》,[明]张居正撰,上海古籍出版社1984年版。

《珂雪斋集》,[明]袁中道撰,上海古籍出版社1989年版。

《凭几集续编》,[明]顾璘撰,四库本。

《陶庵梦忆》,[明]张岱撰,《美化文学名著丛刊》本。

《怀清堂集》,[清]汤右曾撰,四库本。

《敬业堂诗集》,[清]查慎行撰,上海古籍出版社1986年版。

《西河集》,[清]毛奇龄撰,四库本。

《午亭文编》,[清]陈廷敬撰,四库本。

《学余堂诗集》,[清]施闰章撰,四库本。

二、学术著作

Ronald Wardhaugh: *An Introduction to Sociolinguistics*, Basil Blackwell, 1990.

Terry G. Jordan & Lester Rowntree: *Human Mosaic*, Harper & Row, 1990.

百越民族史研究会编《百越民族史论丛》,广西人民出版社 1985 年版。

卞孝萱《刘禹锡年谱》,中华书局 1963 年版。

陈伟《包山楚简初探》,武汉大学 1996 年版。

陈伟《楚东国地理研究》,武汉大学出版社 1992 年版。

陈子展《诗经直解》,复旦大学出版社 1983 年版。

丁启阵《秦汉方言》,东方出版社 1991 年版。

杜继文《中国禅宗通史》,江苏古籍出版社 1993 年版。

傅宗文《宋代草市镇研究》,福建人民出版社 1989 年版。

龚胜生《清代两湖农业地理》,华中师范大学出版社 1996 年版。

胡适《胡适学术文集·中国佛学史》,中华书局 1997 年版。

湖北省方言调查指导组《湖北方言概况(初稿)》,油印本。

湖北省社会科学院历史研究所《湖北简史》,湖北教育出版社 1994 年版。

蓝勇《西南历史文化地理》,西南师范大学出版社 1997 年版。

黎少岑《武汉今昔谈》,湖北人民出版社 1957 年版。

李映辉《唐代佛教地理》,湖南大学出版社 2004 年版。

刘君惠、李恕豪、杨钢、华学诚《扬雄方言研究》,巴蜀书社 1992 年版。

卢云《汉晋文化地理》陕西人民教育出版社 1991 年版。

罗福惠《湖北近三百年学术文化》,武汉出版社 1994 年版。

梅莉、张国雄、晏昌贵《两湖平原开发探源》,江西教育出版社 1995 年版。

牟发松《唐代长江中游的经济与社会》,武汉大学出版社 1989 年版。

潘新藻《湖北省建置沿革》,湖北人民出版社 1987 年版。

任继愈主编《中国道教史》,上海人民出版社 1990 年版。

石泉《古代荆楚历史地理新探》,武汉大学出版社 1988 年版。

司徒尚纪《广东文化地理》,广东人民出版社 1993 年版。

谭其骧《长水集》(上、下),人民出版社 1987 年版。

谭其骧《长水集·续篇》,人民出版社 1994 年版。

谭其骧主编《中国历史地图集》,地图出版社 1982—1987 年版。

汤用彤《汉魏两晋南北朝佛教史》,中华书局 1983 年版。

汤用彤《隋唐佛教史稿》,中华书局 1982 年版。

王星《人类文化的空间组合》,上海人民出版社 1990 年版。

王恩涌等编著《文化地理学》,江苏教育出版社 1995 年版。

王光镐《楚文化源流新证》,武汉大学出版社 1988 年版。

王运熙《乐府诗述论》,上海古籍出版社 1996 年版。

萧涤非《汉魏六朝乐府文学史》,人民文学出版社 1984 年版。

萧放《荆山楚水的民俗与旅游》,旅游教育出版社 1995 年版。

谢重光、白文固《中国僧官制度史》,青海人民出版社 1990 年版。

徐少华《周代南土历史地理与文化》,武汉大学出版社 1994 年版。

徐一青、张鹤仙《信念的活史:文身世界》,四川人民出版社 1988 年版。

严学窘《民族研究文集》,民族出版社 1997 年版。

张国雄《明清时期的两湖移民》,陕西人民教育出版社 1995 年版。

张伟然《湖南历史文化地理研究》,复旦大学出版社 1995 年版。

张晓虹《陕西历史文化地理研究》,复旦大学博士学位论文,1997年。

张正明《楚文化史》,上海人民出版社1987年版。

赵元任、丁声树、杨时逢、吴宗济、董同龢《湖北方言调查报告》,中央研究院历史语言研究所专刊,商务印书馆1948。

中国社会科学院与澳大利亚人文科学院合编《中国语言地图集》,朗文出版(远东)有限公司1987年版。

《中国医学百科全书·社会医学与卫生管理学》,上海科学技术出版社1984年版。

周一良《魏晋南北朝史论集》,北京大学出版社1997年版。

周一良《魏晋南北朝史札记》,中华书局1985年版。

周振鹤、游汝杰《方言与中国文化》,上海人民出版社1997年修订版。

周振鹤《体国经野之道》,香港中华书局1990年版。

周振鹤《西汉政区地理》,人民出版社1987年版。

周振鹤《中华文化通志·地方行政制度志》,上海人民出版社1998年版。

周振鹤主著《中国历史文化区域研究》,复旦大学出版社1997年版。

朱建颂《武汉方言研究》,武汉出版社1992年版。

三、研究论文

李先逵《西南地区干栏式民居形态特征与文脉机制》,载《中国传统民居与文化》第二辑,中国建筑工业出版社1992年版。

刘盛佳《武汉市历史地理的初步研究》,载《历史地理》第10辑,上海人民出版社 1992 年版。

刘志伟《女性形象的重塑:“姑嫂坟”及其传说》,载《“地域社会与传统中国”国际学术会议大会发言论文集》。

石泉、鲁西奇《东晋南朝长江中游地区侨州郡县地望新探》,载《中国历史地理论丛》1995 年第 4 辑。

谭其骧等《我国省区名称的来源》,载《复旦学报》历史地理专刊,1980 年。

王赓武《长江中游地区在唐代政治中的地位》,载《云南社会科学院历史研究所研究集刊》1985 年第 1 期。

辛德勇《唐代高僧籍贯及驻僧地的分布》,载《唐史论丛》第 4 辑,三秦出版社 1988 年版。

张伟然《〈元和郡县图志〉两湖部分校勘补正》,载《古籍整理研究学刊》1993 年第 3 期。

张伟然《湖南文化的发展过程》,载《中国史研究》1996 年第 2 期。

张伟然《南北朝佛教地理的初步研究》上、下篇,载《中国历史地理论丛》1991 年第 4 辑、1992 年第 1 辑。

张伟然《中国佛教地理研究史籍述评》,载《地理学报》51 卷第 4 期,1996 年。

张修桂《长江宜昌至城陵矶段河床历史演变及其影响》,载《历史地理研究》第 2 辑,复旦大学出版社 1990 年版。

周振鹤《唐代安史之乱与北方人民的南迁》,载《中华文史论丛》1987 年第 2、3 合期。